日新文庫

德勒兹的哲学剧场

李科林 _著

图书在版编目（CIP）数据

德勒兹的哲学剧场 / 李科林著. — 北京：商务印书馆，
2022（2023.8重印）
（日新文库）
ISBN 978－7－100－20812－3

Ⅰ.①德…　Ⅱ.①李…　Ⅲ.①德鲁兹（Deleuze,
Gilles 1925-1995）—哲学思想—研究　Ⅳ.①B565.59

中国版本图书馆 CIP 数据核字（2022）第035550号

权利保留，侵权必究。

本书获中国人民大学2021年度中央高校建设世界一流大学（学科）和特色发展引导专项资金支持

日新文库
德 勒 兹 的 哲 学 剧 场
李科林　著

商 务 印 书 馆 出 版
（北京王府井大街36号　邮政编码 100710）
商 务 印 书 馆 发 行
北京艺辉伊航图文有限公司印刷
ISBN 978－7－100－20812－3

2022年9月第1版	开本 890×1240　1/32
2023年8月北京第2次印刷	印张 11¾　插页 2

定价：68.00元

日新文库

学术委员会

学术委员会主任
刘北成　　清华大学人文学院历史系

学术委员会委员（以姓氏笔画为序）
丁　耘　　复旦大学哲学学院
王东杰　　清华大学人文学院历史系
任剑涛　　清华大学社会科学学院政治学系
刘　宁　　中国社会科学院文学研究所
刘永华　　复旦大学历史学系
杨立华　　北京大学哲学系
杨春学　　首都经贸大学经济学院
李　猛　　北京大学哲学系
吴晓东　　北京大学中文系
张　生　　中国社会科学院法学研究所
罗　新　　北京大学历史学系
郑　戈　　上海交通大学凯原法学院
孟彦弘　　中国社会科学院中国历史研究院古代史研究所
聂锦芳　　北京大学哲学系
黄　洋　　复旦大学历史学系
黄群慧　　中国社会科学院经济研究所
渠敬东　　北京大学社会学系
程章灿　　南京大学文学院
潘建国　　北京大学中文系
瞿旭彤　　清华大学人文学院哲学系

日新文库

出 版 说 明

近年来，我馆一直筹划出版一套青年学者的学术研究丛书。其中的考虑，大致有三。一是当今世界正处于"百年未有之大变局"，当代中国正处于民族复兴之关键期，新时代面临新挑战，新需求催生新学术。青年学者最是得风气先、引领潮流的生力军。二是当下中国学界，一大批经过海内外严格学术训练、具备国际视野的学界新锐，积学有年，进取有心，正是潜龙跃渊、雏凤清声之时。三是花甲重开的商务，以引领学术为己任，以海纳新知求变革，初心不改，百岁新步。我馆先贤有言："日新无已，望如朝曙。"因命名为"日新文库"。

"日新文库"，首重创新。当代中国集合了全世界规模最大的青年学术群体，拥有最具成长性的学术生态环境。新设丛书，就要让这里成为新课题的讨论会，新材料的集散地，新方法的试验场，新思想的争鸣园；让各学科、各领域的青年才俊崭露头角，竞相涌现。

"日新文库"，最重专精。学术研究，自有规范与渊源，端赖脚踏实地，实事求是。薄发源于厚积，新见始自深思。我们邀请各学科、各领域的硕学方家组成专业学术委员会，评审论证，擘画裁夺，择取精良，宁缺毋滥。

"日新文库"，尤重开放。研究领域，鼓励"跨界"；研究课题，乐见"破圈"。后学新锐，不问门第出身，唯才是举；学术成果，不图面面俱到，唯新是求。

我们热烈欢迎海内外青年学者踊跃投稿，学界友朋诚意绍介。经学术委员会论证，每年推出新著若干种。假以时日，必将集水为流，蔚为大观，嘉惠学林。

是所望焉！

商务印书馆编辑部

2022年6月

前　言

从"二战"直至今天，法国思想界创建出存在主义、新现象学、结构主义、后结构主义、精神分析学派、新符号论、法国马克思主义等多个影响深远的思潮和理论派别。回顾半个多世纪的理论成果，阿兰·巴迪欧（Alain Badiou）选出了十四位哲学家作为此时代思想的代表，按照他们的出生年份从拉康（Jacques Lacan）、康吉莱姆（Georges Caquilhem）、卡瓦耶斯（Jean Cavaillès），穿过萨特、伊波利特（Jean Hyppolite），再经过阿尔都塞、利奥塔（Jean-François Lyotard）、德勒兹、福柯、德里达，最后到博雷耶（Jean Borreil）、拉库-拉巴特（Philipe Lacoue-Labarthe）、夏特雷（Gilles Châtelet）和普鲁斯特（Françoise Proust），以各自的绝对观念复活他们的思想，如同安置先贤一般将他们安置在当代法国哲学发展道路上，让他们成为后来者脚前的灯、路上的光。在关于德勒兹的献礼致辞中，巴迪欧如此开场："为何在十多年之后，他仍然是我们的同时代人？他又是如何与其时代格格不入的？这种格格不入是极为稀少的，是为了在未来成为同时代人。"[①] 巴迪欧用尼采的"未来哲学家"作为德勒兹的献词，

---

① 阿兰·巴迪欧：《小万神殿》，蓝江译，南京大学出版社2014年版，第91页。

准确道出了后者为法国哲学思想所做的重要贡献之一：通过对于尼采文本的综合性阐释，构造了超越辩证法和总体化的理论道路，以此鲜明而强劲的思想立场引起了法国哲学的关注。更进一步地，巴迪欧同时又暗示了德勒兹的时代已经来临，这自然再次应和了福柯对于德勒兹的赞誉之辞，当"欲望机器""无器官的身体""游牧主体""解域""装置"等概念逐渐广被引用和阐释，甚至成为某种流行话语时，也许我们的时代的确已经准备好成为德勒兹所期待的世纪。德勒兹关于欲望和身体的解释跨越科学研究的专业格栅，而直接介入生命，在和科技联结中所获得的扩展能力，从中获得无所畏惧和包容一切的乐观态度，迎接不可预知的科技未来。他所展开的无意识概念和精神分析对于理解前卫艺术，尤其是包括电影在内的视觉艺术和音乐艺术提供了重要的理论支撑。他的社会批判思想也已经越来越成为左翼政治化实践的理论基础，为他们反对全球化、抵制资本主义的行动提供了论证要素。他的思想在科学技术、艺术创造和政治运动的领域中产生了广泛而复杂的影响，并且还将持续地结合新现象发展出新的观察和阐释的方法。

德勒兹的理论在新科技、新艺术和新运动的相遇中，往往选择从微观角度切入、展开，最后以无限的包容性拥抱所有的新现象。尤其是近二十年来，他的理论在这三个领域，也是社会发展中最有活力的三个领域之中，所引发的冲击和重构的确让人如巴迪欧所言那般，感到了我们好像在某种意义上被德勒兹的世纪所包围。信手翻开近些年来德勒兹的研究就能感受到其理论在和政治事件、科技应用与艺术创造相遇中显示出的思想强调，比如和政治主题相关的 *Deleuze and the Political*（Paul Patton，2000），

Deleuze, Marx and Politics（Nicholas Thoburn，2003），*Gilles Deleuze à l'écoute de la folie*（Jean-Claude Dumoncel，2014），*Gilles Deleuze, Postcolonial Theory and the Philosophy of Limit*（Réda Bensmaïa，2017），或者说从社会性批判的角度所展开的技术问题 *Malign Velocities: Accelerationism and Capitalism*（Benjamin Noys，2013），抑或是从德勒兹的概念而延伸出新的艺术理论，比如 *Art Encounters Deleuze and Guattari: Thought Beyond Representation*（Simon O'Sullivan，2006），除了这些专著之外，爱丁堡大学出版社所推出的"德勒兹关联"（Deleuze Connections）系列，以丛书的形式持续出版了在具体领域和问题中，探索德勒兹概念及其理论应用的论文集和专著，比如 *Deleuze and Space*（2005），*Deleuze and New Technology*（2009），*Deleuze and Contemporary Art*（2010），*Deleuze and Race*（2017），*Art History after Deleuze and Guattari*（2017），等等。当然对于德勒兹理论的阐释并不会因为是政治性主题的就局限于政治维度，也不会因为聚焦于艺术作品而就满足于艺术领域，更没有因为涉及科学知识而深陷于专业研究的隔阂中，很多时候他所展开的分析是各个领域之间的交叉和跳跃。所以，尽管在理论实践层面，德勒兹被安置在一个左翼环境中，但是像许多伟大的哲学家一样，他经常越过他所谓的意识形态身份的界限。故而除了这些以批判外在现实为直接目标的研究之外，还有关于德勒兹哲学理论内在自治性的考察和论证，比如 *Gilles Deleuze, Politiques de la Philosophie*（Adnen Jdey，2017），或者基于哲学史的观察和分析，比如 *Gilles Deleuze: Héritage philosophique*（Alain Beaulieu，2005），*Aberrant Movements: The Philosophy of Gilles Deleuze*（David Lapoujade，2017）。这些具有

哲学史属性的研究往往在突出德勒兹所继承的思想资源的同时，也强调他为理论发展所打开的"异常"轨道，以此表明思想于个体和总体方面都具有内在的无限性。

国内关于德勒兹的介绍也在二十多年前就已经开始了。在德勒兹理论被引入中国的早期阶段中，我们总能遇到这几个熟悉的名字：冯俊（《评德勒泽的"欲望哲学"》）、汪民安（《德勒兹与情动》《德勒兹机器》）、于奇智（《福柯》）、陈永国（《游牧思想》《哲学的客体》）、姜宇辉（《符号与普鲁斯特》《千高原》）等等。尤其是最近十年关于德勒兹的译著越来越多，相关的二手文献的翻译也日渐充足丰富。在这些良好的研究条件的支持下，学界对于德勒兹的讨论也逐渐深入，从早期的《审美经验与身体意象：思索德勒兹美学的一个视角》（姜宇辉，2004）、《德勒兹与当代性：西方后结构主义思潮研究》（麦永雄，2007），到《欲望·游牧·政治：吉尔·德勒兹的政治哲学思想研究》（黄小惠，2013）、《分裂分析德勒兹》（杨凯麟，2017）、《建构与否定的博弈：德勒兹和阿多诺的差异逻辑比较》（吴静，2017），再到新近出版的《身体·空间·时间：德勒兹艺术理论研究》（张晨，2020）等等，为了展开关于德勒兹重要概念或者思想洞见的分析，这些研究所构造的角度各有不同，但又有共振。尤其是在审美领域和现代性批判方面，中文研究都不约而同地强化了德勒兹理论的激进之处。

今天德勒兹的理论通过如此多的方式、在多个领域中以不同的语言被展开。几乎所有的研究在引入德勒兹思想的过程中都自觉地借助他的概念尝试创立的新的思维形式、写作形式和生命形式，有力表现出肯定差异性和多元性的立场，或者说努力破除本领域对于统一性、稳定性和等级性等的信念。这可以说是今天德勒兹研究的整体取向，但是就此整体风格而言，对于德勒兹理论进行多方位，甚至远方位的演绎固然可以发挥出其理论结合于实践的解释力，却也因此弱化了对其哲学思想核心内容的构造，对此的反思构成了本书首要的写作动机。在对于德勒兹哲学思想的整体把握方面，拉普雅德（David Lapoujade）曾用"异常运动"（aberrant movement）来总结德勒兹的理论在各个领域中所采用的统一论证方法："德勒兹最感兴趣的是异常的运动。他的哲学是一种异常的或'被迫'的运动。在物质、生活、思想、自然和社会历史的过程中，它表现出最严格的、最不节制的，以及最系统的盘点异常运动的尝试。"① 拉普雅德用"异常运动"描述德勒兹的逻辑方法：思想在自我推进的过程中相对于给定路线的偏离，包括在此偏离运动之中，原有的方位坐标的失效。偏离既是自我逃逸，也是方位重置，即使是最直观的上下之分，抑或是前后之别，这些分别所依据的中心，或者是理性的中心，或者主体的中心都将在异常运动之中被重置于无序的混沌之中。思想异常运动的唯一目的就在于持续迎来未知的新秩序。为德勒兹的"异常运动"澄清其从已有的思想框架之中穿越和逃逸的路线，这是本书写作的另一个动机。在此双重动机之下，本书为德勒兹的思想路线安置了三个重要的哲学里程碑——主体、时间和欲望；并且在每一程的征途中，都为德勒兹安排了同行者，从胡塞尔到海德格尔，从康德到福柯，从塞尚到培根，这些人既是德勒兹的同行者，也伴随着德勒兹的旅途而到达当下。

---

① David Lapoujade, *Aberrant Movements: The Philosophy of Gilles Deleuze*, translated by Joshua David Jordan, New York: Semiotext(e), 2017, p. 23.

主体是本书的第一个主题。自笛卡尔以"我思故我在"为现代哲学奠定了基调之后,对于主体性的思考就一直贯穿在哲学观念的发展之中,对于当代哲学而言尤其如此。海德格尔的"此在之在"、梅洛-庞蒂的"身体现象学",包括拉康的"语言的精神分析"、福柯的"知识和权力"、德里达的"在场形而上学"等理论从各个方面切入并展开了对于主体的塑造和解析。德勒兹对于理性主体的批判立场也是明确而坚定的,但是他始终都没有消除主体。他的努力体现在要建立新的方式来重新思考主体的可能性,将主体开放给差异和重复的力量。通过反驳现象学、黑格尔主义,德勒兹指出理性传统中的主体是一种习惯的表现,而习惯的形成则是来自社会性和历史性存在力量的强化和引导。在此角度中,主体被视为其世界的产物,而不是拥有先天的人性的形象。也就是说主体并没有先天的内在性;相反,它是外部存在于个体之上的折叠和印压。而通过重释尼采,德勒兹又给予了主体以主动性,将其视为内在性的表达方式,也就是指自我赋予经验以秩序和意义,并由此使其成为可见和可阐明的,因而能够被认识的方式。那么在此要求之下,德勒兹式的主体是要摆脱作为外在力量产出结果的被动性,而以生命内在的潜能给予其生成的无限可能。德勒兹关于主体的理解基于两个支点:一方面,主体为经验提供秩序,承担意义之根源的任务;而另一方面,主体又要随着经验的流动而不断地重构自我。德勒兹接受主体对于经验的捕获和赋形,但同时也允许经验对于主体的冲击和颠覆,以此保持主体处于永恒的生成过程之中。无论是对于传统主体稳定性的放弃,还是对于新主体形成条件的构造,所有关于"主体"的讨论的核心仍然最终归于"人"的本质定义,然而德勒兹的贡献就在于他于"主体"和"人"之间所打开的间隙，让主体成为生命的绵延之中的强力特征。

本书的第二个主题是"时间"。时间不仅仅是德勒兹的主题，同时也是整个20世纪大陆哲学的主题。圣奥古斯丁关于时间的提问和困惑（*Quid est ergo tempus?*）不仅被海德格尔引用，也被社会学家引用，甚至还会在现代物理学，诸如时间相对论的著作中出现。这句话无论只是作为修辞，或者是作为问题本身，都表现出关于"时间"的思考所面临情况的复杂和由此被期许的创见。在时间的主题下，德勒兹的理论通过和康德及海德格尔——这两位"时间"概念的先行者的竞争而展开。在德勒兹看来，正是康德扭转了以外在变化确定时间的哲学传统。康德将时间定义为一种"内在性的形式"，一种纯粹的、空洞的形式，在这种形式的包裹下，所有经验的发生都将被视为"内在性"。所有表象的变化都被认为是在时间之中，但时间本身并不变化。经由康德先验论的启蒙，我们对于时间的理解从属于永恒的理性直观转到了属于人的感性直观。海德格尔接着直接将时间定义为时间性，甚至对于永恒时间的理解也只能在具体的时间性中展开。所以，"时间"在时间之中，也就是在此在的经验之中确定自身的意义。离开了人的主体，时间本身就是无意义的。德勒兹则是继续坚持了康德和海德格尔在时间之上的脱轨运动，将时间从外在依赖之中剥离出来，他更进一步地用习惯、记忆和绝对的断裂来描述发生在时间内部的综合作用。在前两种综合中，德勒兹借助于柏格森的记忆理论，说明了过去与现在之间的关系是共存而不是连续。作为过去与当下的关联，回忆不再承担再现的任务，而是于内在的感性共振中，表现成了经验片段的聚集和叠加。不过在关于未来的期待中，德勒兹则直接引入了绝对的断裂，以此实现对于过去经验的彻底摆脱，并由此摆脱消极的自我重复。德勒兹通过时间的不同综合方式，要赋予人的存在以积极主动的自然能力。他鼓励人将生命的潜能发挥到最大，实现对于自由的追求，让生命成为自我的主动选择。在这个意义上，德勒兹的时间观最终弹奏出尼采的"超人"调性。

本书的最后一个主题是"欲望"，这一长期受到理性主义排斥的主题。理性主义传统对于欲望、情感以及日常生活领域的忽视，但德勒兹认为这些领域恰恰显示出了主体被塑造、被引导和被生成的过程。德勒兹将欲望放置在哲学研究的工作台上，这是因为关于生成性的主体的考察必然会导向其经验结构的分析、其时间性的追问，而这些都已经暗含了欲望的作用。而对于欲望的探索则是要从经验性元素的分析中再次打开主体的构造，以社会性存在的角度解释主体被引导、被生成的发生原理。在关于欲望的分析方式上，一方面德勒兹将欲望置放在经验的基底之中，以此动摇建基其上的理性大厦的稳固性；而另一方面，他和迦塔利（Félix Guattari）一起从历史的角度考察了欲望在现代社会中的作用，也为现代社会的固有病症做出诊断。将个体欲望引入社会领域，与此同时也将社会生产或商业经济引入个体欲望。在个体欲望和社会生产之间，德勒兹通过无意识的精神分裂方法透视出个体和群体、日常生活和经济政治之间的连续和断裂。被制造的社会欲望经由无意识而被渗入个体的微感觉，这些感觉粒子相互聚拢堆积而产生出具体欲望，继而在此欲望的催动下付诸行为实践——这就构成了欲望由外而内，又由内而外的生产链条。无意识和欲望是连接个体内外的中介，也是连接个体与社会的中介。

在此角度中，个体成为了外在欲望之流的管道，故而处于纯粹的被动状态。但最重要的是，德勒兹在内外的交汇中，在欲望和具体对象的关联中，却指出了欲望作为欲望本身，对于所有对象的超越。欲望的本质并不是欠缺，而是创造，其中既包含了否定性的力量，也就是对于外在所给定的生命框架的抗拒，同时也包含了肯定性的能力，也就是在创造中所实现的突破，也就是实现了从社会生产的链条上自我脱离。欲望从社会生产到个体实践的开放性关系，直接体现在艺术自身所包含的创造和模仿的张力之中，因为艺术家既要继承相关的程式方法，同时又要在创造中实现自我表达。

基于德勒兹哲学而提出的三个主题，也就是主体、时间和欲望，在本书中以平行论证的方式分别完成。也同时必须说明这三个主题之间在很多层面上都发生着相互交叉的关系：主体的内在性于时间之中被充溢，又在欲望的表达中获得生命的样态；时间用以说明主体构造意义的主体性时刻，同时也用以说明欲望在自动流转和自主表达之间的置换方式；欲望则既解释主体淹没在时间流动中所丧失掉的主体性，同时也解释主体以生命内在的强力从时间轨道之中脱离从而重新获得的主体性。在法国哲学的思想群像中，德勒兹无条件地肯定感性的力量，强调对于秩序的突破。他通过主体充满欲望的炙热眼神批评存在主义中冰冷的凝视，通过时间生成的偶然性反驳列维-斯特劳斯（Claude Lévi-Strauss）的稳定性结构；他站在以福柯和德里达为代表的后结构主义的阵营之中，以欲望作为观察点，打开了从个人经验分析到社会历史文化批判的新思路。

作为概念创造的大师，德勒兹以众多概念，诸如虚拟（virtual）、永恒（Aiôn）、褶皱（pli）、集合（assemblage），打开了辽阔的哲学新图景。尽管这本书中所提出的三个概念化主题并不能将他的哲学概念都包括在内，并且在论证中有意弱化了其理论所包含现实政治的维度和科技知识的介入。这是由于本书所设定的理论任务是深入探讨德勒兹在哲学语境中所做出的贡献，呈现出其所继承的理论资源。在这个角度上，本书的确止步于"哲学的剧场"效应，力求呈现出德勒兹在服从哲学话语的前提下，所表达出的思想的论辩力量。但也正如巴迪欧在《戏剧颂》中所言，"戏剧是哲学辩证法的对手，因为它不教导，而是表演、展现，抓住其真正的各个侧面"[1]。倘若在面临根本同时也是普遍的问题的时刻，哲学的辩证法重在教导真理，或者至少是在通向真理的道路上，引导观众不断地摆脱干扰，走向必然性和超越性。相形之下，戏剧却在放弃预先判断的前提下尽可能地展现思想的各个要点，为了避免思想的"操纵性"，而尽可能地调度各种元素和装置。但是戏剧的使命绝不是走向景观，而是要在各要素的集合中营造思想的事件，打开意义的缺口。被打破平衡的观众必须自己构建方向、感觉或意义[2]，生产出自身存在的样式和依据。在这个意义上，哲学的剧场也不仅仅是剧场，在此被照亮的生命状态和时代特征，必然引发反思和行动。理论的剧场之后就是思想的工厂。

---

[1] 阿兰·巴迪欧：《戏剧颂》，蓝江译，广西师范大学出版社2021年版，第70页。
[2] 事实上，方向、感觉和意义在法语中都是同一词语：sens。

目　录

导　论　哲学与剧场 1

主　体

第一章　主体性与先验性的间距：
　　　　胡塞尔与德勒兹关于无意识的理论阐释 29

第二章　斯宾诺莎的当代遗产：
　　　　黑格尔与德勒兹的斯宾诺莎主义 67

第三章　意志与强力之间的选择：
　　　　海德格尔与德勒兹对尼采的不同阐发 91

时　间

第四章　从先验形式到生命内涵：
　　　　德勒兹对于康德时间概念的继承和发展 119

第五章　认识论和存在论的叠加：
　　　　论康德、海德格尔和德勒兹时间理论中的超越性 ... 141

第六章 认识真理和行动自由的叠加：
　　　　 德勒兹的"新康德主义" 161

欲　望

第七章 重构绘画的内在性：
　　　　 交织在塞尚苹果上的哲学透视 189
第八章 象形和形象的竞争：
　　　　 德勒兹论培根作品中的创造性 217
第九章 欲望褶皱与机器生产：
　　　　 德勒兹对于现代个体的反思和批判 241

结　论　德勒兹的思想肖像 273

德勒兹生平年表 301
参考文献 317
后　记 339

专家推荐意见一 .... 赵敦华 342
专家推荐意见二 .... 冯　俊 344

导　论

哲学与剧场

第一节　德勒兹其人

很多哲学理论作品往往并不需要刻意介绍所讨论哲学家的生平，比如说我们很难想象关于康德哲学的写作还要专门介绍康德的人生经验。那么，对于德勒兹个人经历的介绍就会显得对其名声和影响力信心不足，所以才有必要勾勒甚至调亮一下他的生平阅历。但是这样做在效果上反而更加强烈地显露出对德勒兹思想价值的不确定。从现实的研究热度来看，德勒兹哲学在思想世界的地位的确是如此：他既不像福柯那样具有思想的光环和明星的魅力，也没有像德里达在文本解构中营造出神秘感和历史感，更比不了梅洛-庞蒂的结构精密、思想严谨。德勒兹的生活和工作更适合用"他出生，工作，然后死去"这么朴素的方式进行概括，就连他自己也更赞赏作为"不定冠词"的存在状态，因为这是所有具体存在的根源和基础："做一个人"从来都先行于"做某个人"。或者说作为不确定的生命本身在复杂程度上远远超出了个人的确定性。但是，从相反的方向来看，个人的确定性显现出生命中不同的力量之流在此处的扭结和汇聚，显现出抽象的精神抵达存在的过程和方式。也正是因此，我们有必要走进德勒兹的平凡世界。

德勒兹于1925年1月18日出生于巴黎十七区一个并不富有的中产家庭，父亲是名工程师，母亲是家庭主妇，父母都是保守派。他还有一位哥哥，在战争期间参与抵抗运动被德军俘虏，死在了被押往集中营的路上。在德勒兹对于自己童年的回忆中，贫困和战争始终是其谈论的主要情绪调性。贫困不仅是德勒兹对于自己家庭的感受，同时也是他对于周围其他家庭的感受，尤其是那些处于社会底层的人群，贫困是他们生下来就要承受的命运。然而战争让人们生活在更为悲惨的贫困之中，同时也因此为人们带来了最表面上的平等。德勒兹曾在访谈中提到他在多维尔（Deauville）避难时，在中产阶级的沙滩上遇到了同样为了逃离战争而来到这里的穷人，这些人第一次见到大海，心中的震撼之情让他们连续几个小时站立在那里，完全忘记了这里是私人的领地。这个现象显示了战争带来了中产阶级特权消退的效果，尽管其发动的原因绝不在此。到了巴黎后，德勒兹开始了中学生涯，前后在卡诺中学（Lycée Carnot）、路易大帝中学（Lycée Louis-le-Grand）和亨利四世中学（Lycée Henri IV）求学读书。尽管他有机会选择梅洛－庞蒂做导师，然而他却选了一位即将退休的老教授韦埃尔（Pierre Vial）。在著名的路易大帝中学完成了预备班后，他也没有如福柯和德里达那样为考进巴黎高师而继续奋斗，在第一次受挫后就选择了索邦大学。德勒兹对于机遇和名望的淡泊，反倒映衬出他对于哲学思想本身的纯粹追求，以及他在这个领域中立身的质朴和自信。

在中学和大学的学习期间，他遇到了很多良师益友：康吉莱姆、伊波利特、冈蒂亚克（Maurice de Gandillac）、巴什拉（Gaston Bachelard）、瓦尔（Jean Wahl），以及科罗索夫斯基（Pierre Klossowski）、萨特等等，毕竟巴黎的拉丁区是法国思想家的汇聚之地。1948年德勒兹在呼吸系统发病而导致课程多次缺席的情况下，终于通过了高中教师资格会考，结束了大学的学习生活，开始了学术研究和教学的职业生涯。然而直到20世纪60年代，德勒兹才通过所出版的尼采哲学的阐释在法国哲学界树立起自己的思想风格。也是从这个时候开始，他和福柯成为了挚友，在很多活动中都相互支持，或者说正是福柯将这位低调的哲学学者推到了公众面前。他们一起参加了监狱信息小组（Groupe d'information sur les prisons，GIP）的活动，也曾为巴黎八大哲学系的建立而共同努力。他们彼此之间的相互欣赏和公开称赞为那个时代思想界的交流留下了最温暖而又灿烂的智力光辉。遗憾的是到了20世纪70年代，二人在快感和权力的理解方面分歧越来越大，他们的友谊因此受到了很大的伤害。而福柯在1984年的突然离世更是成为了德勒兹难以释怀的遗憾。

在德勒兹的学术生涯中，还有一段让人感动的友谊，这就是德勒兹和精神分析学家菲力克斯·迦塔利的合作关系。德勒兹对于福柯是仰慕和迷恋，对于迦塔利则是完全的信任和好奇。在他们共同完成的《什么是哲学？》中，二人如此呈现对于友谊的理解："哲学意义上的朋友并不是指一个外在的人物，也不是某个例证或某一段经验性情节，而是指一种内在于思维的存在，一个使思维本身成为可能的条件，一个活的范畴，一种先验的体验（vécu）。"①友谊使得思维成为可能，因为朋友——作为介于他者和自我之间的存在——才能让主体弃绝自我，主动接受来自外部的陌生经验，并坦然面对被暴露出的思想缺口。朋友使得自我超越成为可能。德勒兹通过迦塔利走出了传统主体哲学的概念限制，而迦塔利也从德勒兹这里获得了超越精神分析框架的启发。二人一边探索合作的可能性，一边完成了《反俄狄浦斯》《卡夫卡：为弱势文学而作》《千高原》和《什么是哲学？》，直至1992年迦塔利因病去世。

除了福柯、迦塔利的思想交流之外，德勒兹在写作中还直接受到了他的夫人格朗卓安（Denise Paul Grandjouan），也就是被德勒兹爱称为范妮（Fanny）的影响："她的理念总是从反面抓住我，来自最遥远的别处，因而我们更像两盏灯的信号一样交互。"②范妮是 D. H. 劳伦斯的法文译者，《尼采与圣保罗，劳伦斯与帕特莫斯岛的约翰》（"Nietzsche et saint Paul, Lawrence et Jean de Patmos"）作为 D. H. 劳伦斯小说《启示录》法文版的前言首次发表时，文章下方是德勒兹和范妮的共同署名（Gilles Deleuze et Fanny Deleuze）。③尽管在后来的版本中范妮的名字被去掉了，然而在《弗兰西斯·培根：感觉的逻辑》中，当德勒兹大段引用 D. H. 劳伦斯的话语时，我们仍然能感到范妮为他的思想所引入的英国文学的启发。

---

① 德勒兹、迦塔利：《什么是哲学？》，张祖建译，湖南文艺出版社2007年版，第202页。
② 德勒兹、帕尔奈：《对话》，董树宝译，河南大学出版社2019年版，第16页。
③ 德勒兹：《批评与临床》，刘云虹、曹丹红译，南京大学出版社2012年版，第70—107页。

当然，在这些亲密的朋友和伴侣之外，德勒兹还有十分丰富的学术交往活动。只要打开《〈荒岛〉及其他文本》和《德勒兹访谈录》，就能看到他为伊波利特、西蒙东（Gilbert Simondon）、梅洛-庞蒂、萨特、戈胡（Martial Guéroult）、夏特雷（François Châtelet）等人的学术友谊所留下的高谈阔论和轻声絮语。或者说这些学者，包括福柯、迦塔利以及范妮，构成了德勒兹思想的外在场域，在他们的支持和启发下，德勒兹展开并坚持自己的哲学书写。德勒兹的学术和生活在法国战后的知识分子群体中颇有代表性：战争虽然已经结束，但它在生活和文化之中所引发的动荡却还在继续，新的知识样式、经济制度和技术媒介相互交织形成了在事实层面确切，而在观念层面模糊的新的社会形态，哲学学者们为了重新获得概念和理论的阐释力量，他们返回传统的主体性文本，参考马克思主义和精神分析理论，借助文学作品的经验构造，放弃思想的历史性和整体性，拨开公共舆论和政治意见的喧嚷，在各种话语的激流之中寻找过去和现在的凝聚点，测绘内在和外在之间的交汇处。

最后，德勒兹于1995年11月4日在巴黎十七区去世，准确地说他选择在公寓内跳窗自杀。初闻此事的朋友们简直不能相信，他们难以想象当事人如何才能拖着病体移到窗前。或者说对于晚年的德勒兹而言，无论是自杀还是活下去都需要极强的意志力才能克服身体的虚弱和痛苦。尽管人们由此提出这是对于他自己生命哲学的反讽，然而这种批评本身就已经显露出他们对于生命的理解和德勒兹并不相同。但是，德勒兹对于生命独特的信念是什么？如果说德勒兹在一生的写作中所探索的生命哲学都不足以抵抗死亡的加速到来，那么对其哲学边界的追问就显得更有启发力,更能显示出他对于生命的理解本质,以及这种理解在实际中所遭遇的挑战。

第二节 德勒兹的哲学

德勒兹正式完成的第一本书应该是1953年出版的《经验主义与主体性》(*Empirisme et subjectivité*),是关于休谟的经验主义的分析和论证。此后近十年的时间里他几乎没有任何有影响力的作品面世,直至1962年的《尼采与哲学》(*Nietzsche et la philosophie*)、1963年的《康德的批判哲学》(*La philosophie critique de Kant*)。穿过空白的德勒兹开始了概念的创造之旅。按照德勒兹自己的回顾,他对于哲学的理解和构造可以分为三个阶段:哲学史阶段、"哲学"的阶段、和艺术相关的哲学阶段。[①]哲学的本质在德勒兹看来就在于创造概念,那么这三个阶段也就是以不同的方式和哲学概念在打交道。哲学史阶段是在阐释不同的哲学家的原始概念,"哲学"的阶段则是在和迦塔利的合作之下创造出自己的概念,而第三阶段则是将哲学概念延伸至感性领域,将无法辨识的感知和情感聚拢成新的力量之流,从而使抽象的概念学说在具体的经验中转变为行动的力量。从第一阶段到第三阶段,是德勒兹从哲学的固有话语中摆脱出来,形成自己的概念和判断后又重返经验现场的过程,用他自己所创造的概念来说就是逐渐占有"疆域"(territorialization)、"解域"(deterritorialization)、"再域"(reterritorialization)的过程。为了

[①] 德勒兹:《在哲学与艺术之间:德勒兹访谈录》,刘汉全译,上海人民出版社2020年版,第183—186页。

较为完整地呈现德勒兹的思想肖像,尽管这一任务违背了德勒兹所坚持的思想的无限性,我们仍然需要概括性地介绍一下他在各个阶段所主要完成的作品,以便发现其思想的运动轨迹。

首先,是德勒兹的哲学史阶段。在这一时期,德勒兹以自己的方式概括了整个哲学史,并从其中抽取出属于自己的哲学思想。出于效率化的目的,让我们按照时间顺序和思想的关联性逐一打开他在此阶段所完成的哲学著作。

(1)在哲学史阶段,他将自己的第一本著作献给了休谟,由此建立了先验经验论的方法(transcendental empiricism),且他在最后完成的著作《内在性:一个生命……》(*L'Immanence: une vie...*,1995)中又回到了休谟和经验主义的主题之上。经验主义在德勒兹的文本中并不用来对立于理性主义,而是表达了感性领域的丰富性,相应的先验性是指经验潜在的可能性。那么先验经验论就是经验在无限的丰富性和有限的潜能之间的生成和消散。从休谟的主题到尼采的主题之间,德勒兹还写过关于柏格森的一本小书:《柏格森:记忆和生命》(*Bergson: Mémoire et vie*,1957)。虽然这本书在当时并没有引起关注,但德勒兹对于柏格森绵延概念的思考在后期的电影文本,《电影1:运动影像》(*Cinéma I: L'Image-mouvement*,1983)中才得以充分展开。而他从柏格森的文本中所获得的记忆概念被延续到《普鲁斯特和符号》(*Proust et les signes*,1964)、《柏格森主义》(*Le Bergsonisme*,1966)和《差异与重复》(*Différence et répétition*,1968)的生机论中,并且被更有强度地突出了记忆在时间的构成中所发挥的作用。

(2)记忆所呈现的过去、当下和将来的关系不是由过去经当下抵达将来的单向度，而是在三者之间的不断穿梭和叠加所形成的永恒（Aiôn），是无法借助于还原论确定出口的迷宫。这些思想的要素最终首次在《尼采与哲学》和《尼采》（Nietzsche，1965）中获得了表达的强度，且引起了思想界的关注。在时间的迷宫之中，能让生命之流凝聚的就是意志，或者换作德勒兹的概念，就是欲望。但欲望并不是由于缺乏，而是出于欲望本身，是对于生命自身的肯定，且在这种肯定中实现对于所有偶然性的承认和接纳，将其吸收为生命的内在力量。所以尽管时间在永恒中呈现出无序和偶然，然而意志正是要在此混沌中通过创造秩序表达自身。

（3）和尼采主题同时段完成的是德勒兹对于康德的批判。《康德的批判哲学》包括之后德勒兹对于康德的分析和论证，事实上并没有在康德的研究中引起实质性的注意，并且这种沉默延伸至今日，其中部分原因也许是德勒兹将康德视为"敌人"的论断引起了康德研究者们的反感。德贡布（Vincent Descombes）对德勒兹的识别是"后康德主义者"，因为"他的思想继承了康德先验辩证法"[①]。德贡布的确在德勒兹所阐释的尼采和康德之中体察到了某种联系，这就是对于批判精神的继承。在德勒兹看来，康德在晚年所完成的《判断力批判》就是对于盛年时期所建造的知性、想象力和理性的关系的反思和重构[②]，而他自己对于康德精神的继承方式就是继续拆解此庞大而精密的体系，将对人的追问从"人是什么"转化为"人能生成什么"，力图实现人本

[①] 文森特·德贡布：《当代法国哲学》，王寅丽译，新星出版社2007年版，第202页。
[②] 德勒兹：《〈荒岛〉及其他文本》，大卫·拉普雅德编，董树宝、胡新宇、曹伟嘉译，南京大学出版社2018年版，第79—101页。

身观念的突破。因此对人的可能性的探索，不是纯粹地沉思人的内在本质，而是要观察人在具体的场域中所表现出的生命样态。那么，在这个意义上阅读《斯宾诺莎与表现问题》（*Spinoza et le problème de l'expression*，1968）以及《斯宾诺莎的实践哲学》（*Spinoza: Philosophie pratique*，1981），就能理解德勒兹要将斯宾诺莎从神学论证和黑格尔辩证法中拯救出来，释放潜在于其《伦理学》中的伦理关怀，即为了提高生命的强力，如何避开或消解由理念所引发的焦虑和恐惧，以及由此源出的对于虚无的善的希望。

（4）德勒兹对于哲学史的拆解和重新拼装，最终集中表现在《差异与重复》和《意义的逻辑》（*Logique du sens*，1969）之中。前者是德勒兹提交的博士学位的论文，他以再现论总结理念论，而这本书以差异为根基建立关于再现论的批判，其目的在于重塑自笛卡尔开始的现代主体，无论是在论证方法还是内容上都可视为其早期思想的综合和系统化。后者是则是德勒兹借助于斯多葛主义、精神分析、刘易斯·卡罗尔（Lewis Carroll）的童话作品而展开的"事件"理论的新篇章，是对他即将投入的政治哲学的准备和预告。这一阶段中，德勒兹对于哲学概念的溯源和阐释，对于理论体系化的追求，营造出古典思想的风格。

其次，是德勒兹的哲学阶段。德勒兹的写作目标在某个角度上就是为思想本身卸下哲学史的负担，使其可以不受术语阻止而自由展开。在他看来任何将哲学作为专业的方式都会背叛思想的自由本质，让其在名词术语中萎缩："名为哲学的思想影像（image de la pensée）被历史地建构起来，它完全阻止那些进行思考的人。"[①]德勒兹在哲学史阶段所感受到的概念和体系的限制和压抑,却激发了"哲学"阶段概念创造:当这些概念不再以历史连续性的方式被理解,而是作为关于经验和生命的不同思考方式平行出现时,哲学史的线性或者树状发展就被转化为块茎般的思想网络——没有起源,亦无终点,在概念的创造中不断地表达哲学的革命冲动。

(1)和迦塔利的合作,对于德勒兹而言就像是在沉闷的哲学世界中引入了经验的生动,使其迅速摆脱学院派的思考模式。在他们初次合作的作品《反俄狄浦斯:资本主义与精神分裂(第一卷)》(*L'Anti-Œdipe: Capitalisme et schizophrénie I*, 1972)中,他们以"欲望的机器"定义人,以精神分析的方法分析各种无意识在个体和群体层面的流动和聚集的机械性原理,以尼采的强力概念诠释欲望本身的生产和充溢。如果说马克思从资本出发对于社会做了内在建构的论证,那么德勒兹认为资本本身就是马克思的理论界限,因为马克思并没有完成资本何以能够成为资本,也就是说资本如何持续地投入生产的环节之中,而《反俄狄浦斯》正是在这一点上实现了对于资本本身的生产原理的解释:资本的生产力量源自欲望的生产。如果不是通过无意识塑造人的欲望,那么资本就不能调动消费,进而也不能维持商品社会的运转。德勒兹和迦塔利从个体层面建构了政治经济学的微观面相,其中对于家庭、种群、女性主义等的解构正好切中了五月风暴的激进思潮,而当这本书被介绍到美国后同样也获得了左翼思想的共鸣。就连德勒兹本人也承认了《反俄狄浦斯》的成功,尽管他又补充

[①] 德勒兹、帕尔奈:《对话》,董树宝译,河南大学出版社2019年版,第20页。

说这对他毫无影响。如此多余的补充却正好显露出他们对于公众期待的深刻认识。虽然所有的知识分子都希望能在公众反应中获得肯定和称赞，但是任何以迎合公众为目的的研究都必然丧失掉自己的独立性。所以，他们更愿意在写作中摆脱被期待的诱惑，忍受无名之痛。

（2）在开始投入《资本主义与精神分裂》的第二卷之前，德勒兹和迦塔利还合作了一本小书，即《卡夫卡：为弱势文学而作》(*Kafka: Pour une littérature mineure*, 1975)。卡夫卡，无论是其生平还是作品都是战后法国哲学经常讨论的对象，而在这本书中，德勒兹和迦塔利将卡夫卡设立为少数派，更确切地说是弱势生命的代表，这种弱势不仅仅表现为其作为德国人—捷克人—犹太人的复杂的政治和文化身份，也表现为他在作品中所刻画出的面对父权和律法而充满罪责感的弱者形象。卡夫卡之所以能够在书写中实现对此生存状态的拆解和再现，恰恰是因为他的弱者立场，是他保持了"生成少数派"(devenir minorité)的自觉。并且在德勒兹和迦塔利看来，卡夫卡的少数派文学完成了对于欲望的正义性辩护，这种欲望不是为了某物的欲望，而就是欲望本身：从一个办公室到另一个办公室，从一个部门到另一个部门，所有这些办公室本身都沉浸在欲望之中，它们只是欲望于内在空间之中的无限展开和充溢。或者说这些部门就是欲望的配置，他们向被置入其中的主体规定欲望的对象，并将此主体推入作为欲望生产和运转的官僚体系的整体操作之中。德勒兹和迦塔利通过卡夫卡及其作品呈现了外在的欲望配置在个体生命之上的运行，同时也提供了摆脱欲望配置的方式，就是生成少数派，这既是他们写作的出发点也是目的地。

（3）对于资本主义进行精神分析的《反俄狄浦斯》获得了很大的成功，鼓励着德勒兹和迦塔利继续从事"资本主义与精神分裂"，即《千高原：资本主义与精神分裂（第二卷）》(*Mille Plateaux: Capitalisme et schizophrénie II*, 1980) 的写作。尽管两本书都置放在同一主题之下，然而第二卷的生产过程却有点复杂。"根茎""一匹还是许多匹狼""怎样将自身形成一具无器官的身体"在被作为章节纳入这本书前，都已经分别出版或发表了。这些相互平行的文本构成了这本书的写作风格，不再像《反俄狄浦斯》那样依赖于理论体系的完整性，而是凭借知识的多样性转变线性因果理论，同时也转变了时间观念，由此构造出开放性的系统理论。在这本书中，德勒兹和迦塔利大量引入科学理论和文学文献，以求更为综合地呈现发生在生命不同层面的配置，以及这些配置的共振。在这本书中德勒兹和迦塔利通过"无器官的身体"给予了欲望之流以物质性载体，并且强调发生在物质层面的多样和异质、变化和流动。由此他们将欲望置于不可预测的转向和激流之中，以无比迅疾的速度从决定性的配置中逃逸出去。如果说卡夫卡在各个办公室之间安置了欲望的生产线，那么《千高原》中的每一座高原对于经验所施行的微观透视，都呈现出其内在的混杂和外在的过剩，显露出欲望本身对于控制的反抗。也正是在此意义上，德勒兹认为他们的概念"充满了批判的、政治的和自由的力量"[1]，这本书也不仅仅是一本书，而是通过构造各种欲望流动的速度和方向，为读者提供实际的参考。

---

[1] 德勒兹：《在哲学与艺术之间：德勒兹访谈录》，刘汉全译，上海人民出版社2020年版，第43页。

（4）德勒兹和迦塔利在合作中所采用的跨越理论体系，发明概念术语的方法，大大超越了哲学的传统框架。如果我们追问所谓的哲学框架是何时形成的，就会发现这种纯粹的哲学写作形成的历史如此短暂，即使是在《康德全集》中，我们也会读到《论火》《论月球上的火山》《论书籍翻印的不合法性》①这些并不依赖于哲学概念和术语的文本。尽管如此，德勒兹和迦塔利仍然在最后的合作中对于他们所采用的方法进行了合理性论证。这就是《什么是哲学？》(*Qu'est-ce que la philosophie?*, 1991)。相比较于前面的合著作品，在《什么是哲学？》中最大的变化就是精神分析法内容的缩减。考虑到此时迦塔利糟糕的身体状况，也有人猜测这本书几乎全是由德勒兹完成，并以合著的方式献给他的挚友。②尽管具体情形未有考证，然而这本最后的合著的确又返回到了哲学史的篇章之中，但是却以哲学和科学、艺术的平行的方式返回。三者的并置一方面表明了和科学、艺术相比，哲学的本质在于概念的创造；与此同时也说明了思想并不专属于哲学，科学和艺术同样也以"知识的函数""感觉的力度"展开对于生命的思考和构造。但是三者都需要突破自身边界的设定，才能感受到那些未被感觉、知识和概念所捕获的生命潜能。"哲学需要理解它的非哲学，需要一种非哲学的理解，正如艺术需要非艺术，

---

① 康德:《论火》，韩东晖译，李秋零校，《康德著作全集（第1卷）：前批判时期著作I（1747—1756）》，中国人民大学出版社2003年版，第343—363页；《论月球上的火山》和《论书籍翻印的不合法性》，李秋零译，《康德著作全集（第8卷）：1781年之后的论文》，中国人民大学出版社2010年版，第73—81、83—92页。

② 芙丽达·贝克曼:《吉尔·德勒兹》，夏开伟译，南京大学出版社2019年版，第49页。

科学需要非科学一样。"①尽管哲学、科学和艺术各自发展出三种不同的思维方式,然而它们必然要在经验层面相互交织和共振,并且它们也都源自生命本身的创造冲动,是思维面对混沌的威胁时所生产的秩序。并且相比于科学和艺术,哲学所使用的语言更直接地与生活相连,故而其所从事的概念创造活动具有实践革命的效果。不过在此资本驱动的时代,哲学对于概念创造力的保持就显得愈加困难也因此意义深厚:"假如说,概念的三个年龄阶段分别是百科全书、传授方法和商业职业训练,那么只有第二阶段才能使我们免遭从第一阶段的巅峰陷入第三阶段的绝对灾难的恶缘。不管这种结果能够给世界资本主义带来怎样的社会效益,对于思想界来说,那将是一场绝对的灾难。"②百科全书曾经构成了法国启蒙哲学的核心理念,他们希望通过百科全书这项事业,"检验知识的谱系和演变",考察"观念的起源与演变",发现普遍的规则或者属性。③种类繁多的词条在相互的指涉中形成了概念的网络,为世界形成的内在原因勾勒出动力系统的图解,进而为其中真理的发生、权力的实践描绘出结构性关系。也就是说这些概念穿过感性经验的厚度而呈现出对于世界的整体性领会,从而表达了思想洞察和创见的力度。而在商业潮流中,广告台词消耗着概念的创造力,褫夺了概念对于经验的凝聚力,使其变成推广的口号和展销的符号,并在日常的生活中被庸俗化为消费的理

---

① 德勒兹、迦塔利:《什么是哲学?》,张祖建译,湖南文艺出版社2007年版,第522页。
② 德勒兹、迦塔利:《什么是哲学?》,张祖建译,湖南文艺出版社2007年版,第216页。
③ 让·勒朗·达朗贝尔:《启蒙运动的纲领:〈百科全书〉序言》,徐前进译,上海人民出版社2020年版,第5—18页。

念。在这两个极端之中,概念作为传授术,其任务则是要呈现出从概念到实践的可能路径,这首先就包括了概念创造的历史条件,在单一概念中所包含的异质性因素,以及由此所引发的思维方向的改变。这正是《什么是哲学?》自始至终所承担的使命。

最后,是转向艺术主题的阶段。在和迦塔利合作的间隙,德勒兹也独立完成了一些著作,除了纪念福柯的《福柯》(*Foucault*,1986)和《褶子:莱布尼茨和巴洛克》(*Le Pli: Leibniz et le baroque*,1988),以及一些访谈和文集之外,最为突出的就是他在这一时期所投入的关于艺术的思考,主要包括《弗兰西斯·培根:感觉的逻辑》(*Francis Bacon: Logique de la sensation*,1981)和《电影1:运动影像》、《电影2:时间影像》(*Cinéma II: L'Image-temps*,1985)。而就关于艺术的讨论而言,除了绘画和电影,以及在此之前所讨论的文学之外,在《千高原》中还可以发现关于音乐的重要论证,以及在《什么是哲学?》中关于艺术的综合性阐释。尽管对于德勒兹而言,不同类别的艺术具有各自的媒介和能力,他也无意于要打通各个门类的差别,但他同时也以总括的方式谈论艺术,在所有艺术的表现方式中,作品所要追求的就是通过构造感性的生长场域而实现对于情感的创造。通过艺术所实现的生命感受力的拓展,最终是为了提高生命的强力。从根本上看,德勒兹的艺术理论仍然是围绕在他生命哲学的主旨上旋转的。也就是说,德勒兹对于艺术的观察仍然预设了某种哲学的立场。这一点尤其突出地显现在关于电影的分析之中。无论是以运动影像而呈现出的线性时间,还是以运动中断而呈现时间片段内在的无限性,德勒兹在两部电影著作中都充分地调用了柏格森的记忆理论,但有趣的是此理论在电影中获得了具象化的展现,并且是电影中的技术手段，比如镜头手段和剪辑技巧，以虚拟的影像完成了概念的直观。在这个意义上，作为技术手段，电影不仅提供了以微观解构生命的可行性，同时也提供了重组时间、再构发生的可能性。例如，被《时间影像》所讨论的《去年在马里昂巴德》就是对于故事不同可能的演绎，以潜在的可能不断地充满溢出现实的可能，在单薄的二维屏幕上建立起存在的平行世界。德勒兹对于艺术始终都持有"创造"的期待，他在《弗兰西斯·培根》中对于培根，这位生于爱尔兰的英国画家的肯定同样是出于其作品中的创造性：他在超越西方绘画象形再现传统的尝试中，以对于身体的形象追求而传达情感的强度，以及在此情感之中生命那不可觉察的变化。尽管现代绘画中的抽象道路也实现了对于再现的克服，然而抽象绘画却在最大程度上放弃了身体的参与，而恰恰是在对于身体的表现和实验中，培根完成了他的艺术革命。

概括地说，德勒兹的哲学写作清晰且直接地反映出其思路的发展脉络，开始于哲学史的概念训练，然后是在非哲学的交流中进行概念的创造，最后是借助于艺术的阐释而表达出概念对于生命的具体关怀。

第三节 德勒兹的哲学剧场

哲学与戏剧的合作和争锋由来已久。充满诗意的《会饮篇》就是哲学剧场化的典型。在此文本所构造的表演场景中，既有核心的问题——如何恰当地完成关于爱神的颂词；也有确定的发生地点——诗人阿伽松（Agathon）家宅；以及参与的角色——之所以可称他们为角色,是出于他们为各种观点的代言;观众则是保持沉默的阿里斯多兑谟(Aristodemus)。这场充满哲理的演出也因为剧中剧的手法,比如各位角色在发言时所引入的神话,以及末尾阿尔基比德(Alcibiades)的闯入变得层次更加丰富,极具真实和想象、诗意和理念之间的张力。不过在现实生活之中,苏格拉底因亵渎众神和败坏青年之罪被起诉,这却和戏剧家的嘲讽不无关系。在阿里斯托芬的《云》之中,苏格拉底成了一个崇拜云神,整天不务正业地坐在吊篮里鄙视神,要在空中行走,思考太阳,教人诡辩的滑稽可笑的形象。尽管这些和真实的苏格拉底相去甚远,然而就戏剧,尤其是喜剧在城邦之中所产生的渲染效果而言,虚构的"思想所"里苏格拉底的形象掩盖了真实的苏格拉底。在希腊城邦中,哲学和诗人相互以戏剧的方式竞争,哲学理念在剧场中获得了真实的生命力,而诗歌更是在剧场中充分地展现修辞的诱惑力。这种竞争曾经消沉于亚里士多德式的,或者柏拉图主义的独白式写作,但是随着文艺复兴时期对于柏拉图文本的热情,哲学再次以戏剧的方式返回到世俗生活之中。1468年11月7日(根据费奇诺的推算,11月1日应当是柏拉图的生日也是他的忌日①),洛伦佐·德·美第奇(Lorenzo de'Medici)在佛罗伦萨郊外的卡尔基(Careggi)别墅安排了一个纪念柏拉图生日的晚会,被邀请的嘉宾按照角色扮演的方式朗读了《会饮篇》。②而后才有了柏拉图学院,在那里开展的关于柏拉图、普罗

---

① 费奇诺:《论柏拉图式的爱:柏拉图〈会饮篇〉义疏》,梁中和、李旸译,华东师范大学出版社2012年版,第3—5页。在此译本中,此次聚会时间被定义为1474年11月7日。参考其他数个文献,本书将此时间确定为1468年。

② Martin Puchner, *The Drama of Ideas, Platonic Provocations in Theatre and Philosophy*, Oxford: Oxford University Press, 2010, p. 37.

提诺等希腊文本的翻译，成了新的哲学思想的先驱，也为即将到来的艺术的创造巅峰提供了丰富的理论资源。

在文艺复兴时期包括之后所完成的哲学文本中，尽管也有作者采用对话的形式，比如1584年布鲁诺出版的《论因果律、原则和一》（De la causa, principio et uno），以及《论无限、宇宙和世界》（De l'infinito, universo e mondi）等六本书都采用了对话的论证方式。以及贝克莱（《海拉斯与斐洛诺斯对话三篇》，1713）和休谟（《关于自然宗教的对话》，1779）也曾采用了对话的题材。但是这些对话和柏拉图的相比，既缺少想象力，也不具有开放性，主要是因为在对话被展开之前，结论就已经被设定。英国哲学家对于戏剧和哲学之间的张力尤其警醒，早在17世纪初，弗朗西斯·培根（Francis Bacon，1561—1626）就以"剧场的偶像"（Idola theatri）告诫人们防范在舞台表现中所制造的真理假象。相形之下，反倒是法国哲学家更主动地调用了戏剧的形式，狄德罗在1761年至1762年完成的《拉莫的侄子》（Le Neveu de Rameau）[①]为对话设计了角色，音乐家的侄子拉莫和无政府主义的"我"，双方各有自己的立场和真实生活。他们的对话在表面上是针对意大利和法国的音乐之争，但是却由艺术的形式和自然的主题向外蔓延到社会、道德、公民教化等问题。当然《拉莫的侄子》无论就风格上还是核心问题上都和《会饮篇》拉开了距离。我们也必须在此差异之侧看到另一个事实——古希腊

---

① 关于《拉莫的侄子》成书时间并不清楚，一说是1761年至1762年完成，1773年至1774年修订；一说是1762年至1774年完成；该书于1805年首次出版，是歌德翻译的德语版。后因为法语原稿丢失，又从德语译回法语并于1821年在法国出版。

的戏剧和法国启蒙时代的戏剧也大大不同了。即使如此,在他们之间仍然发生着一种共鸣,也就是他们都相信戏剧在公共领域中对于道德教化所自然发生的影响力。

在我们当下的时代,戏剧创造出更多的表演形式,但是赋予戏剧的信念不仅没有改变,并且在人们越来越深刻地认识到无形的精神力量,包括文化和文明在个体生命之上的作用的前提下,戏剧的信念被更加强烈地表达出来。阿尔托在《残酷戏剧》中如此为戏剧辩护:"文化是起作用的,它仿佛成为我们身上的新器官、新呼吸;是文明史付诸实践的文化,文明支配着我们最细微的行动,是事物中的精神。"[①]外在的这些精神性存在日复一日地渗入生活之中,通过这些已有的思想和行为的恰当性而赋予我们以思考生活的能力,使生命成长为被期待的样式。如此戏剧的任务就是通过放大思想和思想、行为和行为、思想和行为之间的连接,显露出这些连接的漏洞和荒谬,以此消解文明和文化对于个体生命的定义。所谓的残酷,一方面包括了戏剧之中要揭示的精神之物对于生命施加的"必然的残酷"[②],另一方面也包括了对此"残酷"的残酷回击,即对于我们所继承的精神遗产,也就是人性本身的彻底揭示。戏剧要将这些人造景观都悬置起来,不再视其为自然而然,最终"我们将在自身重新找到活力,这活力最终创造秩序并使生活价值回升"[③]。德勒兹对于哲学方法的态度和阿尔托的残酷戏剧如出一辙,因为哲学的写作本身从来都是去个体性,甚至也要隐藏书写者的主体性,从而才能实现对于普遍

---

① 安托南·阿尔托:《残酷戏剧》,商务印书馆2015年版,第4页。
② 安托南·阿尔托:《残酷戏剧》,商务印书馆2015年版,第81页。
③ 安托南·阿尔托:《残酷戏剧》,商务印书馆2015年版,第81页。

性和公正性的追求，而德勒兹则要借助于戏剧化的方法，呈现出概念的分化过程，也就是概念如何从思想运动中逐渐通过逻辑论证，将异质性因素凝聚为思考的焦点，以及概念向外所指涉的生命形式，这种方法德勒兹称之为时空动力机制（les dynamismes spatio-temporels），并为此做了进一步的阐释：

  1.它们［时空动力机制］创建了许多独特空间和时间；2.它们为概念提供了规定原则，而如果没有动力机制，概念将无法逻辑性地展开；3.它们决定了分化（différenciation）的两个方面：质量与数量（质量与广延，种类与部分）；4.它们包含或指定了一个主体，但这是一种"萌芽的"主体（sujet "larvaire"）或"胚胎的"主体（"embroyonné"）；5.它们构建一种特别的剧场；6.它们表达理念。①

作为理性主义的代表，笛卡尔构造我思（cogito）的前提是他对于思考本身自明性的预设，以及对于疯狂的排斥，不过笛卡尔以逻辑论证的方式逐渐建立起"我思"的合理性，而德勒兹则是要通过戏剧的方式重构这些概念的创造动力和生产过程，同时也显现它们对于经验的理解和组织。在这个意义上，德勒兹对于哲学的戏剧化演绎和柏拉图主义恰恰相反，比如在柏拉图所撰写的苏格拉底的对话中，典型的问题就是"美是什么""勇敢是什么"，且在和对话人的交锋中，苏格拉底以经验之间的矛盾而显

---

① 德勒兹：《〈荒岛〉及其他文本》，大卫·拉普雅德编，董树宝、胡新宇、曹伟嘉译，南京大学出版社2018年版，第136—137页。在中文译本中有一个小的印刷错误，把表示时间的"temporels"误写为"remporels"，特此校正。

示出理念的稳定和可靠性。德勒兹却要对哲学史上的理论提出是谁、何时、何地、怎样等问题,让抽象的理念在具体的时空之中显露出其确切要规定的对象,以及所对应的现实性问题,包括在实践层面所要实现的抱负等。或者说是要通过去除理念本身的永恒假象,从而赋予其真实的生命力。

不过德勒兹的哲学戏剧化并不同于在时空之中对理念的历史性还原。我们前文已经提到,德勒兹本人既不认同哲学史的树状逻辑,同时对于哲学史中的概念崇拜深感厌恶。那么对他而言,这些在历史上被创造出的概念意味着什么呢?在我们信手拈来的哲学概念中,柏拉图的"理念"、笛卡尔的"我思"、康德的"先验"、黑格尔的"绝对精神"、海德格尔的"此在"如此等等,每当提起这些概念,自然就会联系到这个概念所散发出的主体样式,"逃离洞穴去追求理念之光的囚徒""以自我奠定世界的哲人""立法者""在辩证对立中不能停歇的思考者""通向林中澄明之境的独行者"。这些概念在对于生命的表述上已经代替了哲学家的存在,因此被德勒兹称为"概念性人物"(conceptual personae):"概念性人物是哲学家的'异语同义词'(hétéronymes),而哲学家的名字不过是其概念性人物的化名而已。"[①] 除了标志性的概念,有些哲学家还擅长于直接创造出不同的概念性人物,比如柏拉图书写中的"苏格拉底",或者是尼采手稿中的"查拉图斯特拉""狄奥尼索斯""超人",甚至可以包括海德格尔的"荷尔德林",梅洛-庞蒂的"塞尚"。概念之所以可以获得如此的具身化,固然是因为概念在被构造完成之后,其

[①] 德勒兹、迦塔利:《什么是哲学?》,张祖建译,湖南文艺出版社2007年版,第287页。

所敞开的思考方式本身就具有脱离文本的独立性。而更为重要的是，概念必须到达实践，无论是以沉思的方式还是以行动的方式，它都需要占据生命，并且要探索在实践中展开操作的条件。概念性人物就是对于概念实践的最直接的示范方式。那么在这个意义上，哲学史在德勒兹看来就成为了不同概念性人物所演绎的生命情态，而德勒兹的剧场在这个意义上就是为这些概念性人物提供表演的舞台，构造他们相互之间的对话，从而显现出其所代表的不同的思维和实践。

然而，如果我们留意到"概念性人物"之中人物（persona）的歧义性的话，我们就不免对德勒兹剧目的客观性产生怀疑。人物 / persona，究其拉丁语词源来说原本是指戏剧表演中的面具。不同的面具给予佩戴者不同的角色，既包括内在性格，也预设了其要承担的命运。也正是在此意义上，苏格拉底将自己隐藏在"第娥提玛"——女先知——的面具之下，才唱出了对于爱神的赞歌。苏格拉底的面具方法成为了哲学家自我保护、自我伪装的方法。在此意义上，福柯认为德勒兹的哲学剧场（Theatrum Philosophicum）[①]是一场化装舞会：

> 它［新思想］呈现于德勒兹的文本中——涌现出来，在我们面前、在我们中间舞蹈：生殖的思想、强化的思想、肯定的思想、非范畴的思想——每一个都是一张不可识别的面

[①] Michel Foucault, "Theatrum Philosophicum", *Language, Counter-Memory, Practice*, edited with an introduction by Donald F. Bouchard, translated by Donald F. Brouchard and Sherry Simon, Ithaca: Cornell University Press, 1977, pp. 165–196. 中文译本参见米歇尔·福柯：《哲学剧场：论德勒兹》，李猛译，《生产（第五辑）：德勒兹机器》，汪民安主编，广西师范大学出版社2008年版，第183—213页。

容，一副我们从未见过的面具。我们本没有理由期待的差异，却作为柏拉图、司各脱、斯宾诺莎、莱布尼茨、康德和所有其他哲学家面具的面具而回归。这不是作为思想的哲学，而是作为剧场的哲学——具有多重的、逃逸的和即兴场地的哑剧，其中用盲目的手势相互向对方示意。在这个剧场里，智者们从苏格拉底的面具下爆发出笑声；在这里，斯宾诺莎的样态引导了在一个没有中心的圆圈中进行狂野的舞蹈，而实体则像一个疯狂的行星一样围绕着它旋转；在这里，跛脚的费希特宣布"断裂的我≠消散的自我"；在这里，莱布尼茨在到达金字塔的顶端之后，可以透过黑暗看到天体的音乐实际上是一个"月下小丑"①。在卢森堡花园的岗亭里，邓·司各脱把头伸进圆窗；他留着令人印象深刻的胡子——它本属于尼采，却伪装成了科罗索夫斯基。②

在这篇为德勒兹的《差异与重复》《意义的逻辑》所作的评论中，福柯以"哲学剧场"作为德勒兹方法的总结。在文章的最后，福柯将自己认为为德勒兹的理论提供了论证资源的重要哲学家都代入了剧场表演中，并以德勒兹的方式戏谑了这些思想代言人：在苏格拉底对于智者的严肃批评中，反而听到了智者们对他

---

① *Pierrot lunaire* 是勋伯格的情节音乐剧，全称为 *Dreimal sieben Gedichte aus Albert Girauds "Pierrot lunaire"*，简称为 *Pierrot lunaire*，有译为"月迷彼埃罗"，又因彼埃罗在阿贝尔·吉罗（Albert Giraud）的诗歌原文中是喜剧演员，所以又被译为"月下小丑"。
② Michel Foucault, "Theatrum Philosophicum", *Language, Counter-Memory, Practice*, edited with an introduction by Donald F. Bouchard, translated by Donald F. Brouchard and Sherry Simon, Ithaca: Cornell University Press, 1977, p. 196.

缺乏现实感的嘲讽；斯宾诺莎的舞蹈则是要在身体的运动中不断地摆脱中心对于生命的约束；费希特之所以跛脚是因为拒绝经验而导致的"自我的断裂"；而克服了单子封闭性的莱布尼茨最终发现自己所相信的前定和谐其实却是支离破碎的旋律；最后的八字形胡须同时属于邓·司各脱、尼采和科罗索夫斯基，而这些哲学人物都出自德勒兹。

德勒兹的哲学剧场最终的主角是德勒兹，尽管他并没有直接出场，但是所有的剧目都出自他的手笔。剧场对他而言是最合适的展开哲学论证的方式，因为就思想而言，"最小的实在单位不是语词、观念或概念，也不是能指，而是装配。始终是装配产生陈述内容"[①]。换言之，思想的产生需要外在动因，其自我展开需要不同要素的合力运行。而剧场凭着其虚构的能力总是能最有效率地呈现出这些条件。但德勒兹的剧场也是残酷的，他要打破我们对于哲学史的崇拜，对于理念的幻觉，所以他所显现的是概念被极端化演绎后的残缺和偏执。"我想象自己来到一位哲学家的背后，使其生子，那是他的儿子，是畸形儿。那的确是他的儿子，这一点至为重要，因为确实需要由哲学家说出我让他说出的一切。"[②]都是帮人生孩子，德勒兹和苏格拉底的方法却有着根本的差别。苏格拉底明确地说他要对所孕育的思想进行检查，如果发现他们所孕育的是那些愚蠢的观念，就会施行引产。只有真理才被允许存活下来——这是对于思想的行善。[③]而德勒兹却没有评判思想，他接纳所有思想的诞生，因为任何健康与否的标准本身

[①] 德勒兹、帕尔奈:《对话》，董树宝译，河南大学出版社2019年版，第76页。
[②] 德勒兹:《在哲学与艺术之间：德勒兹访谈录》，刘汉全译，上海人民出版社2020年版，第7页。
[③] 柏拉图:《泰阿泰德篇》,《柏拉图全集（第二卷）》，王晓朝译，人民出版社2003年版，151c-d，第663—664页。

也是出于思想的建构。在这种情况下，所有的思想都具有立场，也因此没有完美的概念性人物，正如没有完美的个体，但也因此思想需要创造出更多的概念性人物，相互平衡，相互补充；而个体也需要在群体之中相互制约，共同成就。

德勒兹以剧场的方式将众多的概念和思想纳入他的哲学体系中。这种方法也为构造他的思想肖像提供了启发和参考。综合德勒兹为不同的概念性人物所装配的场地，也就是所预备的核心问题，我们接下来分别从主体、时间和欲望的主题逐步接近德勒兹的思想核心。主体、时间和欲望，这三个核心概念来自德勒兹哲学的发展过程。他在早期写作中，通过和现象学、黑格尔主义的对话，而构造出主体和先验之间的张力，并逐渐用个体概念消解主体概念中的先验性预设。他继而以经验主义来展开个体的内在性：个体作为个体的能力既源自经验的沉积，又反过来通过规则和秩序体现在经验的组织和构造中，这就是德勒兹所理解的时间概念。在和康德、海德格尔的对话中，德勒兹不断地增强时间概念中所包含的生命的强度，以及思想对于自由的追求。生命通过存在的强度来显现，自由通过思想的自我突破而得到证明，而艺术正好是此显现和证明的最直接的方式。因此德勒兹要重新阐释塞尚，甚至不惜以英国画家弗兰西斯·培根作为塞尚的继承者。塞尚的启示就在于他在色彩和形象的方法创造中所完成的对于生命力量的捕捉和表现。在生命无尽追求的根源处，德勒兹显现给我们欲望的内驱力。最强的欲望就是对于欲望本身的欲望，至于能否由此感到快乐，则是欲望在以自身为对象时，所呈现出的生命情态而已。欲望的自由才是彻底的自由。然而这又要求对于欲望本身的反省，又要回到对于主体的再次拆解和分析。这正是德勒兹哲学的内在逻辑，也是他的永恒轮回。

主 体

第一章

主体性与先验性的间距：
胡塞尔与德勒兹关于无意识的理论阐释[*]

自从无意识理论被心理学提出以来，处于哲学理论核心的意识论证就受到了直接的挑战，被视为意识反面的无意识试图证明人们至今既未能理解意识，且亦未理解以意识为核心的主体和意义。无意识透过习惯对于经验基底的腐蚀而质疑主体的绝对性，又借助于无意义所打开的逻辑暗洞而消解意义的明确性。面对无意识心理学挑战，传统理论的失落成为哲学反思自身并重新确定核心问题的推动力。从胡塞尔所代表的现象学对于先验主体的维护，到德勒兹所代表的结构主义对于主体和先验合作关系的分解，两种理论和方法之间的继承和分叉打开了关于无意识的思想篇幅：关于主体的理解从经验的构造者转向了经验的承载者，关于先验性的诠释方法从本质还原被取代为生成和突破。意识仍被保留在哲学版图的中心位置，然而充满歧义的无意识却已经打乱了意识结构的分布，离散了先验性和主体性的相互预设，不断强化生命的内在冲动以及意义的生成和流变，以纷繁复杂的细节

---

[*] 本章在写作中受到倪梁康教授和韩水法教授的大力帮助和支持，特此感谢。

作为对于意识理论的丰富和拓展，最终淹没了意识概念的超越地位，越过了意识理论曾经设定的边界。现象学曾经到达的终点，又在新的思想运动中成为了起点。

心理学所提出的无意识概念，直接质疑了哲学一贯以来对于意识的阐释合理性。以无意识概念为基础的精神分析理论，诸如梦的解析、日常生活的精神病理分析，抑或是社会文明对个体的压抑，都在揭示主体内在复杂结构的同时，更进一步地追问人们认识自我的可能性，且直接挑战了作为思辨哲学筑基的主体论和认识论。对此危机的回应构成了20世纪欧洲大陆哲学的核心问题之一。胡塞尔认为尽管探讨无意识的研究必然要越过现象学意识描述的界限（Grenze），但也只有以现象学的方法对无意识进行奠基性阐释之后，才能澄清由无意识所引起的误解。[①]在胡塞尔的意识描述中，被归为无意识的活动包括生、死、梦、本能，这些意识现象本属于哲学理论化最弱的环节，故而如若可以从功能上对无意识进行界定，也就是说只要建立了无意识的现象学基础，就可以确定意识活动的限度，进而最终划定现象学研究对象的合理边界。对于这种源自康德分类划界的方式，德勒兹却提出了自己的质疑。一方面是因为思想本身就具有向心惰性，总是避免触及自身有效性的界限（limite）[②]之外；另一方面，即使思想之光得以照亮曾经处于昏暗中的边缘性内容，但随着新光源一道产生的还有新的边界。任何以划定界限作为构建思想确定性的努力，都难免陷入自我指涉、自我重复的循环之中。面临无意识所引起

[①] Edmund Husserl, *Grenzprobleme der Phänomenologie*, Hrsg. von Rochus Sowa und Thomas Vongehr, Dordrecht: Springer, 2014, pp. XIX-CXIV.
[②] Gilles Deleuze, *Critique et Clinique*, Paris: Minuit, 1993, p. 17.

的理论塌陷，哲学所应负的使命不应该是以区分划界的方式设立防线，而是借助于此缺口通达外部，突破思想的自我界定。如果说界限的划定要求思想在自我构建中必须做出选择，那么胡塞尔和德勒兹分别代表了两种面对无意识危机的哲学态度：保持意识的绝对性，以此捍卫主体的超越性；抑或是承认意识的有限性，试探主体性的合法边缘。从胡塞尔到德勒兹，从德国现象学到法国后结构主义，无意识理论的变化反映出一种理论的继承和立场的转变。在哲学思想对于无意识理论越来越强的吸纳倾向中，新的主体理论和意识分析方法逐渐形成并在后现代的话语中发挥出强大的阐释力。接下来我们从纯粹经验和先验结构出发，呈现现象学和后结构主义在理论化无意识过程中的重合和分歧，包括在关于核心观念的理解中，双方如何各自突破古典的论证逻辑，从信念的确定性中绽开怀疑的无限性。

一、被动综合：从绝对主体到无限主体

早在无意识成为心理学的术语之前，此概念就不断地出现在哲学文本之中，康德、谢林、叔本华以及尼采等都曾谈到过无意识。当无意识在心理学的演绎和推导下被用以构造思维规律时，无论此概念被赋予的新的阐释功能，还是由其所衍生出的理论体系，"这些心理学的东西都已经藏在例如像真理与谬误、肯定与否定、普遍与特殊、根据与结论等等这样一些对于逻辑规律来说建构性的概念之中"[①]。而胡塞尔在早期的《逻辑研究》中提出了

[①] 胡塞尔:《逻辑研究（第一卷）：纯粹逻辑学导引》，倪梁康译，商务印书馆2018年版，第59页。

纯粹逻辑学的观念，主张排除基于经验的心理学对于知识确定性的干扰，并且要重新塑造逻辑学的基础。逻辑规律尽管是纯粹的、非经验性的，然而这种思维的规律在具有真理性的同时，也具有实事性，这些逻辑规律，作为实事"意向性地关联到思维体验"①，所以仍然有必要对于意识的发生进行说明。也正是在此角度中，现象学的研究继承了逻辑研究的立场，胡塞尔也由此提出要从哲学的基础出发重塑"第一哲学"。作为第一哲学，现象学的任务是为了"一种从绝对最终根源上建立起来的普遍科学的开端部分和基础部分"②，实现此任务的首要工作就是分析并澄清意识结构。针对心理主义关于心理活动和思维规范的构造，意识现象学从多个角度出发阐明了意识的内在结构形态，包括主体性、客体性、交互主体性、以及各个角度的叠加，而在每个角度又从原初的、次生的、复合的等层面分而论之，并且每一个角度和每一个层面又有其他角度的交叉、其他层面的介入。它们相互铆合一起构成了胡塞尔式的绝对主体。

在纯粹经验的层面，无意识之所以对意识理论构成了威胁，并不是因为在"无意识"发生中意识的丧失，而是由于在无意识中主体的丧失，主体丧失了对于意识的把握和控制能力，意识显现为不受主体支配的盲目冲动或机械性反应。③那么，接受无意识就意味着承认意识有溢出主体的部分，承认主体相对于意识的

---

① 胡塞尔:《逻辑研究（第一卷）：纯粹逻辑学导引》，倪梁康译，商务印书馆2018年版，第228页。
② 胡塞尔:《第一哲学》，王炳文译，商务印书馆2018年版，第301页。
③ 爱德华·冯·哈特曼在《无意识哲学》的附录中从神经科学的角度论证了无意识活动具有自身的客观规律，不受意识主体的决定。参见Eduard von Hartmann, *Philosophie des Unbewussten*, Berlin: Carl Duncker's Verlag, 1878, pp. 384–396。

有限性。然而在意识结构中，主体既是意识的发动者，又是支撑者，这就无法容纳无意识所导致的意识和主体之间的错位。作为回应，胡塞尔提出在意识活动中，主体的参与状态的确有主动性和被动性的区别，经验的构成方式也因此区分为主动性的综合和被动性的综合。主动综合显示为出于自身的主动给予的意识构造，"自我的主动执态，各种主动的裁定、确信，'使自己确信'和偏袒等等……'确信'更多地表示：使自我从被动的感知处境被确定达到判断性的执态，进而是判断性的确定状态（Bestimmt-Sein）"①。作为主体的自我（Ich），其主动的给予在感知中表现为恢复确信和做出判断，而自我的被动形态则是指自我被动地接收和统摄，之所以是被动的，乃是因为在感觉流和意向性的统一性没有受到任何阻碍的状态中，没有任何动机迫使自我必须做出裁定。从意向活动的方面来看，由于意向性总能在感知中得到相应的充实，不仅每一瞬间的感知获得了意义，并且所产生的期待也会在下一瞬间得到确认。意识和表象统一的持续，使得感知不断地得到扩展和推进。在经验领域中如此获得成就来自感知单纯的彰显，而主体只是如同旁观者并没有主动地在意识综合中发挥作用。那么，尽管处于被动形态，主体仍是潜在的而并不是欠缺的。潜在的主体在意识流动遭遇到障碍之时就会被触发，通过判断和裁定表现出来。

胡塞尔通过主动和被动综合展现了主体性的显现状态和潜在状态。相比之下，更需要澄清的是被动综合中主体的在场方式。在经验的自行流动中，意向性由空乏到充实的满足、各个意向之

---

① 胡塞尔：《被动综合分析》，李云飞译，商务印书馆2017年版，第72页。

间的统一,越是协调一致也就越透露出那先行被给予的引导意向性、组织意向性的力量,胡塞尔称之为"信念"。胡塞尔用信念描述意识在流动中所自然具有的倾向性,此倾向性完全是出自主体自身对于某些可能性的期待,但此期待并没有经过理性的论证,只是在经历的验证中不断获得加强或者减弱。被动综合中的"信念"表明了即使是在最原初的经验之中,也已经发生了对于素材的组织和统一,这就显明了主体的先验存在。意识的自然流动从来都不是盲目的,而总是具有内在的结构性,具有可理解性的根据。当然,被动性综合所前摄的趋向也并非总能实现与感知恰到好处的相合,感知相对于空乏的前摄可能充实不足,也可能充实剩余,不过只要意向仍然保持统一,并且各种意向之间也维持着和谐,尤其是"信念"持续有效,那么就还不需要自我的主动参与。反过来说,触发自我、使其主动执态的原因在于意向性和感知之间的冲突严重到打破了意识的统一和谐,意识的停滞显示出"信念"的失效。自我执态(Stellungnahme),就是指在这种意识的停滞难行的状态中,自我重审意向和感知并做出裁定和判断,设定新的立义构造以重新恢复意识的自然流动。那么主动的综合构造其目的在于恢复自我内在的统一,在于返回到被动综合的自然秩序之中。

被动综合和主动综合相互混合,在不同的层面上将经验纳入统一秩序之中。不过并非所有的经验都可以被裁定,且反而是这些感知片段的孤立性揭示了内在秩序性发生效力的原理。在全然陌生的经验中,感知即便达到了自我主动构造意义的极限,然而经验依然是无法被把握的,期待始终都是空乏的,甚至都不能有效地唤起期待。"每一个新的瞬间印象都把刚才存在的瞬间印象挤到一边。它与这个刚过去的瞬间当下'毫无共同之处',而且这个刚过去的瞬间当下与它的刚过去的瞬间当下'毫无共同之处'……没有任何融合的条件和具体的统一化的条件得到满足,因而每一个被排斥的当下都无法遏止地沉入'无意识'。"[1]被称之为无意识的感受揭示出意识构造的极限乃是由相似性所构成的统一性的极限。相似性已经表示对象之间发生了联结关系,进而被统合纳入同一个整体之中。如果意识构造失效的原因是由于相似性的缺失,那么反过来说相似性是意识展开自我的条件:在被动综合中,意识需要相似性唤起信念产生期待;在主动综合中,又需要为不合乎期待的感知构造相似性,重新将其纳入意识的秩序之中。那么,相似性到底是出于意识构造的结果,还是决定意识构造的前提呢?在相似性出现于认知层面之前,胡塞尔用"共鸣"(Resonanz)描述两个对象之间在经验流动中所发生的相互呼应、对照的关系。以共鸣作为相似的奠基,相似往往停留于关于对象的认知层面,而共鸣则包含了情绪、感受、欲望等多个层面,其所显示的是意识可能在任何一种层面上发生的相互关联。从全然陌生不能立义的对象到确定无疑的对象,揭示出在意识领域中所唤起的共鸣强度的程度差别,同时也显现出新的意识在融入整体时就被赋予的统一性的等级差别。那么,尽管无意识作为完全意外的发生,超出了意识构造的极限,但是就心灵活动而言,它仍然应当被纳入意识的整体之中,并且作为孤立的剩余片段映衬出意义充实的有限范围。

无意识显示出主体对于意识的建构原则是相似性,而相似性

---

[1] 胡塞尔:《被动综合分析》,李云飞译,商务印书馆2017年版,第478页。

又通过共鸣显示出作为整体的意识对于当下意识的影响作用,由此展现了信念的力量,包括主动执态的共同的动力来源。关于经验形成过程的考察,最终指向了习惯,这一意识建构的综合性法则:"信念和一切执态当然都是意识流中的事件,因此服从第一法则,即'习惯'法则。"[①]习惯作为相似性重复发生的沉淀物,奠基着当下的全部感知,且凸显那些和过去更相似的素材,以便于更直接地获得意识的综合。此观点更进一步地导向了对于无意识的第二种理解,即由于注意力不足而产生的无意识。此种意义上的无意识发生在意识场域的边缘。从注意力的中心到边缘正是意识由强而弱的递减,意识的这种程度差别既发生在其原初给予性中,也发生在意识的滞留中,某段逐渐丧失活力而沉寂的意识,也就是遗忘的过程。无论作为杂乱到全然不能建构的无意识,还是作为处于意识构造边缘的无意识,二者都以否定的方式显明了意识的绝对性。所有的意识都是出于主体的组织,其组织行为首先是出于习惯。

习惯,在心理学理论中作为无意识在经验中的显现,常被用以证明主体在行动中的不自由,也就是以行为的机械性否定了主体对意识的控制能力。作为经验基底的习惯,其发生的形式总是被动的和不自由的,由此胡塞尔对于自我的构成做了主体的自由行动和不自由冲动的划分:"个人性自我,在原初性生成中被构成,不只是作为由冲动所决定的个人,作为从一开始不断地由

---

① 胡塞尔:《现象学的构成研究》,李幼蒸译,中国人民大学出版社2013年版,第187页。为了保持关于Stellungnahme的翻译统一,本书将译文中的"态度采取"改为"执态",参见 *Ideen zu einer Reinen Phänomenologie und Phänomenologischen Philosophie: Phänomenologische Untersuchungen zur Konstitution*, Dordrecht: Kluwer Academic Publishers, 1991, p. 223。

原初的'冲动'所推动并被动地对其顺应者，而且也作为一种较高的、自主的、自由行动的自我，特别是作为由理性的动机所引导者，而不是作为被牵引的不自由者。"① 在自我的构成中，理性的动机之所以高级，是因为其导向的是反思后的自由。通过理性的反思，自我得以摆脱习惯的惰性。尽管习惯是被动的，但也因其能够不加反思地直接触发行动，而获得有效率的行为能力。正是在这一点上，胡塞尔提出主体可以通过主动地培养习惯而获得对于更强的"我能"。所谓主动的习惯，就是主动地训练自己而获得某种习惯。它和被动习惯都是出于相同的构成原理：通过强化性重复某种联结以使意识不经由反思的过程就自动拥有了倾向性。"所有习性之物都属于被动性。因此，习性地生成的主动之物也属于被动性。"② 习性，作为更进一步固化的习惯，在生活之中构成了"我能"的基本条件，也构成了生活世界的必要基础。即使在主体的自由活动中，仍会残存习惯的冲动；自然习惯也可以通过自我的反思和主动的培养而获得。由此，胡塞尔在意识行为中同时树立起两个支点：作为主体的自我和作为习惯的自然。并且，通过论述"主动的习惯"，胡塞尔将被动的习惯冲动重新收归为主体主动给予的范围之内，由此实现了主体对于经验构成中被动部分的超越，保持了主体对于自我的绝对控制能力。

---

① 胡塞尔：《现象学的构成研究》，李幼蒸译，中国人民大学出版社2013年版，第213页。
② 胡塞尔：《被动综合分析》，李云飞译，商务印书馆2017年版，第383页。胡塞尔用多个术语表示习惯，其中包括Gewohnheit、Habitus、Habitualität、das Habituelle，本书在泛化意义上使用习惯，以便和经验主义、精神分析和德勒兹的文本保持表述上的一致。此处的原文参见Edmund Husserl, *Analysen zur Passiven Synthesis aus Vorlesungs- und Forschungsmanukripten*, Den Hagg: Martinus Nijhoff, 1966, p. 342。

在意识现象的结构性描述中，胡塞尔以程度的差异定义了意识和无意识之间的可过渡性。通过意识的强弱的等级性图谱，无意识被分配为零度意识。胡塞尔对于无意识的阐释完全否定了心理学所主张的主体在无意识中的缺失。因为在心理学的阐释中，存在着无法克服的悖论：既然是由于主体在此刻的缺席而引起的无意识，那么又如何能够再成为意识的对象，被主体发现？或者说，主体后补性的记忆恰恰证明了主体并没有丧失过。无意识不仅没有构成对于主体绝对性的挑战，在胡塞尔的阐释中反而显现了主体在经验构造方面的多种形态。胡塞尔关于主体的绝对性的理解不仅仅体现于主体对于意识的建构样态，不论是出于主动还是被动，抑或是可被清晰立义的还是晦涩模糊的，贯彻其中的条件是：所有意识活动的发生已经预设了作为意识承担者的先行存在。在纯粹经验的领域内，胡塞尔以主体的绝对性消解了无意识的主体危机，否定了心理学通过无意识论证主体有限性的方法。

胡塞尔以主体为核心原创性地构造了意识理论，从心理学的怀疑旋涡中挽回了理性主体。意识主体能否承担起思考的起点——这是对于胡塞尔理论的根本质疑。海德格尔透过"此在"而重构的主体存在依据和展开维度中，隐隐地透露出对于胡塞尔的批评。关于意识主体的反思，当代法国哲学既继承了笛卡尔的传统，又接受了精神分析的影响，从意识的具体发生开始分析，逐渐显露出意识与主体之间的裂隙。在他们对于意识和主体所做的不同解释方向中，一方面我们会随着列维纳斯看到"意识——自身之为自身所知——并未穷尽主体性这一观念的全部"[1]，而另

---

[1] 列维纳斯：《另外于是，或在超过是其所是之处》，伍晓明译注，北京大学出版社2019年版，第243页。

一方面,我们也在德里达的《声音与现象》中看到了对于意识活动的延展和测试:既然胡塞尔认为意识是对象性的,是关于某种现象的意识,那么意识通过话语——广泛地说是声音,实现自身的表达。声音作为意识在空间之内的实现状态,挑战了时间意识的纯粹性,进而质疑主体对于自我的超越基础。但是在众多重构意识和主体的策略中,德勒兹的道路是最接近胡塞尔对于意识发生过程的解释的,但同时又对后者的被动综合进行了向度相反的理论演绎。在德勒兹看来,被动综合的被动性不仅仅体现在主体对于感性素材的纯粹接收性,更为重要的是在此综合之中主体的被动性。此综合的构成不是出于主体的自觉努力,而是发生在感觉层面上各经验要素之间自发和自动的相互作用。"虽然具有构成作用,但却并不因此就是能动的。它不是由心灵创造的,它只是在静观①着的心灵中发生,它先于一切记忆与反思。"② 从所包含的经验类型上看,德勒兹接受了胡塞尔以习惯理解被动综合的结论,且同意习惯的形成原因是出于重复。然而相比于胡塞尔以主体的被动形态来解释习惯的自发性,德勒兹则是要彻底放弃主体对于习惯的参与,反而强化习惯在主体形成中所发挥的奠基作用。他对于习惯的无主体的解释是通过静观概念完成的,尤其是借助了普罗提诺和休谟的静观概念。

---

① 静观,原文是contemplate。此概念在中文中有多种翻译,在亚里士多德的《形而上学》中被译为"默想[神思]"(参见《形而上学》第七卷,1072b),在普罗提诺的《九章集》中被译为"凝思"(参见《九章集》第三卷第8节),在休谟的《人性论》中常因上下文而被译为"思考""思维"等。本书保持统一译为"静观"。

② 德勒兹:《差异与重复》,安靖、张子岳译,华东师范大学出版社2019年版,第131页。

静观（contemplation）来自拉丁语 *contemplatio*，*templum* 作为词根表示神圣之地、献祭之所，contemplation 表示心灵超越精神图像而获得对于神的直接体验。此词在早期基督教的文本中用以翻译希腊语中的 θεωρία，后者意指"内在的看见"。如在《理想国》的洞穴比喻中，柏拉图用 θεωρία 表示灵魂的观看："我们考察的这些科学技术的全部这一学习研究过程能够引导灵魂的最善部分上升看到实在的最善部分。"[1] 而当 θεωρία 被拉丁化为 *contemplatio* 后，个人的内省也被赋予了神秘的生产功能，对此最典型的演绎就是普罗提诺。普罗提诺批评亚里士多德提出的静观作为人的灵魂中最高部分的实践活动[2]，并主张将静观从理性生命扩展到了非理性的生命，即万物都是静观者。比如在《九章集》第三卷中，普罗提诺通过静观解释了自然如何从太一而生，展现了静观是由上而下贯穿着的生产链条。自然作为世界灵魂的低级部分，既然远离太一的光源，那么其如何展开静观呢？普罗提诺强调静观不是以理性原则为依据而展开的推理[3]，因为如果这样的话，会导致静观成为一种模仿和类比，进而引向生命趋同性的危机。一旦排除理性，生命的静观就显现为其出于天性对于质料进行混合性建构的活动。自然通过阳光、水、土壤等质料的随机聚拢，化而为物，呈现出了缤纷多彩的植物——它的这种创造

---

[1] 柏拉图：《理想国》，郭斌和、张竹明译，商务印书馆1986年版，532c，第298页。
[2] 亚里士多德：《尼各马可伦理学》，廖申白译注，商务印书馆2003年版，第305页。
[3] 普罗提诺：《九章集》，石敏敏译，中国社会科学出版社2009年版，第349页。"推理"在汉译本特意注明 logos，在英文版的翻译中将其译为 reasoning。参见 Plotinus, *The Enneads*, translated by George Boys-Stones, John M. Dillon, Lloyd P. Gerson and others, Cambridge: Cambridge University Press, 2018, p. 358.

不需要知识，只需要出于内在的生命冲动。普罗提诺关于自然静观的自发性和内在性的观点在法国生命哲学的语境中得到了充分的发挥。德勒兹更进一步地将普罗提诺的自然静观应用到所有感觉活动的缩合现象上，静观被发展为生命本能的生长力。为了将这种生机论与认识论结合起来，德勒兹又在休谟的理论中寻找到了静观和知识的联结点。

休谟的《人性论》用静观来描述心灵的内在活动。休谟谈到静观时多次将其置于观察之后，通过这两个动作的相继发生，完成了对于对象从外在观察到内在反思的心理综合过程。且在对于自我经验进行内省的过程中，产生了比经验本身更多的感受。休谟正是用这种观察和静观的双重性解释了道德产生的心理根源。道德上的恶与善的区别，在休谟的论证中，乃是源自静观不同行为和品格时在心里所产生的痛苦和快感。尽管在静观之中没有任何预定的组织法则，经验相互聚集后自行衍生出快感和痛苦，并由此酝酿着在不同的理性原则中所做的选择，乃至思想的构成原则。"在屡次重复之后，我发现，在这些对象之一出现的时候，心灵就被习惯所决定了去考虑它的通常伴随物，并因为这个伴随物与第一个对象的关系，而在较强的观点下来考虑它。给我以必然观念的就是这个印象或这种决定。"① 就论证一物如何引起另一物的联想而论，休谟和胡塞尔关于相似性而引发的联结在表面上很相近，二者的本质区别在于胡塞尔将相似性的原因以经验中的共鸣模糊解释后，又要利用这种相似性，达到对于主体的理性引导，而休谟以重复性印象作为习惯形成的原因，又以习惯作为因果律的基础——这一重要的理性必然律的原因，从而实现了对于

---

① 休谟:《人性论》，关文运译，郑之骧校，商务印书馆1980年版，第179页。

理性作为先天原则的挑战,也实现了对于知识基础的挑战。如此休谟通过习惯这一概念不仅重新诠释了理性观念的形成,将其根源移植在经验主义的解释框架之内,同时显示出所有概念即使在形式上是简单的,却是经由杂多经验进行缩合的结果,而这种缩合又源于经验重复性而发生。

重复性在休谟的解释中仍然凭借于经验表面上的相似现象,德勒兹在吸收休谟关于习惯的经验论证之后,从意识活动的角度对其重新构造,以便突显习惯在心灵中所引发的缩合作用。心灵中的缩合和普罗提诺从生命角度所提出的各种质料的混合凝缩,从不同层面表现了静观之中所蕴含的生产力,而最终被德勒兹统一为发生在经验流动之中的缩合作用,在此缩合中产生了习惯。习惯就是静观中所产生的经验的缩合物。在静观内在合成作用中,既没有设定作为判断或者行动的主体,也没有设定所对应的客体,以这种无人无物的无意识状态作为经验的开始和基础。世界的建立、主体的形成都是从这种模糊的状态中逐渐元素凝聚、分化出来的,更确切地说,在无意识状态中经由自动缩合而逐渐聚合沉积、结晶成形的。就认识过程而言,所有的存在物都是诸多经验的缩合。缩合既是杂多的叠加和聚合,又是从杂多中倾析(soutire)①出一般性。缩合虽然依于过去的经验而形成,但它却在未至的将来中显现,或者说只有当其延伸至关于将来的期待时,才彻底发挥了缩合的作用。"因为每一缩合、每一被动综合

---

① 倾析是德勒兹所使用的比喻手法,本义是指发生在酿酒过程中分离沉淀物的过程,德勒兹以此比喻在经验的混合中所发生的自然凝聚,而凝聚的效果就是某种差异性从混合模糊的经验中凝固并沉淀下来,由此成为确定的对象。参见德勒兹:《差异与重复》,安靖、张子岳译,华东师范大学出版社2019年版,第135页。

都构成了一个在各种能动综合中被解释或展示的符号。"①经由被动综合所凝缩成的经验节点，这些缩合物在主动综合中伫立为主体思考和行动的对象。在这个意义上，被动综合以先验的方式支撑着主动综合，维系着当下经验的持续流动。尤其是在被动综合以习惯充实主动综合时，当下的经验不仅获得了内在的期待，而且也被给予了行动的内在驱动力。在这一点上，德勒兹不同于胡塞尔关于习惯和自由的观点。对于胡塞尔而言，习惯所带来的冲动和理性所具有的自由是可以并行的，并且主体具有绝对的自由可以选择不追随冲动。但是对于德勒兹而言，这种理性主义的自由观点并不能彻底地解释主体借助习惯的形成原则而施行自我驯化的动机，也就是说理性主义所给出的解释存在着无限倒退的可能。除非承认最初的动机来自无意识之中各种感受之间的相互叠加所自动实现的偶然选择，否则理性主义的方案就难以跳出决定论的旋涡，且要由此承受完全丧失掉自由的风险。

习惯，作为被动综合，对于德勒兹而言，在构成经验的同时，也在自我的重复中使生命拥有了稳固的确定性，使其得以超越感受中的杂多和变化，展现对于存在的认识和支配能力。胡塞尔将此理解为信念，而德勒兹却称之为主体，或者说是萌芽幼生的主体，鉴于其未表现出充足的主动性。"自我是幼生的主体（sujets larvaires）……自我不拥有变状，它本身就是变状，'变状'这个词恰恰意指着被倾析的差异。最后，人们只是他们所拥有的东西，存在正是凭借一种'拥有'才在这里形成。或者说，

---

① 德勒兹：《差异与重复》，安靖、张子岳译，华东师范大学出版社2019年版，第134页。

被动自我正是凭借一种'拥有'才存在。"[①]德勒兹所说的拥有，表示了由习惯所奠基的自我就像是一种自动执行的系统，而主体占有习惯就像是接受了此操作系统一般。德勒兹对于习惯乃至主体都暗含着"物化"的倾向，事实上在《反俄狄浦斯》中，他就直接将人定义为"欲望的机器"。这是因为在他看来，人和世界之间就是无法切分的粘连状态，即使是在主体面对存在时所表现出的超越性，仍然可以在另一个层面上重新弥合主体和存在的对立，将他们归于共存的状态。德勒兹式的主体就仅是在经验之流中暂时汇聚形成的旋涡。和胡塞尔力图追求的纯粹且普遍的主体相比，德勒兹所要呈现的则是主体始终被杂多和特殊所包围，主体所拥有的构造经验、思维存在的能力究其根本而言，乃是来自经验，源于存在。在抹平了一贯以来人相对于其他存在的优先性之后，就可以借助于此存在与个人平等共处的关系，再次打开人内在生成的无限潜能。尽管胡塞尔在意识理论中，透过无意识作为习惯的剩余物，即遗落在意识建构之外的多余片段，暗示出意识结构的复杂和丰富，然而他最终仍是以意识的绝对性回收了过剩的无意识。德勒兹却要重新打开无意识所蕴含的逃逸力量，无论是在经验的自动缩合中所产生的习惯，还是在习惯的自发建构下所形成的意义对象，这些都不仅不需要预设主体，反而是此中的自动性生产出处理对象的能力，于是个体才在经验的节点上表现为主体。相比于胡塞尔的绝对主体总是以统摄者立于经验之上，德勒兹的主体却随着经验的流动起伏生灭，他以"拥有"无限的方式生成了主体的无限可能。

[①] 德勒兹:《差异与重复》，安靖、张子岳译，华东师范大学出版社2019年版，第143页。

二、先验性：从本质还原到生成构造

意识构造中被动综合的自动作用已经暗示出经验形成所依赖的先验领域，同时也提出了反思习惯——自然态度——的可能性问题。胡塞尔通过先验观念论[①]的方法完成了对于先验还原的论证，而作为结果也彻底否定了无意识中主体丧失的理论假设。

作为现象学研究方法的总结性介绍，胡塞尔为《大英百科全书》所完成的现象学条目前后共有四版，都突出了现象学所提出的先验论方法立足于对于自然态度的超越能力。基于经验而完成的意识结构的分析，这种经验的现象学仍不足以单独支撑起第一哲学的全部使命。意识构造的说明必须再经过先验现象学的检查，澄清经验中被给予对象的来源，并排除那些来自外在的超越之物，以彻底的反思摆脱世界对于意识的构造而达到意识的意识，即意识内在的自我构造力。自然态度表明了我们世界之中的非反思性的日常生活方式，在这样的生活方式中，我们不会质疑世界给予的确定性，也不会追问生活的整体性意义，但也因此可以安然地占有世界的某个领域，并把自己的生活嵌入世界之中。然而先验现象学的态度却是要以悬置的方式脱离这种日常态度。

通过悬置的方法而摆脱自然态度，暂时将自然态度中的种种信念搁置一边。胡塞尔的悬置方法所要实现的目的既不终止也不取消感知，反而是要通过逼近纯粹感知以显现其根基。上文所

[①] 胡塞尔文本中的 transzendentale reduktion (transcendental reduction) 在被翻译为汉语时，为了保留原义和突出主体的主动给予，transzendentale 也被翻译为"超越论"，本书基于胡塞尔对于康德先验理论和洛克天赋观念的继承和批判，在所涉及的文本中一律将 transzendentale 译为"先验"，而在后文中将 transcendent 译为"超越的"。

讨论到的被动综合中的信念,以及在其组织下所获得的意义建构方式,最终以习惯的方式显现为经验层面上自我的个体性,而悬置的方法则是要逐渐排除这些个体性的经验模式而到达一般意识,即向所有主体都开放的纯粹意识:"上述所谓的显现方式具有'关于某物的显示'的特质(例如什么的视角、什么的远距显示等),并且在相互隶属的显示之留存中综合地产生了关于自身同一的意识①。明显地它也适用于任何的我思,任何的'我经验''我思想''我感受、欲求',等等。"②正是因为在自然态度中包含了莱布尼茨意义上的个体视角,那么通过将意识经验中的特殊性放入括号,所剩下的就是作为纯粹心理的一般意识,即摆脱了个体有限性的纯粹主体。在一般意识所呈现的心理意识结构的纯粹性和普遍性的基础上,现象学力图成为关于人的意识研究的最严格的科学,并为其他科学提供正当性和自明性的基础。一般的意识,这一概念作为先验还原所要达到的目标,一经提出就意味着现象学所设定的原初性是通过层层剥离笼罩在经验上的不确定之后所达到的经验的绝对基础,以及与此经验相对应的先验主体。值得注意的是,无论是先验还原的剥离方法,还是由此所获得的先验主体,胡塞尔在方法和目标上都借鉴了笛卡尔的反思方法及其"我思"(*cogito*)式主体,但更重要的是,胡塞尔的先验

---

① 在游淙祺的翻译中,"das Bewußtsein vom Einen und Selben"被翻译为"关于一个与自身的意识",而胡塞尔在此处强调的是对于多样变化进行同一性的综合,所以在此调整为"关于自身同一的意识"。原文参见 Edmund Husserl, *Phänomenologische Psychologie: Vorlesungen Sommersemester 1925*, Hrsg. von Rudolf Boehm, Nachdruck der 2. Verb. Auflage, Dordrecht: Kluwer Academic Puhlishers 1969, p. 244。
② 胡塞尔:《现象学的心理学:1925年夏季学期讲稿》,游淙祺译,商务印书馆2017年版,第261页。

主体不仅仅是经验的逻辑前提,并且同时也是意识的主体,尤其是设定并开展反思的主体。胡塞尔认为,笛卡尔的"我思"仍然是为自我的存在而启动的形而上学式的追问,而其所最终确定的也仍然是在朴素的实证意义上的自我。胡塞尔为先验论所设定的目标是对于一切进行还原的纯粹自我:"代替在其中朴素地生活,朴素地实行这种存在确信,我纯粹作为不参与的旁观者,观察这种生活,作为旁观者,我将一切连带的设定都放到括号中。"[①]尽管胡塞尔的悬置方法中保持了笛卡尔的怀疑精神,但是前者所获得的"先验自我"既是对于世界的彻底怀疑,克服了后者将世界存在作为前提的自然态度,同时又在重重还原中,实现世界和自我关系的重新构造。在这个意义上胡塞尔的"先验自我",作为绝对的原点实现了对于笛卡尔"我思"的超越。胡塞尔的先验方法在逐渐展开的不同层次的还原中,显露出的自我和世界之间的不同关联模式。现象学还原是要在通达"先验自我"的过程中,逐渐揭示出个体的信念,其与他我的共存,乃至于由整个文化所构成的理念的存在,在此前提下,还原的过程反而呈现出意识内容的充溢性。

胡塞尔试图通过先验还原论既得到经验的一致性原点,又获得经验的丰富性发生。此设想所追求的理论价值无可否认,但同样不能否认的是内在于该方法中的自我折叠。先验的方法所提出的自我反思,不可避免地将自我分裂为思考主体和思考对象:"现象学的还原如此趋向于分裂自己。先验的观察者将他自己置放于自己之上,查看自己,将自己视为曾沉浸于世界之中的

[①] 胡塞尔:《第一哲学》,王炳文译,商务印书馆2018年版,第636页。

自己。"①在主体对于自己的查看中,他将自己从世界的沉浸中提升起来的过程中,逐渐显露出的经验结构的不同层面,既包括了经验事实,为意识所明察的意向活动和意向内容,同时也有因为"沉浸于世界"之中而忽略的意识活动,诸如上文所论的习惯和边缘性的弱意识。通过反思而认识先验主体性的方法,是系统性的且完全的自我揭示。反思呈现了日常自我所具有的种种信念或者习惯,这种呈现同时也发展出关于自我日常状态的正当性的解释。那么,被悬置的世界通过先验的反思得到解释,以其构成的合理性而形成了内在自洽的经验整体。"自然的世界是在无意识的,未被揭示的传统中被设定的世界;而在先验论的主观性中被揭示出来的世界……[是]作为被理解的真正的理念而被设定的世界。"②在自我反思的基础上所获得的世界尽管基于自我经验,然而自我经验经由解释澄清后,就被赋予了普遍的可理解性。且所有普遍性的首要条件就是对于"我"而言的有效性,而"我"对于自身的理解也已经预先包括了他人和世界的存在,或者说世界本身就是意义作为整体的存在。那么通过先验反思所获得的世界,以及所呈现的全体意义,将支持先验还原穿透曾经隐蔽的个体性,而达到所有经验的通透明白的起点,即所谓的明见性。

但也正是在关于明见性的理解中,潜在有很强的模糊性:明见性作为先验还原所要实现的目标,是可以抵挡一切质疑的确定性,同时又是在还原的过程中不断以"自以为明"的朴素感知被投入质疑之中。如伯格霍夫(Philipp Berghofer)等人主张以

---

① Edmund Husserl, *The Paris Lectures*, translated and introduced by Peter Koestenbaum, Dordrecht: Kluwer Academic Publishers, 1998, p.15.
② 胡塞尔:《第一哲学》,王炳文译,商务印书馆2018年版,第618页。

"原初的看见"解释明见性的内涵①，进而以意识的自我确定将明见性归于心灵自感时所获得的完全的明晰和确定，是对于明见性的心理角度的理解。如果我们考察明见性的词源，Evidence来自拉丁语 *Evidens*，而后者又源于动词 *videre*/看见，的确会接受无论是在原初的意义还是在引申的意义上，明见性都从心理层面揭示了其的确源于"洞见"或者直观。然而明见性能否成为客观的标准？在所谓的"原初的看见"或者"原初的给予"中，到底看到的或者被给予的是什么？是纯粹的物，还是意识的先验观念？并且在明见性的确定中，得到确定是关于物的完全把握，抑或是充足的意义性？虽然对于这些问题的回答大有争议，但胡塞尔之所以提出明见性乃是由于此概念表达了认识逼近对象的理想状态，于此之中意向性和意义都达到了确然可靠，清楚明白，所以明见性成为了，更准确地说是被预设为知识的起点。为此，明见性——这一心灵自感状态——包括了两个方面：被给予的显现的明见性，以及被给予的对象的明见性。这两个方面确然契合，使我们得以肯定自我对于对象的把握是原初性的把握，在其中已经排除了外在于对象的想象、信念等精神投射。在此意义上，明见性是简单的，但它的简单并不同于未经反思的素朴经验，后者反而隐藏着复杂的外在性意念，包括个人体验和立场。明见性所显出的绝对被给予性——包括了显现和显现者，也就是现象和对象两个方面的原初给予——是主体接近对象的理想状态，也是关于此对象的意识发生的普遍状态。但是明见状态中的主体其内在并

---

① Philipp Berghofer, "On the nature and systematic role of evidence: Husserl as a proponent of mentalist evidentialism?" *European Journal of Philosophy*, Vol. 27, Issue 1, March 2019, pp. 98–117.

不是空无，其意识也并非没有任何预设，否则便无法"把握"对象，然而当我们更进一步地追问主体的内在性时，就会在绝对的原初性中发现被预先给予的世界，且此世界所提供的正是信念："世界永远作为整体已经在受动性信念［Doxa］中被前所与，并为一切个别性判断提供了信仰［Glauben］基础，此世界是在简单经验中从最底层被给予的作为感性上可直接把握的基地。"① 就这样胡塞尔又将我们带回了信念的问题，又回到了主动综合和被动综合。尽管胡塞尔的先验还原的方法首先就是要悬置自然态度中的信念和习惯，然而最终在先验还原的终点处，在经验的基底中却显现出习惯和信念的顽固在场。主动自我无论如何都不能彻底摆脱被动自我的同在，关于意识的先验还原也无法抗拒无意识的返回。假如为了避免意识分析最终陷入无意识的流沙之中，胡塞尔可以选择以确定的观念作为明见性的核心，重新筑起经验的确定和可靠的基底。这正是他在维也纳讲座中所提出的"隐特来希"："我们欧洲人性与生俱来就有一种隐特来希，它普遍地支配着欧洲的形态变化，并赋予它一种意义，即向着作为永恒的之极点的理想的生活形态和存在形态发展。"② 欧洲的观念是思想得以超越经验，主体把握对象的内在依据，不过倘若这些观念无法证明自身的绝对和永恒，那么在这些观念上所筑起的经验和超越经验的意义，总会迎来崩塌的时刻，这才是欧洲人性的真正危机。

---

① 胡塞尔:《经验与判断》，李幼蒸译，中国人民大学出版社2019年版，第34页。Doxa在胡塞尔的文本中或者译为"意见"或者译为"信念"，前者是在柏拉图意义上，后者是指日常生活中所持的朴素信念。此处翻译将原译文中的"信仰"修改为"信念"。
② 胡塞尔:《欧洲科学的危机与超越论的现象学》，王炳文译，商务印书馆2001年版，第390页。

胡塞尔所抵达的明见性让人疑窦重重，可是其先验还原的方法仍然揭示出主体和世界的复杂关系。被预先给予的世界提供了信念和习惯，为经验的形成提供了意义。正如在关于明见性的质疑中所指出的，被预先给予的意义仍然可以被投入更进一步的追问中，将怀疑持续下去。这正是德勒兹延续胡塞尔先验还原的方式。德勒兹关于意义的阐释可以分为两个层面。第一个层面是站在和胡塞尔同一立场的前提下，意义作为经验的先验结构；第二个层面则是德勒兹更进一步地追问意义是如何产生的，并尝试阐释非意义的先验领域作为对此问题的回答。我们接下来分而论之。

关于先验性的理解，和康德、胡塞尔一样，德勒兹也认为先验性的提出带来了对于知识的条件性和有限性的思考，但康德所提出的先验范畴和胡塞尔的先验性原则仍然停留于从主体的角度分析知识和意识的形成条件。如胡塞尔所展现的，先验主体是欧洲主体，保留了欧洲的理性发展历史，满足于从经验的要素中总结性地"创造先验性"[①]。康德和胡塞尔的先验性理论可以很充分地解释知识和意识的构成原理，但是他们尚未对自己的解释本身所依据的意义进行充分的说明。而在德勒兹对于先验的理解中，经验与意义并不是同型同构的。就经验作为日常经验而言，其构成如胡塞尔所论述的，总是给予所预先给予的意义之上。沿着这条线索，德勒兹就提出了意义先行于解释——经验的意义秩序——并构成了经验的可理解性。德勒兹和胡塞尔关于先验性的理解都体现出新康德主义的影响，然而所不同的是，康德在先验领域中发现了先验范畴，胡塞尔在先验领域中发现了意向结构，

[①] Gilles Deleuze, *The Logic of Sense*, translated by Mark Lester, edited by Constantin V. Boundas, New York: Columbia University Press, 1990, p. 98.

二者对于先验领域的理解都是普遍和确定的，而德勒兹却要转变对于先验性作为确定性和普遍性的信念，他首先要指出的就是胡塞尔对于欧洲观念的执着来自意义和经验的无间贴合，即"先验性亲密"。意义和经验之间的完全贴合——意义在此状态中是充实的，经验在此之中也是确定的——二者的这种相契关系在胡塞尔看来是意识活动的发生原点，所以是意识的意识；而在德勒兹看来，这种关系既然是通过还原所逐渐显现出来的，而在还原的过程中，逐渐剥离出的纯粹的意向对象，显现出意义本身的独立性，其既不同于被经验的对象，亦不同于主体对于对象的感知，由此打开了意义和经验之间的裂口。以颜色为例，尽管在命题中颜色常被用作谓词，表示对于作为主词的状态说明，然而颜色并不是对象本有的属性，而是显现在人的视觉中的效果，但是作为语言表述，颜色被赋予的意义只能作为一般性被使用，并不能有效地表达主体所看到的色彩的独特性。也正因此，显示出这种先行被给定的意义与经验之间的间距。

意义和经验之间的间距显现了意义相对于经验的独立性。意义独立性的极端就是意义的僵化，即意义完全脱离于经验，成为空洞的意见。哲学所继承的反思精神在德勒兹看来就是要不断地打破对于意见，尤其是那些伪装成永恒和中心的意见的崇拜。德勒兹一方面赞成胡塞尔通过先验论实现对于自然态度的悬搁，因为这种悬搁显现出思想对意见（opinion）的决裂，并由此打开了对于思想本身的批判空间。但与此同时，德勒兹认为在胡塞尔的先验哲学以明见性作为还原目的的推理中，他仍然显露出对于稳定性的依赖，对于终极性的渴求。该推理逻辑本就是通过还原的方法抽调意识结构中的自然事实，从而获得纯粹的自身被给予的

第一章 主体性与先验性的间距：胡塞尔与德勒兹关于无意识的理论阐释

内容。但只要此自身被给予之物仍然要符合明见性的要求，那么自然事实的内在本质就依然被保留了下来，并且此时被赋予了无须证明的确定性。所以胡塞尔仍然将思想留守在意见的层面，不过是通过理性赋予了意见以普遍形式而已。故而胡塞尔的发现是徒劳无功的，他最终也没有彻底地摆脱对于确定性的迷恋，没有完全走出柏拉图的洞穴。以意义确然且清楚为特征的明见性，其所具有的意识状态并不限于某个主体，而是在所有主体之间的共有的"一般意识"。此一般意识是因为其标榜的普遍性而被认为是清楚明白。在束缚阻碍思想自由方面，其与意见并没有什么不同。所以，德勒兹指出先验现象学因为对于明见性的预设而使得其还原的方法局限在意见的范围之内，不过是以更一般的意见完成了对于具体意见的分解和置换而已。尽管胡塞尔提出了关于意识的先验性还原，然而他的方法只满足于以此为思想寻找稳固可靠的基础，而缺少对此基础本身及其目的的反思。

既然德勒兹以意义的僵化作为反对胡塞尔明见性的理由，那么如何才能打破意义的僵化，如何才能揭示明见性之下的含糊不清？德勒兹认为这些问题才构成了哲学，尤其是先验哲学的核心，而他对此问题的回答仍是基于意义和经验之间的裂隙。意见的陈词滥调，其所提供的意义以失效甚至荒谬的方式显现出自身曾经在经验中所发挥过的组织和建构的作用，正如人们听到在堂吉诃德的长篇大论时所发出的笑声，以及随后所陷入的不安那样。然而，这种反讽喜剧的摧毁效力还不足以促动新的意义的产生，所以，德勒兹诉诸外在的突发事件，以求引发思想有效性的断裂，从而触发对于意义的重新探寻。以历史上众多的事件为例，人们都亲历了这些事件的发生，比如里斯本大地震、法国大革命或者疫情大规模的暴发等诸如此类的发生，然而这些事件的原因及其所引发的更进一步的后果，并不能在已有的认识中获得充足的意义和解释，也正是为了缝合经验和意义的裂口，思想必须生产出新的概念以确定事件，新的表达以描述发生。里斯本大地震作为事件的纯粹发生所引起的关于灾难的思考，从不同的角度提出了现象描述的方式，同时也建构了问题，试图以新的思想观念把握事件，这样才能充分地利用事件所带来的思维断裂，从事件中启动新的开端。从里斯本大地震中迸发的新思想，包括了关于自然恶的批判（伏尔泰）、关于文明的批评（卢梭），或者关于自然规律的探寻（康德），甚至由此推动了欧洲启蒙运动的发展，这些既是大地震所引起的，同时又在大地震之外。或者说事件一直萦绕在由此所绽开的思想之中，从细微之处渗入了思考方式之内，但其并不决定思想的方向，因为就其内在而言，这些事件本身则作为无限性刺激着意义下一次的自我逾越。

在先验性与生成性这两个层面中，意义的阐释方向是不同的。在第一个层面上，意义内在于思想和表达，塑造且支撑着思想和表达的可能性，保证了我们当下交流的有效性。在第二个层面上，意义却拥有相当的独立性，独立于历史、政治的力量之外，也独立于所形成的具体事态之外。从表面上看，这两个不同的向度导致了意义概念的相互矛盾，然而德勒兹通过更进一步地阐明不同向度所占据的逻辑层次，呈现出意义内在的复杂运动。正如前文所提到的，第一个层面上的意义是以明见性作为自身确立的根据，不过明见性所表示的思想清晰只是程度上的差别，而并没有绝对性。如果我们追问那些所谓的明见性的观念，检查观念形成的内在结构关系和外在衍化历史，我们就会发现看起来单

第一章 主体性与先验性的间距:胡塞尔与德勒兹关于无意识的理论阐释 55

一的观念在内在上是很多元素的复合,独立的观念在外在上却和其他的思想处于粘连的状态。那么,第一个层面上意义对于真理的支持、对于交流的保障,不过是因为主体对于此有效性还未充分反思,否则意义本身的明见性随时都受到来自内部和外部的双重质疑。现象学对于明见性的要求,一方面显示出先验现象学对于确定性的焦虑,而另一方面却也显示出对于明见性的坚持必然要承受含混和动荡的阴影。而后者正是来自第二个层面上的意义。

意义作为意识的先验领域,决定着意识面向存在时自我展开的逻辑可能性。而意义本身都是从意义的虚空之中,以"无中生有"的方式被创造出来,那么意识是否也因此而发端于无意识之中呢?面临着纯粹无意义的事件,意义就是意识对此发生所提出的问题,因为一旦有问题被构造出来,所提出的问题本身就已经是在围绕事件尝试以某种角度展开可能性的描述了。"因此,意义被表述为命题所对应的问题,因为后者表明了特定的反应,象征着一般解决方案的典范,并表现出解决方式中的主观行动。"① 那么,无意义作为由事件所引起的断裂则构成了提问的背景,而意义则是在提问的方式中确定了某种思考的逻辑。在意识提出问题,并对此问题进行阐释时,意识对于自身的有限性却是遗忘的,是无意识的。正是由于此遗忘,意识才能够做出决断。在意识所有的意义构造之下,都需要无意识对于意识目标和成果的维持。有意识的自我反思所带来的怀疑将撕碎业已形成的概念和表达,使主体丧失形成秩序的能力,而陷入思维的混沌之中。所以

---

① Gilles Deleuze, *The Logic of Sense*, translated by Mark Lester, edited by Constantin V. Boundas, New York: Columbia University Press, 1990, p. 121.

德勒兹指出:"因为我具有一种无意识的权利,如果没有这种权利的话,我就无法思维纯粹的即将思维的对象(cogitandum)。与意识那平淡无奇的命题所陈述的内容相反,思想只将一种无意识作为自身的出发点,并且它还要在超越的运用中维持这种无意识。"①无意识作为人的权利(droit),而不是权力(pouvoir),权力是属于可以自主调用的能力,而权利则是被赋予的。无意识是权利而不是权力,因为人不仅不能主动地支配无意识,并且连人的能力都是为无意识所赋予的。无意识既要阻止思考者的努力落入偶然性的荒漠之中,还要借助于习惯为经验奠基,为生活提供行动的能力。相较于胡塞尔强调先验性中意识的自然原点,德勒兹更偏重于突出先验领域中意义与无意义、意识和无意识的动态置换。无意义是意义的先验储备,意义是无意义的局部体验;意识以无意识为基底,无意识透过意识的极限而显露自身。

  无意识所显露的思想的边界,对其的任何观察都只能是出于理论构想中的假设。胡塞尔的先验理论以意识的绝对性将无意识吸纳到思想之内,或者说对于胡塞尔而言,正如无法谈论在思想之外的对象,同样也无法表现在意识之外的空无意识。故而胡塞尔通过先验还原所揭示的"作为如此存在的主体"和"作为如此存在的世界",也因此就包括了全部存在的内在根源。这个包括不是对于所有经验的囊括,而是对于先验可能性的收纳和总结。先验可能性总是已经在场,这就预先排除了意识脱节主体、经验

---

① 德勒兹:《差异与重复》,安靖、张子岳译,华东师范大学出版社2019年版,第340页。译文稍有改动,因为cogitandum作为cogito的变格既有被动也有将来的意思,所以改译为即将思维的对象。参见Gilles Deleuze, *Différence et Répétition*, Paris: PUF, 1993, p. 258.

逃脱意义的可能性。作为对比，德勒兹通过先验理论要展现意识的有限性，这种有限性不仅仅体现于包围在意识之外的无意识领域，还表现于意识在现实中所具有的思考方式的有限性，尤其是指在维护这种有限性、保持其确定和稳固的前提下，所引起的思想僵化。而持守这种有限性在德勒兹看来阻碍了思想的创造性，由先验性所引出的思想要素的来源追问正是为了打破思想的确定和稳固，揭示意识的根源仍出于无意识的自发生产。然而，若从胡塞尔的角度来看，一旦意识的确定性被质疑，那么随之而来的就是对于意识主体的质疑，进而又引发如何确定意识对象、如何实现自我、如何实现自我对于世界的超越等追问。最终哲学将因为缺乏普遍性的基础而一无所获。德勒兹的先验理论在追求思想的永恒运动的同时，必然要放弃思想的确定性和主体的先验性存在。不过这种放弃唤起了新主体的诞生：在思想将自身陷入无意识、无意义的深渊之中创造意义的时刻，主体作为主体本身的内在生命力才得到瞬间的表达和实践，也才能真正地摆脱思想的平庸和惰性。

尽管胡塞尔和德勒兹都认为自己的先验理论是先验经验主义，然而二者理解先验性的方法却有着根本的差异。胡塞尔基于康德的传统，致力于追求认识和生活的秩序化和理性化，故而先验性构成了经验的条件，也构成了经验的基底。而德勒兹则是在接受结构主义方法的基础上，寻找突破经验结构的可能性，故而他的经验主义是对于先验性的批判和挑战，正如德勒兹如此总结结构主义的方法："意义总是结果（résultat），效果（effet）：不仅是一种作为产物的效果，而且是一种视觉的效果、语言的效果。在很大程度上存在着一种关于意义的非意义，而意义本身来自这种非意义。"① 相应地，意识和无意识之间也是处于可见的表层和不可见的底层之间的流动和沉淀。德勒兹的先验经验主义给予了他克服经验结构平面的支点，不过这种克服在本质上仍然依赖于理性的自我批判。经验为意义、概念的更新提供了来自外部的新鲜空气，以此维持着思想的无限性，但同时也放弃了思想的整体性。

三、无意识：主体性和先验性的分离

如何通过哲学的方法考察无意识，并给予其恰当的安置方式，这是胡塞尔和德勒兹所面对的共同的问题。从他们安置的方式中可以观察出其各自理解主体的方式，尤其是关于主体性的悖论。胡塞尔曾在《欧洲科学的危机与超越论的现象学》中指出："人的主体性悖论：对世界来说是主体的东西，同时又是世界中客体的东西。"② 胡塞尔尝试用意识的整全结构维持主体的绝对性，而德勒兹则是以无意识的自发效用将主体拉回到客体般的纯粹存在状态，且他们对于无意识的经验性阐释又根源于其各自对于先验领域的不同态度。胡塞尔的先验还原所要求的仍是主体内在的超越性观念，包括意义范畴，而德勒兹却要取消先验领域的超越

---

① 德勒兹：《〈荒岛〉及其他文本》，大卫·拉普雅德编，董树宝、胡新宇、曹伟嘉译，南京大学出版社2018年版，第261页。
② 胡塞尔：《欧洲科学的危机与超越论的现象学》，王炳文译，商务印书馆2001年版，第225页，第53节标题。为了和本文写作保持一致，将译文中的"主观"和"客观"改为"主体"和"客体"。原文参见 Edmund Husserl, *Die Krisis der Europäischen Wissenschaften und die Transzendentale Phänomenologie*, Den Hagg: Martinus Nijhoff, 1976, p. 183.

性，将意义生成、概念制作的源头置于无意识的流动之中。通过为无意识划定哲学边界，胡塞尔要维护的是先验的主体，然而德勒兹却要展现无主体的先验性——纯粹理念的强力，甚至是压抑生命的暴力，以及无先验的主体性，以生命内在的涌动抵抗并消解一切概念形式的约束。尽管德勒兹极力要摆脱胡塞尔的影响，但必须承认正是在胡塞尔所开创的意识研究中，先验性和主体性的内在张力开始显露端倪。

胡塞尔通过现象学所树立的意识分析成为欧陆哲学思想发展的转折点，尽管法国哲学在吸收意识理论的过程中，对其的阐释和演绎远远超过后者对于纯粹意识之内在结构的关注。列维纳斯从胡塞尔的时间结构中感受到其意识理论仍然有未穷尽的活力，要发掘其手稿中作为原初给予的"活的现在"的重要性，因为"活的现在"的提出乃是要在超越时间的前提下，为意向性的开端重新打开经验纯粹自发的状态，然而正如列维纳斯所论到的，胡塞尔因为过于关注对象性的产生，焦虑于"滞留"和"前摄"的秩序化解释，而关闭了"活的现在"所具有的起源性意义："原初印象的非意向性就又回到了秩序之中，而并未走向那尚未及于同之处，或那尚未及于起源之处。"[①]列维纳斯所提出的"从意向性到感受活动"的道路是要重返感性的路径，以便重返非意向性的"活的现在"之中。

在法国的现象学研究中，虽然列维纳斯先行于萨特，然而德勒兹等人对于胡塞尔理论的吸收和接受则是直接受惠于萨特，或者说正是在萨特所建立的思考支点之上，后来者们展开了他们各

---

① 列维纳斯:《另外于是，或在超过是其所是之处》，伍晓明译注，北京大学出版社2019年版，第91页。

自对于意识主体的怀疑和批判。早在1937年萨特就发表了《自我的超越性》(La Transcendance de l'Ego)，在总结胡塞尔的先验现象学论证要点的同时，指出了其关于意识定义的局限性，尤其是对于先验方法本身的思考不足。先验还原的方法在本质上是对于自我和世界的反思，反思不仅产生了自我的内在折叠，并且还带来了"自我的超越"。所谓自我的超越，就是指对于在反思中产生的"自我"的超越。萨特借用兰波的名言"我（Je）是一个他者"①，表示在自我反思中所产生的作为主格的"我"和作为宾格的"自我"之间的断裂。反思性的我，其所具有的"设定性"（position）已经脱离并且完全不同于经验的自我，而是像他者一样审视经验的自我，并且通过对于存在的虚无化而将其中所涌现的各种意识之流统一为自我。将自身建构为某个"为其所是"的有限存在，与此同时，"我"就抽离了此有限存在而获得了超越的可能性。所以，在一方面，反思是一种自我把握，通过反思构造意识存在及其情态的确定性；然而从另一方面看，反思所建立的确定性并不可靠。因为首先对于主体而言，意识是外在于主体的存在状态的，那么前者对于后者的把握就会是可疑的。其次，通过取消周围存在而孤立出的自我，其内在的统一性也并非稳固的。越杂多的经验被统一到自我之中，那么各种经验之间的一致性也就越弱，尤其是当某种体验状态达到了非常的强度之时，作为个体经验联结的统一性就会更难维持。最后，反思不得不受限于本身所含有的设定性，自我立场的有限性。简要地说，萨特以存在的无限性显明出意识，尤其是反思的有限性，并且以此动摇

---

① 萨特:《自我的超越性》，杜小真译，商务印书馆2001年版，第41页。

着后者所能产生的确定性。

在萨特的主体理论中，同样也显露出作为经验承载者的主体和作为经验构建者的主体之间的分裂。在平衡经验和构造，也即存在和超越之间，萨特更倾向于突出存在的先行角色："存在先于虚无并且为虚无奠定了基础……而且正是由于存在，虚无才具体地发挥了作用。"①虚无就是对于存在的把握，萨特并没有使用现象学认识论中常用的"超验"或"领会"，而是创造出"虚无"（Néant）这一概念，完全基于此把握乃是对于存在的假设：意识对于存在不是超越关系，反而存在的整体性在虚无化的过程中被片面化，以便使自我暂时呈现出的统一性和确定性。当然，无论是在存在的层面还是在意识的层面，萨特都没有给予无意识任何的地位。

在意识和存在的哲学阐释中，萨特的方法代表了法国哲学在"二战"前后的整体立场。与萨特同一时期的梅洛-庞蒂也曾在《行为的结构》（1942）中提出可以从"物理""生命"和"心理"三种秩序中统合人的行为所处的关系，并且在所有的秩序等级中，我们都能发现意识所承担的统一功能："它［意识］到处都作为观念的处所被预设，并且到处都作为生存的整合被关联起来。"②和萨特一样，梅洛-庞蒂也通过扩展意识的内涵，以保证生命存在的整体性和统一性。除了萨特和梅洛-庞蒂之外，保罗·利科（Paul Ricoeur）、伊波利特等哲学家都倾向于否认作

---

① 萨特：《存在与虚无》，陈宣良等译，杜小真校，生活·读书·新知三联书店2014年版，第43页。
② 梅洛-庞蒂：《行为的结构》，杨大春、张尧均译，商务印书馆2017年版，第273页。

为意识之反面的无意识,但同时又间接地透露出对于意识绝对性的怀疑,他们从不同的方面出发,建立意识活动的外在连接,将意识安置在开放性的外扩关系之中。在这种新的意识结构中,意识的确仍然是绝对的事实,却不再是全部。对于意识的发生的解释,开始更加突出主体的被动性,以及存在的自行给予。相应地,先验概念的来源也开始摇摆在经验和抽象之间的模糊地带。先验还原,作为反思的方法仍然被保留,然而经验越来越明晰地表现出对于"还原"的抵抗:每一重反思成为了附加在经验之上的新褶皱。主体的虚化和先验的退化,最终导致了理性再也无法完成对于存在的整体认识和建构,只能形成片面的和暂时的理解。但这恰恰正是胡塞尔在"欧洲科学的危机"中所提出的警告:"对于世界由以获得其意义的'绝对'的理性的信念,对于历史的意义的信念,对于人性的意义的信念,即对于人为他人的生成和一般的人的生存获得合理意义的能力的信念,都崩溃了。"[1]不过超出胡塞尔预料的是,这场危机并不是由外而来,即由实证主义自然科学所引起的,而是从哲学的内部发生的,通过对于意识的发生机制的重新阐释而显露出意识自身内在的危机性。胡塞尔将无意识收纳在意识之内,并视其为意识的边缘状态,从根本上排除了无意识的威胁。萨特等人尽管也否认了无意识的合理性,然而在他们为意识所打开的外扩关联中,意识和其他活动的相互关联显示出意识的有限性。这种相互关系在德勒兹的哲学中更进一步地被发展为意识和无意识的连续结构,或者说意识和无意识的相互渗入,从而重新将无意识收回为哲学的考察

---

[1] 胡塞尔:《欧洲科学的危机与超越论的现象学》,王炳文译,商务印书馆2001年版,第25页。

任务，将危机转化为哲学更新的契机。

如何能够在承认无意识的前提下进行哲学分析，这一问题并没有得到一致的回答。发生在德里达和福柯之间的争论就显示出对此问题的分歧。立足于无意识本身的论证矛盾，德里达针对福柯在《疯狂与非理性》中对于笛卡尔的解读，尤其是此中所设定的理论目的——让疯癫说话——提出了质疑。[①]德里达认为福柯所设置的疯癫和理性的对立导致任何通过理性书写疯癫的努力都将背离疯癫，更深地淹没疯癫，并导致任何对于无意识的解释都不可避免地成为悖论。十多年后福柯又在《我的身体，这纸，这火》中对德里达提出了反驳，疯癫和理性并不是正反的对立，疯癫隐藏在理性之下，时刻都可能让理性走向疯狂。文末福柯再次以笛卡尔的原文提问："谁能，作为思想与思考的主体，知道自己是否清楚地知道呢？谁能不对自己确信的东西抱有幻想呢？谁能不因幻想而听任自己去确信呢？难道不正是那些精神正常的人？那些'智者'？"[②]如果说无意识的阐释本身包含着悖论的话，那么福柯指出所谓清醒的主体，为了维护自身作为思考者的资质，预先排除、回避了潜在的危险，一如笛卡尔通过怀疑的主体而排除了疯狂，然而最终他却不能摆脱梦的搅扰。或者说，梦使沉思者无法划定清醒和沉睡的界限，而思考者的资格也因此面临无法自证的危险。从这个角度上看，福柯以信念填充了认知的内核，在理性的独白中揭示出其对于自身有限性和模糊性的无意

---

① 德里达:《我思与疯狂史》,《书写与差异（上册）》,张宁译,生活·读书·新知三联书店2001年版,第51—103页。
② 福柯:《我的身体,这纸,这火》,尚恒译,《福柯集》,杜小真选编,上海远东出版社1998年版,第188页。

识。那么，无意识的书写就出现在意识自证的边缘之处，透过理性的裂缝露出其内在的激情和偏执。

尽管对于无意识的阐释必然将思想引入冒险之旅，然而法国哲学从未放弃此理论使命，他们对于无意识的哲学态度也许可以从列维纳斯关于"创伤"的注释中得到概括："这就是无意识所具有的意义：是自我在迫害的创伤下重返自身的深夜——比身份、责任、替代之下的任何被动性更被动。"[①]正是由于在无意识的幽暗之中充满了被动性，哲学才更要努力地逼近无意识，揭示主体既不能控制亦无法摆脱的被动性，更根本地实现人性的自我反思。福柯、德勒兹以及他们同代和之后的法国哲学家对于无意识的阐释在大体上仍然继承了意识批判的思路。如果要总结战后法国哲学阐发无意识概念的方式的话，我们可以根据无意识和意识的理论关系分为三种递进等级：（1）接受无意识的概念，但是这并不影响意识领域内对于稳定性的生产，也不会因此否定主体的绝对性；（2）承认无意识的概念和现象，并且允许无意识对于稳定性和主体性的毁坏，但同时也允许稳定性和主体性的重建；（3）以无意识的混沌淹没意识的秩序领域，局部的稳定性和暂时的主体性都不复可能，也因此终止了建构世界的可能性。在德勒兹的时代里，福柯、德里达、拉康、利奥塔、列维纳斯等在历史结构、文本解读、现实批判中都普遍表现出在意识和无意识之间的平衡性。他们要将无意识理论中的反人本主义置回人本主义，而"人本主义之所以被明确地批评，只是因为它还没有足够地

---

① Emmanuel Levinas, *Autrement qu'etre ou Au-dela de l'essence*, Dordrecht: Kluwer Academic Publishers, 1990, p. 195. 此句与《另外于是，或在超过是其所是之处》第296页的翻译差异很大，故而特此给出原文的出处。

人本"①。新一代的法国哲学则是呈现出比较明显的分化：马里翁（Jean-Luc Marion）、阿兰·巴迪欧、阿甘本（Giorgio Agamben）惯于返回传统文本，在重读中发现理论阐释的潜力。从根本上说，正是笛卡尔在他的沉思之中打开了以纯粹意识定义主体的先验主体论传统。当代法国哲学经过胡塞尔而重新思考意识问题却是为了超越笛卡尔的主体性理论。诸如齐泽克（Slavoj Žižek）、梅亚苏（Quentin Meillassoux）等新一代学者则更擅长于结合当下的艺术创造、科技前沿，尝试以无意识所带来的混沌作为对于法则秩序的抗衡。在这两个的相背方向中又发生着共鸣，巴迪欧等人往往选择从哲学史的边缘文本返回经典问题，就如同德勒兹对于普罗提诺和休谟的静观理论的诠释方式，以此动摇哲学史的核心框架，在稳定中引入动荡，并进而介入对于当下现实的建造。作为无意识理论的继承者，齐泽克直接拥抱了"事件"，梅亚苏则为"偶然性"做了必然性的辩护。②

　　无意识内在的虚空等同于无穷多样的可能性，因此从胡塞尔到德勒兹，无意识的理论位置一再地发生移动，并且反映出他们和心理学的对话方式。胡塞尔警告心理逻辑主义所带来的欺骗性，德勒兹批评精神分析对于无意识的僵化和平面化——这些都显露于他们关于被动综合和先验意识的论证之中。在这个角度上，以胡塞尔和德勒兹为代表的欧陆哲学，他们所建构的无意识的边界是基于各自在心理学无意识理论中所洞察到的危机或时

---

① 列维纳斯:《另外于是，或在超过是其所是之处》，伍晓明译注，北京大学出版社2019年版，第308页。
② 齐泽克:《事件》，王师译，上海文艺出版社2016年版；梅亚苏:《有限性之后：论偶然性的必然性》，吴燕译，河南大学出版社2018年版。

机，以及他们分别领受到的思想使命。胡塞尔通过现象学所提出哲学作为严格科学的任务最终没有实现，其关于无意识的哲学边界设定也尚未完成，但是他通过描述意识的结构，澄清意识的发生动机，为无意识设立哲学限制的同时，也打开了关于先验和主体的新思路。故而，德勒兹对于无意识的理论考察仍然可以视为胡塞尔意识研究的继续，仍然是从哲学的角度提出关于无意识的思考方法和理论边界。两者之间的转折在于对此边界的态度转变：为无意识所设立的哲学界限固然还在，却不再是防御性和排斥性的，而被显明为可被逾越的地标。地标之外的存在并不确定亦无法预料，也正是因此它应当成为哲学思想的新场域。

第二章

斯宾诺莎的当代遗产：
黑格尔与德勒兹的斯宾诺莎主义

从20世纪初，斯宾诺莎就开始在法国哲学界受到持续的讨论，并于60年代末形成了强劲的斯宾诺莎主义。尽管斯宾诺莎哲学在法国的兴起受惠于德国哲学，尤其是借助于黑格尔著作的翻译和介绍，然而作为反黑格尔主义的典型，德勒兹通过斯宾诺莎哲学中的表现主义，以思想和存在的强度重新构造认识论和主体论，作为对黑格尔辩证法的超越。德勒兹关于斯宾诺莎的阐释在法国思想界60年代末兴起的"斯宾诺莎主义"的思潮中有着特殊的地位：一方面，他摆脱了此时学院派借助以斯宾诺莎和笛卡尔为代表的早期现代哲学，重建法国知识论中的理性主义的诉求；另一方面，通过批判黑格尔的阐释，取消了主体在本体论上的超越性，而以思想和存在的强度重新构造主体，从而摆脱了关于斯宾诺莎的理念论传统。德勒兹在呈现了斯宾诺莎对于当代思想的启示意义的同时，也预示着法国哲学的理论焦点正在发生的转移。

一、斯宾诺莎的复兴及其背景

1970年前后短短几年，法国思想界涌现了一批关于斯宾诺莎的研究专著：德勒兹的《斯宾诺莎与表现问题》(1968)和《斯宾诺莎：实践哲学》(1970)，戈胡的《斯宾诺莎（第一卷）：神》(1968)，伯纳德·鲁塞（Bernard Rousset）的《伦理学的最终角度和斯宾诺莎主义的自洽问题》(1968)，亚历山大·马泰隆（Alexandre Matheron）的《斯宾诺莎作品中的个人和集体》(1969)，甚至连20世纪早期维克多·德尔博斯（Victor Delbos）和莱昂·布瑞斯维克（Léon Brunschvicg）的斯宾诺莎著作也在这一时期再版。此外，斯宾诺莎的名字还回荡在阿尔都塞、利科、拉康等哲学家的课堂上。投身于斯宾诺莎复兴热潮的哲学家们有各自的角度和目的[①]，他们或者是要借助斯宾诺莎突破存在主义的哲学框架，或者是要由此批判黑格尔对斯宾诺莎的误读，进而抵抗持续良久的黑格尔主义，但这些不同的路径之间则发生着共振，都指向包含在斯宾诺莎文本之中思想的异端。

20世纪60年代，法国思想界掀起的反黑格尔主义构成了斯宾诺莎复兴的背景。从时间上追溯，60年代的反黑格尔主义既继承了"二战"前后的黑格尔主义热潮，却又以"去–黑格尔主义化"为核心。巴迪欧在《黑格尔在法国》中所指出的，"二战"后国际和国内的政治局面也促使法国左翼知识分子重新思考黑格尔哲学，尤其是黑格尔思想对马克思的影响。[②]阿尔都塞的《保

[①] 参见Lorenzo Vinciguerra, "Spinoza in French philosophy today", *Philosophy Today*, Vol. 53, No. 40, 2009.
[②] 阿兰·巴迪欧：《黑格尔在法国》，《巴迪乌论张世英》，谢晶译，上海三联书店2016年版，第5—12页。为了保持译名一致，此处将作者名从巴迪乌修改为巴迪欧。

卫马克思》(1965)和《阅读〈资本论〉》(1968)在黑格尔与马克思之间做的切割都是反黑格尔主义的典型。而下文要讨论的德勒兹对斯宾诺莎的重新阐释,也是要以"表现主义"的肯定性去克服黑格尔辩证法中的否定性,并使斯宾诺莎摆脱后者的理论框架。此校正之所以如此重要,是因为自20世纪初以来关于斯宾诺莎的讨论就一直伴随着黑格尔主义的影响,故而也受限于后者的理论焦点。更为重要的是,黑格尔主义的关键概念又为德勒兹重新解释斯宾诺莎提供了理论根据。

自20世纪以来,法国哲学界对黑格尔哲学的兴趣就持续升温,并在亚历山大·科耶夫(Alexandre Kojève)的课堂和伊波利特的译本中达到了顶点。科耶夫于1933年至1939年间在高等研究实践学院开设了《精神现象学》的课程,聆听讲座的包括雷蒙·阿隆(Raymond Aron)、拉康、乔治·巴塔耶(Georges Bataille)、梅洛-庞蒂、科罗索夫斯基、列维纳斯等思想家。1947年,这些讲座经由雷蒙·格诺(Raymond Queneau)整理出版,为法国思想界讨论科耶夫的黑格尔主义提供了文本参考。尽管在科耶夫前后,也有德国哲学家威廉·狄尔泰(Wilhelm Dilthey)和法国哲学家让·瓦尔等人关于黑格尔哲学的著作进入法国,但科耶夫在黑格尔阐释方面因其浓重的存在主义风格而被广受欢迎。在讲座中,科耶夫以"欲望"为起点重新阐释了"主奴关系"。欲望对于人和动物而言都是维持生存的基本动力。但与动物不同的是,欲望肯定了人相对于物的主体性存在,因为在把握存在的过程中欲望唤醒了人的自我意识。"人的特有存在,即有自我意识的存在,因此暗含了也预设了欲望。"[1]并且欲望也决定

---

[1] Alexandre Kojève, *Introduction to the Reading of Hegel*, translated from the French by James H. Nichols, Jr., Ithaca: Cornell University Press, 1980, p. 4.

了人相对于人的主体性存在，因为欲望要求主体超越生命的物质性存在，即以牺牲的勇气赢得他人的绝对承认，成为主人。"在其初生的状态中，人从未仅仅是人而已。他总是必然地和本质地或者为主，或者为奴。"①

科耶夫的阐释重点在于主奴关系形成之后，一方面，主人并没有成为绝对的自为存在，反而受限于他所能统领的世界；另一方面，奴隶也没有落入被动的自在存在，因为在工作中不断地改变世界，奴隶得以通过丰富的创造性劳动超越主人的欲望，不再是为他者而存在，而实现了自为的存在。劳动，并没有导致人的异化，反而使人在和物打交道的过程中，获得了知识，并由此获得了自由。作为对黑格尔主奴关系和绝对精神的创造性解读，科耶夫将创造力和自由归于奴隶即社会底层，也就是将智慧和文化归给了劳动人民。那么，自然而然地，通过各种精神劳动，知识分子也将自己的工作奉献给了他所在的社会。所以，在取消劳动异化的基础上，黑格尔的绝对精神在科耶夫的主奴关系中成为了奴隶的主体性，而奴隶就是黑格尔本人。

伊波利特的理论和科耶夫同时流行，但是又抵抗着后者的黑格尔哲学阐释，并且他也直接影响了法国20世纪60年代的反黑格尔主义热潮。伊波利特在1939年至1942年完成了《精神现象学》的法译本，由此把黑格尔的哲学文本引入法国。在1948年出版的《黑格尔精神现象学的起源和结构》中，伊波利特一开始就表明对黑格尔的解读要把握其哲学的核心，然后才能明白各部分的结构。而伊波利特认为核心就是关于绝对的知识："现象学并非本

---

① Alexandre Kojève, *Introduction to the Reading of Hegel*, translated from the French by James H. Nichols, Jr., Ithaca: Cornell University Press, 1980, p. 8.

体论（noumenology），亦非存在论（ontology），然而它却依然是关于绝对的知识。"①

为了克服科耶夫对主体性的单方面强调，伊波利特强调所谓关于绝对的知识，是以超越主客之分的方式认识绝对的同一。知识的主体、被认识的对象都是从绝对的同一中分裂而出。主客体也不是对立的，而是相互的共同生成。伊波利特批评科耶夫对《精神现象学》的阐释，认为后者缺少黑格尔《大逻辑》的参照，太偏重于主体的绝对性，因而太过于人道主义了："我相信科耶夫的阐释过于纯粹地人类学化了。对于黑格尔而言，绝对的知识既不是神学，也不是人类学。它发现了关于自始至终地显现于人类和历史里的存在的思辨思维，这是绝对的昭彰。在我看来这是思辨思维的意义，而其对抗着科耶夫纯粹人类学式的阐释。"②

伊波利特提出以思辨的方法取代人类学的方法，个人的沉思取代了以对抗他者存在为前提的思想斗争，由此才能达到关于绝对的知识。"绝对"在伊波利特这里，应当被理解为形容词，表示在反思关于具体对象知识的基础上所达到的对于整体的认识。所以，绝对知识是关于知识的知识，只能在思辨中获得。那么，绝对知识实质上并不是关于对象的知识，虽然后者被包含在绝对知识之中。在绝对知识中，消解了在具体认知中所具有的形式和内容的区隔，因为来自主体理性的形式被否定，而曾被形式所否定的感性内容则被释放出来，实现了对否定的否定所做的肯定。

---

① Jean Hyppolite, *Genèse et structure de la phénoménologie de l'esprit de Hegel*, translated by Samuel Cherniak and John Heckman, Evanston: Northwestern University Press, 1974, p. 4.
② Jean Hyppolite, "phénoménologie de Hegel et la pensée française contemporaine", *Figures de la Pensée Philosophique*, I, Paris: PUF, 1971, p. 241.

更彻底地说，既然具体知识是经由认知的自我所形成，绝对知识就是通过对于所有知识的反思而构造的自我的否定。绝对知识并不提供知识，而只是意识的自我否定运动，在其中表现了黑格尔哲学中最非理性和最理性相融合的一面："这里我们或许到达了黑格尔主义的决定性时刻，到达了我们得以概念性地思考所不能思考的思想扭转时刻，到达了使得黑格尔同时作为最伟大的非理性主义者和最伟大的理性主义者而存在的时刻……因为作为不可分的自我，绝对思考着非思（non-thought）。它在自身和无意义、自身和自然的晦暗存在的关联中思考着意义。"[1]

思想和非思折叠在一起，意义和无意义相伴而行。伊波利特对于思想和非思、意义和无意义的关联，使得否定成为一种折叠，而不是排斥或者清除。黑格尔的辩证法由此被转变为对于否定的否定，折叠的折叠。到达绝对的知识，思想不断地重复对于自身的否定，从而不断地吸纳非思想性的内容。从经验的规定性说，思想并不思考否定，但是思想本身就是否定；而从思想的自我反思来看，思想就是否定之否定的思辨运动。伊波利特从认识论的角度，以思想的自我运动取消了对于意识的主奴之分，取消了意识主体性对于感性的否定。

在劳动中获得自由，知识是中介；在思想中实现自我超越，（绝对）知识是目标。如何克服黑格尔在《精神现象学》中建立的知识论，就成为反驳黑格尔主义的关键步骤。德勒兹一方面吸收了科耶夫的欲望概念和伊波利特的"绝对知识"，另一方面他

---

[1] Jean Hyppolite, *Logic and Existence*, translated by Leonard Lawlor and Amit Sen, Albany: State University of New York Press, 1997, p. 102.

以重建认识论为出发点回到斯宾诺莎,并由此更进一步地把焦点推演至关于主体性的讨论中,更充分地完成了对黑格尔式的斯宾诺莎的校正。下文正是对此思想博弈的呈现。

二、规定的否定和肯定

通过校正斯宾诺莎作为抵抗黑格尔的策略,会直击黑格尔哲学的建构根基,因为就黑格尔而言,"要开始研究哲学,就必须首先作一个斯宾诺莎主义者"①。而黑格尔所谓的"作一个斯宾诺莎主义者"的实质就是对所有特殊存在者的否定。这就是黑格尔从斯宾诺莎哲学中所借取的著名判断:"因此斯宾诺莎从确定的东西着眼,提出了 Omnis determination est negatio [一切规定都是否定] 这个命题;因此只有未特殊化的、普遍的东西是真正实在的,只有它是实体性的。"② 除了在《哲学史讲演录》之外,这句话还见于《小逻辑》和《大逻辑》,黑格尔都以"一切规定都是否定"的命题作为斯宾诺莎哲学的根本思想。从此话语起源上考察,"规定即否定"(determinatio negatio est)这一表述来自斯宾诺莎的一封信:

> 关于这,即形状是否定,而不是某种肯定的东西,这是很显然的,物质整体,就其没有任何限定而言,是不能有形

---

① 黑格尔:《哲学史讲演录(第四卷)》,贺麟、王太庆译,商务印书馆1978年版,第101页。
② 黑格尔:《哲学史讲演录(第四卷)》,贺麟、王太庆译,商务印书馆1978年版,第101页。

状的，形状仅出现在有限的和规定①了的物体中。因为凡是他说认识形状的人，他所想表示的，无非只是说他在认识一个规定了的事物，以及这个事物如何被规定。由此，这种对事物的规定，不是指事物的存在，正相反，它是指事物的不存在。既然形状无非只是规定，而规定就是否定［Quia ergo figura non aliud, quam determinatio, et determinatio negatio est］，那么，正如我们所说的，形状除了是否定外，不能是别的。②

在这一年荷兰政府部门的禁书令中，《神学政治论》和霍布斯的《利维坦》都被视为渎神的书籍③，而斯宾诺莎这封写给好友雅里希·耶勒斯（Jarig Jellesz）的信，主要是在强调国家权力不可侵犯臣民的自然权利，以此将其关于自然权利和国家的理论区别于霍布斯的主张。然而，紧接着他就转向了对存在和本质的讨论：具体存在的物是可数的；而其本质则不能用数量表达。本质表现了存在的整体，存在则是本质的某种规定性，这也就意味着它不能是其他的规定性。所以在信的后半部分就有了"规定即否定"的结论。如果联系到信的主旨，这句话暗含着国家权力通过

---

① 在《斯宾诺莎书信集》的中译本中，译者把原文中的 determinatio 译为限定，突出了"限制"的意思（见此信后所附的注释）。在《伦理学》的中译本中，该词曾被译为"决定"；在《哲学史讲演录》中，又译为"规定"。为了保持统一，在参照 determinatio 词源的基础上，即作为从自然法到实证法则的规定过程，本章采用"规定"的译法。
② 斯宾诺莎：《斯宾诺莎书信集》，洪汉鼎译，商务印书馆1993年版，第228页，拉丁文部分为笔者补充。
③ 史蒂文·纳德勒：《斯宾诺莎传》，冯炳昆译，商务印书馆2011年版，第478页。

规定臣民而否定了其自由的本质。

黑格尔之所以以"规定即否定"作为斯宾诺莎哲学的总结，是受启于后者在《伦理学》中提出的关于实体无限性的论证："说任何一物是有限的，其实就是部分地否定它的某种性质的存在，而说它是无限的，也就是绝对地肯定其某种性质的存在，所以（据命题七）每个实体必定是无限的。"[①] 参考斯宾诺莎在第一部分关于自类有限（in suo genere finita）和绝对无限者的界说，这里的否定是指规定的受限性，即同一性质的一事物受到另一事物的限制，那么相比后者，前者就是有限的。除了这种由于没有任何限制而被视作无限，即无限的大之外，斯宾诺莎还讨论了无法用数字表示的无限[②]，即有限的无限性。鉴于此处未涉及第二种无限，我们可以把无限暂时理解为无限的大，而规定则是有形式的，故而也是有限的，是对于无限的否定，所以规定即否定。

黑格尔指出斯宾诺莎在有限和无限的关系上超越了二元论，因为后者确立了只有无限的实体才具有实在性。而从实体到属性（attribute）和样式（mode）的过程，是实体被规定，也即是被否定的过程。既然实体是唯一的独立存在，所以这种否定不是来自外在的限制，而是自我否定。但是，黑格尔批评斯宾诺莎从实体的角度出发仅仅阐释了否定的一个方面，他"把一切都投入实体的深渊，一切都萎谢于实体之中"[③]。也就是说，斯宾诺莎只是建立了实体的真实性，还没有确定世界的实在性。因此在黑格尔

---

① 斯宾诺莎：《伦理学》，贺麟译，商务印书馆1983年版，EIP8S1，第7页。
② 斯宾诺莎：《斯宾诺莎书信集》，洪汉鼎译，商务印书馆1993年版，第53—61页。
③ 黑格尔：《哲学史讲演录（第四卷）》，贺麟、王太庆译，商务印书馆1978年版，第103页。

看来，斯宾诺莎并不是无神论，而是无世界论（Akosmismus）。① 为了完成对世界实在性的论证，黑格尔需要建立否定辩证法的第二步，即"否定就是否定的否定，因而是肯定"②：不仅规定是有限的，是对于无限的否定，同时无限，即无规定性也是对有限的否定，即对否定的否定，由此返回了对实体的肯定；也是借用同样的否定之否定，世界从精神中被生产出来，也获得了实在性。这种实体不再是斯宾诺莎式的静态实体，而是黑格尔式的自我发展的绝对精神，否定和否定的否定则为绝对精神提供了自我展开的动力。

我们对黑格尔关于"规定即否定"的解读不能不抱以怀疑：首先，规定作为对实体的否定会导致认识论上无法建立关于实体的知识；其次，在《伦理学》中，斯宾诺莎通过"努力"（conatus）的观念已经阐明了万物都没有自我毁灭、自我取消的存在道理。这就是为何在阐释黑格尔的解读中，往往需要附上迈蒙（Salomon Maimon）和弗里德里希·海因里希·耶可比（F. H. Jacobi）关于斯宾诺莎的理解才能看到观点间演变的过程。③ 简单地说，发生于内的"自我否定"并不符合斯宾诺莎关于从实体到属性和样式的规定过程。也正是从这个角度出发，德勒兹以"表现说"重新说明斯宾诺莎关于规定性的理解，作为对黑格尔关于斯宾诺莎解读的校正。

---

① 黑格尔：《小逻辑》，贺麟译，商务印书馆1980年版，第138页。
② 黑格尔：《哲学史讲演录（第四卷）》，贺麟、王太庆译，商务印书馆1978年版，第100页。
③ Robert Stern: "'Determination is negation': The Adventures of a Doctrine from Spinoza to Hegel to the British Idealists", *Hegel bulletin*, 37(2016): 29-52.

关于斯宾诺莎的"规定即否定",德勒兹提出这里的否定是认识过程中比较对象时所发生的否定。"否定是理性之存在,或者不如说是比较之存在,其根源在于我们把各种不同的存在集中在一个抽象概念中,以便把它们归于同一假定的典型,依据这个典型我们认为这种存在或那种存在缺乏该典型之圆满性。"①这段话可以视为对黑格尔的直接反驳:如果说规定就是有限的话,这已经设定了无限的先行存在;而作为抽象概念的无限又是无法被直接认识的,只能通过有限性的综合而被设想;那么,比较如此被设想出来的无限和被给予的有限性之间的区别,前者作为更丰富的圆满性,而后者的圆满性则是相对更小。所以,有限和无限之间的差别是程度上的差别,并不能构成对立的两个方面。

为了阐释从无限到有限,从实体到属性和样式之间的关系,德勒兹用"表现"作为对斯宾诺莎本体论理解的关键词:实体表现自身于属性之中,属性表现自身于样式之中。关于表现(exprimer)此概念在斯宾诺莎哲学中的适用性,德勒兹引用了出现在《简论上帝、人及其心灵健康》和《知性改进论》中"vertoonen"的使用情形②,以此作为建立"表现"概念的根据。vertoonen的原意是展现,并且在斯宾诺莎的中译本中,该词多被译为"显现"。德勒兹着意以表现来理解此概念,他认为在这个概念中包含了两重含义,展开(explicare)和包含(involvere):"表现的界说就不只是表现被定义事物的本性,另外还包含并展开后者。"③首先,尽管方式有所

---

① 德勒兹:《斯宾诺莎的实践哲学》,冯炳昆译,商务印书馆2004年版,第112页。
② 德勒兹:《斯宾诺莎与表现问题》,龚重林译,商务印书馆2013年版,第4页。
③ 德勒兹:《斯宾诺莎与表现问题》,龚重林译,商务印书馆2013年版,第4页。原文将involvere译作了"涉入",参考和explicare(展开)的对应性,这里采用贺麟在《伦理学》中的译法,将其译为"包含"。

不同，但属性展开并包含了实体；同样实体也包含了属性且在其之中展开了自身。表现是包含和展开的动作。既然属性和实体之间的关系是包含和展开，那么就不是否定。其次，德勒兹在阐释表现的内涵时，特别强调了它和理念论的区别。或者在柏拉图式或者在黑格尔式的框架中，表现指的是理智在自身之外的对象上的展开，所实现的是从无限到有限的过渡。德勒兹认为在斯宾诺莎的时代，无论是作为文艺复兴的新范畴，还是作为犹太教理解方式，"表现"所建构的神与万物的关系是：神完全地包含万物，同时也被万物所展开，即经由万物而被思考和理解。"这个表现提供了一个证明，亦即绝对无限实体的直接具显。"[①]如果表现主义在本体论上确定了万物是上帝的表现，那么从认识论的角度上来说，这就解决了关于神的认知困难，因为关于万物的思考最终指向了关于无限实体神的认识。

事实上，德勒兹在这里还借鉴了邓·司各脱的单义性理论，即用来称谓上帝和造物的存在是单义的，具体的存在性和无限的存在性从本质上来说是一样的，其区别只是程度的差异。正如邓·司各脱关于白色的不同强度的差别，规定性的发生也以在存在和认识的强度不同而被区别开来。规定就是从混沌中区别出来的差异。正如蚀刻版画的制作一样，在其上所制作的形式都是在背景的映衬下而显现出来的：借助于凹陷下去的沟回，浮现在表面的形式获得了某种规定性，其依据于含糊的背景之上又和其区别开来。确定形式就是在混沌之中制作差异，其必须经由对于某些部分的舍弃和某些部分的加强逐渐形成。舍弃和加强并

[①] 德勒兹：《斯宾诺莎与表现问题》，龚重林译，商务印书馆2013年版，第12页。

不构成对立面，而是表现其受力程度的不同。"这个程度本身并不表示限度或界线，并不与其他程度相对立，而是一种固有的实在的区别。"①对于德勒兹而言，规定性虽然包括了存在问题，但应首先作为认识问题而被思考，因为存在在认识中才能获得存在的确定，而认识就是构造存在的过程。认识是从存在的无规定性（undetermined）到可规定的（determinable）再至规定性（determination）的形成过程。"观念，因此显现出三个时刻：就其对象而言的无规定性，就经验对象而言的可规定性，以及正在衍生就理性概念而言的无限规定性的理想。"②对象从纯粹的存在状态（笛卡尔式的"我在"），到被经验形式（康德的时间和空间）所统摄，再到被理性概念所组织编写（笛卡尔式的"我思"）获得无限的规定性。德勒兹倒置了笛卡尔的论证逻辑，并借用康德的"先验范畴"作为此论证中间项，以此完成了对规定性发生过程的定义。

从本体论的角度看，具体的存在之间是以强度的不同而相互区别；而从知识论的角度上，对具体存在的认识是将其从存在的背景中凸显而识别出来。无论是物的存在，还是认识的发生，都是处在相互粘连的整体性中。但是关于存在强度的区别和认识确定性的建立，既然都已经预先设定了主体的存在，那么就还需要借助于主体论得到更进一步澄清。

---

① 德勒兹:《斯宾诺莎的实践哲学》，冯炳昆译，商务印书馆2004年版，第111页。
② Gilles Deleuze, *Différence et Répétition*, Paris: PUF, 1993, p. 220. 中文译本参见《差异与重复》，安靖、张子岳译，华东师范大学出版社2019年版，第292页，译文略有改动。

三、主体和个体

"规定即否定"论证了知识产生的方式。这种知识仍然是指向外在的知识,还需要在反思外在知识的基础上产生对主体的认知。而关于主体的产生,黑格尔利用了斯宾诺莎在关于实体和属性、模式的关系方面所留下的理论空白,并再次以否定辩证法推动了主体自我意识的建立。黑格尔一方面指出斯宾诺莎只是列举出了属性和样式,但没有真正地推导出从实体到二者的规定过程:"欠缺从绝对物到非本质性的过程的必然性,同样也缺少非本质性本身自在自为地在同一中的消解;换句话说,既欠缺同一的变,又欠缺同一的规定的变。"[①] 另一方面,黑格尔从实体,即精神的自我否定重新定义规定性,使得规定性作为实体自我反思的中介重新返回实体。在上文所论到的德勒兹的观点中,我们看到在表现主义模式下,具体存在和无限实体之间并没有发生断裂,所以也不存在回归的问题。而在黑格尔这里,关于具体存在的价值则是需要重新被构建的。黑格尔借用了莱布尼茨的单子论,认为独立且包含了全部的单子弥补了斯宾诺莎形而上学的缺陷,使规定性不至于落入流溢模式中的低层晦暗之中。然而,黑格尔也做了更进一步的发挥,提出自我封闭的单子内部包含了"自身反思的原则"[②]——通过这一原则,单子反思自身,自身认识到自身的有限性,以对于自身的否定而回归到无限的实体之中。

---

① 黑格尔:《逻辑学(下卷)》,杨一之译,商务印书馆1976年版,第189页。
② 黑格尔:《逻辑学(下卷)》,杨一之译,商务印书馆1976年版,第191页。

第二章　斯宾诺莎的当代遗产：黑格尔与德勒兹的斯宾诺莎主义

　　黑格尔完成的关于实体自我发展、自我返还的否定之否定运动，此运动的路线既适合描述绝对精神的实现过程，也适合论述个体的形成过程。事实上，在《精神现象学》的序言中，黑格尔建立的从自在到自为的模式一直都在绝对精神和个体自我两个层面上交替使用[①]，因为理性既作为普遍精神而构造着个体，同时个体通过反思自身而进入普遍的理性本质之中。从自在到自为的环节中，被扬弃的是具体的存在，尤其是将个体禁锢在感性状态的种种熟识对象。黑格尔把发生在个体之上的这种扬弃和割舍称之为死亡："精神的生活不是害怕死亡而幸免于蹂躏的生活，而是敢于承当死亡并在死亡中得以自存的生活。精神只当它在绝对的支离破碎中能保全自身时才赢得它的真实性。"[②]死亡带来否定的力量，借助这种力量，个体将低级的感性存在从生命中剥离出去，从而成为纯粹的思想，这就是黑格尔建立的理性主体。这种主体并不是被给定的，而是要经过意识的发展才能到达的生命状态。也就是说，并不是每一个个体生命都能成为主体，而成为主体也就是摆脱了个体的存在状态，将生命认同于绝对的精神："我就是我们，我们就是我。"[③]

　　对死亡的超越不仅是个体成为主体的关键条件，也是自我意识，即主人意识产生的起点。在相遇的主体之间，谁有勇气克服死亡的恐惧、扬弃对方和自身的外在存在，谁就能够建立关于自

[①] 黑格尔:《精神现象学（上卷）》，贺麟、王玖兴译，商务印书馆1979年版，第10—23页。
[②] 黑格尔:《精神现象学（上卷）》，贺麟、王玖兴译，商务印书馆1979年版，第21页。
[③] 黑格尔:《精神现象学（上卷）》，贺麟、王玖兴译，商务印书馆1979年版，第122页。

身确信，成为主人；否则就是奴隶。[①]自我意识只有从纯粹的意识发展对于自我的意识才能得到满足，也就是说意识不仅要克服有限性和多样性达到理性的统一，也要把握另一种意识的存在。如果没有能力征服另一种意识，那么意识就只是意识，还没有上升到关于自我的意识，那么也不能返还到绝对精神之中。无论是以统一性否定无限的差异，还是要扬弃另一个意识的存在，所采用的都是否定的方法，两种否定的发生却有不同。在第一个环节中，是意识对存在的直接否定，而在第二环节中，意识对自我的确信要通过对方的自我否定才能得到满足："由于对象的独立性，因此只有当对象自己否定了它自己时，自我意识才能获得满足。"[②]因此，即使是获得了自我确信的一方成为主人，其自我意识依然是依赖于自我否定的另一方，即奴隶。如此，对于主人意识而言，他无法直接肯定自我，而必须在二元对立的否定辩证法的基础之上，建立自己的对立面，并且要求其对于自己的承认。而对于奴隶而言，他虽然在劳动中否定物的多样性以此获得支配存在物的智慧，但是这种智慧并不足以使奴隶建立圆满的自我意识，只要他无法经受住死亡的考验，所以，奴隶只能在承认主人的前提下认识自身，奴隶的自我意识也是依赖性的。

在"规定即否定"的方法下，黑格尔不断地扬弃有限性的存在和多样性的表象，建立了生命从纯粹的个体到主体再至主人

[①] 黑格尔：《精神现象学（上卷）》，贺麟、王玖兴译，商务印书馆1979年版，第125—127页。
[②] 黑格尔：《精神现象学（上卷）》，贺麟、王玖兴译，商务印书馆1979年版，第121页。

第二章　斯宾诺莎的当代遗产：黑格尔与德勒兹的斯宾诺莎主义　83

的上升之路，弥补了斯宾诺莎哲学中"没有主观性、个体性、个性"①的缺陷。但是这条道路并不能在斯宾诺莎的理论世界中得到通行。斯宾诺莎关于个体的定义的确很稀少②，只有在《伦理学》第二部分《论心灵的性质和起源》中出现了个体的定义："单独（singular）事物我理解为有限的且有一种确定存在的事物。如果许多个体（individual）事物共同做出一个动作，以致它们同时都是某一结果的原因，那么在这个范围内我将认这些事物的总体为一个单独（singular）事物。"③

斯宾诺莎在这里把单独的事物解释为众多个体相一致所形成的复合体，或者说某一事物之所以被辨识出来，是因为众多个体聚合的效果显得突出和异常（singular）。个体不再自然等同于空间上的体积区隔。如果采用这个角度看待个体，那么斯宾诺莎在《伦理学》第二部分中的第13和第14命题中都谈论到了个体的产生："当许多具相同或不同体积的物体为别的物体所压迫，而紧结在一起时，或当它们以相同或不同的速度在运动，因而依一定的比率彼此传达其运动时，则这些物体便可以说是相互联合，而且总结起来便可以说是组成一个物体或一个个体，它和别的个体

---

① 黑格尔：《哲学史讲演录（第四卷）》，贺麟、王太庆译，商务印书馆1978年版，第101页。
② Yitzhak Y. Melamed, "Acosmism or Weak Individuals?: Hegel, Spinoza, and the Reality of the Finite", *Journal of the History of Philosophy*, Vol. 48, No. 1, 2009.
③ 斯宾诺莎：《伦理学》，贺麟译，商务印书馆1983年版，*E*IID7，第45页；Benedictus de Spinoza, *A Spinoza Reader*, edited and translated by Edwin Curly, Princeton: Princeton University Press, 1994, p. 116. 在中译本中，这段中有两个概念都被译为个体：singular和individual，前者表示突出的、异常的和单数的；后者表示不能再分割的个体。为了在译文中有所区别，本章把singular译为单独，而把individual译为个体。

的区别,即在于它是多数物体所联合而成的。"①

在这段话中,斯宾诺莎更清楚地陈述了个体是由运动中的物体聚合而产生出来的,他必须从质料性的存在中突显出来,在这一点上,黑格尔的确和斯宾诺莎有相似之处,然而,黑格尔的个体是要借助于意志的力量从质料性存在中脱离出来,而斯宾诺莎的个体则是某些物体以聚合和运动的方式而区别于其未被激动所保持的静止状态。这些物体之所以聚合在一起是因为它们承受了同一种外力的刺激而具有了相同的力量强度,而不是出于某种内在性,或者自我意识。斯宾诺莎关于个体的概念的确比较弱,这种复合体的个体,虽然占据了一定的空间,但是其既无法为自身形成划定清晰的边界,并且在时间上也会随着外力的变化而变化,故而并不具有长久的持续性。

斯宾诺莎的个体是质料相互聚合而成。如果一定要对聚合物进行彻底拆分的话,斯宾诺莎认为最小的个体就是"最简单的物体"(corpora simplicissima)②,作为假设性的起点,"最简单的物体"被如此构造出来是为了说明每个存在物的复合性。在复合之上还包含有复合;个体也可以被包含在另一个更大的个体之中。"人身是许多不同性质的个体所组成的,而每一个个体又是许多复杂的部分所组成。"③不仅人身是肢体、器官的复合,器官又是水、脂肪、蛋白质等所构成,还可以再分割下去。同样,人身也可以和其他的个体进行外在的结合,比如身体和衣服;或者

---

① 斯宾诺莎:《伦理学》,贺麟译,商务印书馆1983年版,*E*IIP13,第59页,译文略有改动。
② 斯宾诺莎:《伦理学》,贺麟译,商务印书馆1983年版,*E*IIP13L7,第60页。
③ 斯宾诺莎:《伦理学》,贺麟译,商务印书馆1983年版,*E*IIP13Post.I,第61页。

把另一个体纳入自己的身体之中,比如进食、呼吸。那么所谓的复合就是构成了一种结构关系,而存在物就是对于这种结构关系的维持,用斯宾诺莎的话说就是所有的参与个体保持一定的运动速度,倘若速度不一致,那么复合在一起的个体就会发生分离,作为整体的存在物消失,而那些个体则各自会进入新的结构关系之中。与此同时,所有的结构关系又会相互复合,形成更大的整体。

以结构关系作为对于物的形成和消失的解释,是斯宾诺莎借助物理学构建其存在论的重要部分。虽然斯宾诺莎没有赋予个体以内在性,但是这并不意味着个体只有外在的形式,而没有内在的观念。按照斯宾诺莎的平行论,"构成人的心灵的观念的对象只是身体或某种现实存在着的广延的样式,而不是别的"①。所以随着身体的变化,观念也会有相应的变化;有新的结构关系的生成,那么也就有新的观念的生成。当某些生命聚集在一起形成一种整体时,那么就会有相应的观念,比如民族、种族或者阶层的形成。

这种内在观念能否给个体带来思想和行动的主动性,以及能否提供个体和个体之间的区别,都迫使斯宾诺莎做出更进一步的阐释。在《伦理学》第五部分中,斯宾诺莎借助"圆满性"(perfection)作为聚合物的个体之间做出了区分。"一物具有圆满性愈多,那它就愈是主动,愈少被动;反之,一物愈能主动,那它就愈是圆满。"②圆满性和实在性在斯宾诺莎看来是完全一致

---

① 斯宾诺莎:《伦理学》,贺麟译,商务印书馆1983年版,EIIP12,第55页。
② 斯宾诺莎:《伦理学》,贺麟译,商务印书馆1983年版,EVP40,第264页。

的，那么个体和个体的区别并不是二者在属性或者样式上有什么不同，而是他们在存在状态上有什么程度上的不同，即圆满程度的不同。而圆满程度的高低取决于此物在多大程度上展开了神的本质。再一次地，我们发现德勒兹所提出的表现主义更恰当地揭示了斯宾诺莎在实体和属性、个体的存在本质，以及内在观念和外在行动之间所建立的关系。

首先，在表现主义的视角下，神性对于自身的表达就是展开，并且这种展开是一种发生学的渐进性。"这个表现对于上帝来说是如此自然、如此重要，以至于它不只是反映了一个已经完成的上帝，它还形成了一种神性的展开，这个展开是神性本质逻辑的、发生学的构成。"[①]德勒兹所提到的神并不等同于宗教神，而是等同于世界的自然神。展开就是对于神性的种种理解、推导和演绎。正如我们理解三角形的诸种属性必然建立在对其本质进行推导的过程一样，神对自身的理解也是由本质而发生的自我表现过程，是自我的展开、生产的发生。

其次，表现主义在神性本质和各种具体观念之间建立了因果关系，且在这种因果关系中，本质被内在地包含于所有观念之中。在被推导出的三角形任何属性中，总是包含着关于三角形的界说；同样地，神所生产的观念都包含着永恒的神性。

最后，既然一切观念皆出自神的自我理解，那么只有当观念以神的本质作为原因而被思考的时候，此观念才是真实的。"一切观念都在神内，而且就它们与神相关联而言，它们都是真观念和正确的观念。"[②]真观念固然是对象相符的观念，但使其为真的

---

① 德勒兹：《斯宾诺莎与表现问题》，龚重林译，商务印书馆2013年版，第89页。
② 斯宾诺莎：《伦理学》，贺麟译，商务印书馆1983年版，*E*IIP36Dem，第75页。

并不是经验上的相符,而是先验上和神一致,比如自然之中并不存在绝对的三角形,保证三角形观念为真的不是经验对象而是内在和谐的神。而求真的过程显示了从神到现存观念的推导次序,即对观念的产生原因的认识过程。那么观念和神的本质的联结越充分,就越真越正确,就此观念来说也就是越圆满。

由表现主义所推导出的观念圆满程度的差别,和流溢说的逻辑结构十分相似。观念之间只有圆满程度的差别,而不是真假之间的质的区别。最重要的是,观念的变化和行动的发生保持着同步。占有越多的圆满观念,心灵也就越主动,也就越能主动和神建立联系,也就获得了越多的思想的力量,而思想的力量就等同于行动的力量。[1]德勒兹指出行动的力量就是存在的力量,其与思想的力量相互平行,也相互对应。当思想越有力,就越能从本质上获得关于存在物的观念;同时,其存在的力量也就越强,能作用于更多的对象,也就是将更多的存在物聚集在一起,并且保持这种统一体,也就是获得了某种个体性。而当思想力量被削弱,存在力量也不足以维持各部分的聚合,那么统一体就会涣散,个体由此消失。所以,对于个体来说,"力量同于本质"[2]。

力量等同于本质,并且力量与力量之间并没有本质的差别,而只有行动强度的差别,德勒兹要以"行动强度"的区别克服黑格尔的死亡氛围,并进一步地取消其所建立的"主奴"区别。黑格尔要求他者做出的自我否定是主体建立自我肯定的前提,而德勒兹却认为,个体能够别从包围思想/存在的混沌中区别出来,

---

[1] 斯宾诺莎:《伦理学》,贺麟译,商务印书馆1983年版,EIIP7,第49页。
[2] 德勒兹:《斯宾诺莎与表现问题》,龚重林译,商务印书馆2013年版,第78页。

在于其所表现出的力量强度。"强度就是个体化,并且强度量就是个体化的因素。"①一方面,按照斯宾诺莎的逻辑,所有思想和存在的力量都源于神;在德勒兹看来,这就意味着个体没有任何确定的内在性,从观念到行动都是来自外在的作用。另一方面,德勒兹掏空了主体性,但并没有因此就否定主体的形成,尽管其形成是外在的各种观念和力的聚合下所生产出的一种偶然性。"这些主体与其说是运作因子还不如说是承受因子。"②以对于观念和外力的承受的不同而获得不同的主动性,这就是从存在样态的角度所完成的对于实体的表现。样态越多地表现实体,主体就相应获得越多的"圆满性",即形成可以和最多的观念相联结的观念,形成可以和最多的存在相联结的身体,那么,这个主体就会不断地被生长,因此而不会被限制在任何给定条件的决定之下。主体对于自身的肯定是出自内在的充溢性,他不需要依赖于奴隶的承认,不需要任何否定的辩证法。德勒兹以纯粹的内在性平面消解了黑格尔所创造的理念的超越性,重新打开了观念之间的连接性,从而使得精神的否定运动被转化为永不停息的肯定性表达。

黑格尔的主体通过自我反思得以建立,德勒兹的主体则是通过生命力的无限表达得以展现自我。德勒兹的表现主义既吸收

---

① Gilles Deleuze, *Différence et Répétition*, Paris: PUF, 1993, p. 317. 中文译本参见《差异与重复》,安靖、张子岳译,华东师范大学出版社2019年版,第414页,译文略有改动。
② 德勒兹:《〈荒岛〉及其他文本》,大卫·拉普雅德编,董树宝、胡新宇、曹伟嘉译,南京大学出版社2018年版,第142页。

了科耶夫的欲望理论，以欲望代替了自我反思；同时也吸收了伊波利特的绝对知识，以生命的强力克服了内在和外在的区隔。然而，从知识论和主体性的角度来看，德勒兹以存在的强度定义知识对象的产生，以意志的强力定义主体的产生，不仅使对象和主体处于流变之中，而且使二者的流变处在相互作用之中。既没有脱离客体的主体——反黑格尔主义，也没有脱离主体的客体——反康德主义。如果借用黑格尔批评斯宾诺莎的观点，那么德勒兹尚未建立关于这个世界的确定性，而是任其处在随时被消解的可能性中。然而，从德勒兹的角度来看，以存在的复杂性和无限性质疑知识的确定性和有效性，这往往是怀疑论所选择的经验主义方法。承认在经验的深渊中思想光芒的有限性，也并非必然就选择了怀疑论的立场。因为怀疑论正是以质疑的方式，使思想认识到确定性的边缘，激发了思想自我超越的无限运动。相反，要警惕否定性的圈套，因为恰恰是理念论所滋生出的否定性切断了理念和理念的相关项之间的联系，进而勾绘出理念超越性幻象（绝对精神）。相比于经验主义可能滋生出怀疑论，理念论所滋生的超越性幻象更容易让人迷恋，因此也更容易压抑生命内在的创造力，这也正是斯宾诺莎《伦理学》的批评对象。德勒兹正是从这个角度上要校正黑格尔对于斯宾诺莎的解读，重新返回斯宾诺莎思想的内在性。

在重新塑造斯宾诺莎哲学中的"实体与属性""无限与有限"以及"个体本质"等重要概念的基础上，德勒兹做出了与黑格尔完全不同的诠释，并且以此将对于斯宾诺莎的理解从理念论的传统中释放出来。不仅如此，德勒兹所建立的斯宾诺莎的思想肖像也捅破了其法国哲学学院派一贯以来的诠释方式，如费迪南德·阿尔奎（Ferdinand Alquié）和戈胡都是在阐释笛卡尔哲学的前提下，进入斯宾诺莎的文本，而德勒兹却选择直接在斯宾诺莎的《伦理学》所包含的认识论和主体论的基础上，更进一步地构造关于生命的整体图景。并且在德勒兹所提出的表现主义和强度的概念中，我们能感受到柏格森和尼采哲学的潜在影响，也正是如此德勒兹笔下的斯宾诺莎具有了当代性。不过德勒兹透过斯宾诺莎所建立的生命哲学理论一直处于边缘地带，其既未在福柯、德里达等解构主义阵营中得到回应，也未在学院派中受到足够的重视。然而，时至今日，德勒兹所发出的弱音不仅没有消失，反而在皮埃尔·马舍雷（Pierre Macherey）近年来关于《伦理学》的巨著，以及后人类主义的主张中发出越来越强的回声。

第三章

意志与强力之间的选择：
海德格尔与德勒兹对尼采的不同阐发

尼采是发生在现代哲学中的一个事件。他在20世纪的欧陆哲学中所引起的震荡到处可见。从马克斯·舍勒到哈贝马斯，从科罗索夫斯基到德里达，尼采的身影无所不在。不过在德法之间，关于尼采的解读却呈现出迥然不同的路线。本章选取了两位关于尼采的解读都颇有影响力的哲学家，海德格尔和德勒兹。海德格尔力图保持西方哲学的统一性，把尼采的思想归置于形而上学的最终完成；而德勒兹却认为尼采超越了形而上学，通过驱逐根植在思想中的虚无主义而扭转了现代哲学对于尼采的阐释方向。德勒兹通过对于尼采的解读而在法国哲学界显露出自己独特的思想风格，而尼采也通过德勒兹的解释在法国哲学界重新发挥出思想的魅力。尽管在讨论尼采的动机之中，最初仍是法国哲学在克服黑格尔理论框架方面所做的努力，然而随着尼采通过德勒兹的著作进入法国哲学的话语之中，尼采内在的批判力量，包括对于主体的重塑、对于创造的肯定，都在各个理论层面引起了翻天覆地的变化。在这个意义上,尼采为哲学理论打开了后现代主义的大门,而德勒兹则是为我们打开了尼采的大门。

一、海德格尔的尼采:强力的意志

海德格尔关于尼采的解释影响之大,以至于大有学者,如维尔纳·施特格迈尔(Werner Stegmaier)以及恩斯特·贝勒(Ernst Behler)做出这样的总结:尼采通过海德格尔才进入哲学世界,而哲学学者们又是通过海德格尔才能进入尼采。[①]海德格尔也认为自己的两卷本《尼采》通过对于尼采的作品重新辨识顺序,拼接各箴言片段,将尼采的洞见延伸至整个哲学史,最终得以倾听到尼采所追问的"真正问题",倾听尼采本人。[②]关于海德格尔的《尼采》的讨论可以追随其本人的设定道路,围绕他所提出的五个基本的同时也是紧密关联的形而上学主题,即"强力意志""虚无主义""相同者的永恒轮回""公正"和"超人"而展开。与此同时,我们还需要考虑到海德格尔哲学的历史性,他在尼采讲演中所投入的现实关怀。而一回到其时的社会背景,即1936年至1942年间,在海德格尔周围以及德国社会所发生的种种复杂事件,我们又会踟蹰徘徊于纷至沓来的充满政治色彩的判断和辩护之间。与其困于理论和实际所发生的混合,不如找到海德格尔和尼采所共有的哲学见识,以此我们得以洞见当下。两者的

---

① 维尔纳·施特格迈尔:《海德格尔之后的尼采》,《海德格尔与尼采》,商务印书馆2015年版,第397页; Ernst Behler, *Confrontations: Derrida, Heidegger, Nietzsche*, translated by. S. Taukeneck, Stanford: Stanford University Press, 1991.
② 海德格尔:《尼采》,孙周兴译,商务印书馆2010年版,第26页。

文本都明确地表达出对于当下人的状况的忧虑，以及在对于人的堕落的批判中两人所透出的拯救的希望，即通过克服消极的虚无主义，人最终成为超人，成为真理的保存者。

　　海德格尔在"相同者的永恒轮回"的讨论中指出，对于尼采而言，世界是作为力而被设想的，力的不断变化就使得世界表现为一种不断的生成。尼采显然十分了解当时在自然科学中所兴起的达尔文主义思潮，这种科学进化论给了人们强大的信心，即现在超越了过去，而将来又会超越现在。但是正如海德格尔所强调的，这种以"有机体"解释世界、定义存在者的方式，是对于世界的"人化"，而且其不仅会导致一种虚张声势的"人作为世界的主宰"的信念，还会更进一步地以理性规定人之本质，即对于人的"人化"。"但这个规定本身，它的真理性，却使人超出了自身，因而把人非人化了。"[1]无论是对于尼采还是对于海德格尔，他们都反对自然科学意义上的进化论，认为关于人的救赎不会像自然进化论那样自动到达。既然世界的生成在于力的维持，那么，通过回答如何为力设置尺度的问题，就可以进而对存在者整体做出陈述。但在历史上所出现的关于世界的认识论已经走向了堕落。"在此历史过程中，由柏拉图设定为真实存在的超感性领域不仅已经被贬低，从高级降为低级，而且已经沦落为非现实和空无所有的东西了。"[2]透过海德格尔的转述与解释，尼采所构造的"谬误的历史"由柏拉图的真实世界开始，转而经由柏拉图主义的彼岸世界、康德哲学的不可知世界和乔装打扮的神学家

---

[1] 海德格尔：《尼采》，孙周兴译，商务印书馆2010年版，第380页。
[2] 海德格尔：《尼采》，孙周兴译，商务印书馆2010年版，第239页。

伪造的世界之后,就完全丧失了真实性,以至于真实成了无稽之谈。那么,拯救就开始于此悖谬之处。当历史可以进入对于"真理的废除",进而废除虚假世界的阶段,谬误就得以终结。①海德格尔指出,尼采并非要废除真实与虚假,因为"如果两者都被废除了,那么一切都将落入空洞的虚无之中。这不可能是尼采的意思;因为他希望克服掉任何形式的虚无主义"②。海德格尔认为尼采之所以能够终结谬误的历史,乃是因为他终结了柏拉图主义,废除了作为真实的超感性世界和作为虚假的感性世界之间的统摄关系,重新肯定感性世界,最后尼采使得哲学思想重新回到最初的澄明之中,此"最初"之为最初,既是指感性世界是最切近的发生,又是指古希腊哲学所具有的最原初、"最纯朴的视见"③。这种原初性既是最直接而丰富的,又是最古老而简朴的。而柏拉图主义却带来对此的遮蔽和拒斥。

海德格尔把基督教哲学、康德哲学以及康德之后的黑格尔乃至叔本华哲学都归置在柏拉图主义之下,并把尼采对于基督教道德目的论的指责都转化为对于柏拉图主义认识论的批判。"所谓道德,尼采通常理解为一个价值评判体系,在其中,一个超感性的世界被设定为决定性的和值得愿望的。尼采总是'形而上学地'来理解'道德',也即着眼于下面这一点:在道德中作出了某种关于存在者整体的决定。"④尼采在其建立的道德谱系学中所强调的历史性和群体性在海德格尔的解读中被压缩为静思性和个

---

① 海德格尔:《尼采》,孙周兴译,商务印书馆2010年版,第236—247页。
② 海德格尔:《尼采》,孙周兴译,商务印书馆2010年版,第247页。
③ 海德格尔:《尼采》,孙周兴译,商务印书馆2010年版,第241页。
④ 海德格尔:《尼采》,孙周兴译,商务印书馆2010年版,第803页。

体性,因此,不必从群体内的关系中追问道德的形成,而是要求主体面对存在者的整体做出决定,此决定愈是本己,愈是本真,也就愈贴近良知。①海德格尔根据对于存在者的规定方式,画出了一幅不断走进原初澄明的方案:从作为对于存在者整体的追问——永恒轮回,到回应这一追问的方式——只有强力意志才能承担的决断。

海德格尔指出尼采在写作中先后三次讨论了永恒轮回,而且他为每一次永恒轮回的出现都设置了不同的境遇,以此暗示对这个最大的思想秘密的揭示程度。第一次关于永恒轮回的传记记录在《快乐的科学》结尾处。在恶魔对于孤独者的追问中作为"最大的重负"被提出。但是尼采并没有回答应当如何承担起此最沉重的思想,他需要一个虚拟的身份转变生命形式才能面对恶魔的逼问,由此查拉图斯特拉是来自古代波斯的先知②,他古老的智慧足以对于永恒轮回做出肯定。尼采要透过他道出关于"永恒轮回"的秘密,即永恒轮回的第二次讲述。"两条道路在这里找到了它们的起点,其中一条继续通向'尚未现在',通向将来,而另一条则回到'不再现在',回到过去。"③瞬间即是决断的当下,它是过去与将来的相遇之处。如何把握连接过于和将来的当下成为关键。侏儒,作为无力把握存在整体的代表,认为时间是个圆圈:"要是两条道路消失于无穷(永恒),那它们就会在那里相遇;进而,由于这个循环自发地闭合于那个远离于我的无限之

---

① 海德格尔:《存在与时间》,陈嘉映、王庆节合译,生活·读书·新知三联书店2012年版,第337—344页。
② 尼采:《瞧,这个人》,孙周兴译,《尼采著作全集(第六卷)》,商务印书馆2015年版,S. 367,第474—475页。
③ 海德格尔:《尼采》,孙周兴译,商务印书馆2010年版,第307页。

境，所以，一切轮回者也就会在平衡的单纯轮流交替中鱼贯而出，并且就这样穿过这个出入口。"① 对于侏儒而言，时间就是均质片段的组合，每一个片段都经历了将来—现在—过去的状态变化，这种流动既无目标可言，过去、现在和将来都只是在形式上做出区分而已，并且所有的时间都从不可知的永恒中流出，又归向于不可知的永恒。人们一切的创造都必然在永恒中消耗殆尽。在侏儒看来，既然当下作为一个瞬间总是要被永恒所淹没，那么就不必投入当下，任由其陷入意义的空洞之中。然而，代表强力意志的查拉图斯特拉斥责侏儒的冷漠，并担负起瞬间的沉重。"永恒轮回学说中最沉重和最本真的东西就是：永恒在瞬间存在，瞬间不是稍纵即逝的现在，不是对一个旁观者来说仅仅倏忽而过的一刹那，而是将来与过去的碰撞。在这种碰撞中，瞬间得以达到自身。"② 瞬间之所以可以达到自身，是因为它不再仅仅是将来必然流向过去的入口，也不再是过去自动延伸至将来的出口。瞬间在一种决断中成为自身，这种决断承受着来自过去的智慧以及关于将来的谋划。于是这个瞬间是对生命整体的关照，它决定着哪一种过去可以进入将来，决定生命的样式。

按照海德格尔的理解，"永恒轮回"的第三次传达发生在《查拉图斯特拉如是说》完成两年之后的作品，《善恶的彼岸》中：

> 这个人永远地，贪婪地重复呼唤着，不只是向着自己，而是向着整出戏，而且不只是向着一出戏，从根本上说，倒

---

① 海德格尔：《尼采》，孙周兴译，商务印书馆2010年版，第326页。
② 海德格尔：《尼采》，孙周兴译，商务印书馆2010年版，第327页。

是向着恰恰需要这出戏的那一位（Dem）——后者使这出戏成为必需的，因为他总是一再需要自己——并且使自己成为必须的。——这是怎么回事呢？这难道不是——Circulus vitiosus deus（神的可怕循环）么？[①]

作为这次"永恒轮回"出现的背景，海德格尔特意指出是查拉图斯特拉在结束山林隐居、返回城市的最后时刻所发生的故事，也就是出现在《查拉图斯特拉如是说》序言之中的第一次对话。这位要重返人间的先知遇见了一位为寻找树根，而离开自己茅舍的圣徒。在一番相对无果的交流之后，两人各自离去，查拉图斯特拉此时对自己的心说道："难道这是可能的吗？这位老圣徒待在森林里，居然还根本不曾听说：上帝死了！"[②]尼采笔下的上帝不仅仅是信仰中的上帝，也是道德的上帝。换言之，是作为一切价值基础的上帝。正是由于上帝死了，查拉图斯特拉才要下山，把这一消息告诉世人。而此躲避人世的圣徒，正好也象征了曾经的信仰对象的隐匿，故而查拉图斯特拉才会发出如此的自问。上帝死了，曾经支撑生命价值的基础被抽去了，但关于存在者的整体仍然要被追问，并且在每一次的追问中得到决断。如果说在每一瞬间我们对于生命的持守都意味着新意义的创造，那么，在每一创造中，我们都必然会追问创造所指向的整体性意

[①] 转引自海德格尔：《尼采》，孙周兴译，商务印书馆2010年版，第336页。原文参见尼采：《善恶的彼岸》，赵千帆译，《尼采著作全集（第六卷）》，商务印书馆2015年版，第87—88页。赵千帆的译本和孙周兴的译本略有差异，此处所采用的是孙周兴的译文。

[②] 尼采：《查拉图斯特拉如是说》，《尼采著作全集（第四卷）》，孙周兴译，商务印书馆2010年版，第9页。

义。在此前提之下，Circulus vitiosus deus（神的可怕循环）就以拆分的方式被理解：Circulus vitiosus（可怕的循环），乃是指人对于存在整体的规定，以及此规定所面临的经验的不确定性，故而总是处于规定和虚无之间的循环之中。因此deus（神）成为了提问，关于存在的根本性的追问，且此追问在每次的回应之后又重新返回。

海德格尔通过对此三次传达的阐释，一方面论证了尼采思想中的连续性，另一方面，通过同一问题的再三出现，海德格尔使永恒轮回的根本性得以显明：在孤独中随时袭来的源自虚无的威胁；如何在瞬间把握作为整体的时间的追问；以及通过确立世界的发生而确定存在者整体的追问。永恒轮回所提出的根本问题的显现被海德格尔戏剧化为不同的场景，这样的方式也贯彻了《存在与时间》中的基本观点："任何寻求都有它所寻求的东西方面而来的事先指导。"① 那么是谁能够回应存在者之为存在的追问，谁能捕获存在者的引导呢？关于"谁"的问题也是关于"如何"的问题，如何的方式生成于如何的生命。海德格尔认为，永恒轮回呈现了存在者之为存在的状态，但无论是对于存在的时间性还是对于其整体性的追问已经预设了一位非常的追问者。所以，尽管尼采的确先完成《查拉图斯特拉如是说》，但是对《强力意志》的思考已经预先开始了。

对于存在之为存在的最终问题，我们固然可以退回到关于"上帝"的追问上，抑或是在自然科学视野下论证的世界的起源，但是这两种方式都偏离了思考存在的紧迫性和切实性：对于

---

① 海德格尔：《存在与时间》，陈嘉映、王庆节合译，生活·读书·新知三联书店2012年版，第6页。

存在条件的追问是为了促进、激发生命的提高。海德格尔认为必须要把关于存在者的认识从科学话语方式中解救出来，因为后者带来对于存在本质的遮蔽，这一点在其另外的文本中已经多次出现了。但是，恰恰是在科学关于真理的宣言中，我们看到了强力意志的痕迹——"存在对于存在者整体的一种独一无二的支配地位"①。真理是强力意志对存在整体做出的设定，所以真理是作为结果而得以产生，而不是某种等待人们去发现的绝对事实。真理不再被视为使真成为真的基础，反而真理之为真还需要自身之外的对象使之为真。那么，真理所具有的最高价值也就因此而被剥夺，但这并不是要取消真理。"真理必须存在，但这种真理的真实性无需'真实地'存在。"②真理的必然性不再是一种不言自明的确定，而是一种需要，出于生命自我保存的需要，是生命在寻求稳定性和持续性时所产生的需要。我们生产真理不是出于必然，而是出于需要，是我们面对世界、克服混沌的凭借。世界之为混沌在康德眼中可以被视为感性经验的杂乱无章，而秩序于此是指来自理性的规定；于海德格尔而言，世界不是外在的可与之照面的对象。世界成为世界，而混沌就是"世界整体之生成和流动方面的尚未克服的丰富性的遮蔽状态"③。世界是生成的世界，生命是生成的生命，这种生成既然无设定的目的、方式，那么就只能是各种生成聚拥在一起的混乱。世界之为混沌在一方面是从认识论的角度出发所看到的世界发生的无规则性，在另一方面则是从存在论出发，所看到的各种判断原则因无力承受存在者之整

---

① 海德格尔:《尼采》，孙周兴译，商务印书馆2014年版，第520页。
② 海德格尔:《尼采》，孙周兴译，商务印书馆2014年版，第561页。
③ 海德格尔:《尼采》，孙周兴译，商务印书馆2014年版，第591页。

体而带来的沉沦。这种沉沦经由世界之为混沌的发生已经暗示了尼采的虚无主义理论，因为混沌的世界表明最高价值的失效。克服虚无主义、给混沌以秩序——只能出自强力意志。

强力意志主要的特征在于强力，意志不过是强力在超越自身时的外观。强力之所以成为强力，在于对于生命力的提高，对于自身的超越。"强力越是本质性地成为强力，越是唯一地规定着一切存在者，它就越不承认在它自身之外的任何东西具有价值。这就意味着：作为新的价值设定的原则，强力意志绝不容忍任何一个存在者整体之外的目标。"[①]强力意志就是从自身出发对于存在者做出规定。在永恒轮回中，关于当下瞬间的决断需要强力意志，关于存在整体的把握也需要强力意志，即使是涌现在混沌之中的各种价值判断也是出自强力意志，却不是强力意志的最高形态，因为在这些不彻底的判断中，强力臣服在先行被给予的价值观之下，将外在于生命的对象——彼岸的荣耀视为自身的条件，而无视后者也是出于强力意志的设定。因此，强力意志的表现具有程度上的差别。强力意志可能是没有支配力的，无知于种种设置在生命之上的价值的起源，由此导致后者成为凌驾于生命之上、规定生命的价值。并且，追求抽象的生命价值、实现道德理想也需要强力意志，但此时的强力意志却毫无觉醒，自动走向已设置好的生命目标，而不能回到"为何如此"的追问。那么，这样的存在既看不到自己的追求美善之举是出于强力意志，亦茫然于美善本身亦是出于强力意志。这种昏聩无能自然无法辨识已有的最高价值作为对于存在者规定的本质，只能将后者作为权威而

[①] 海德格尔:《尼采》，孙周兴译，商务印书馆2014年版，第723页。

接受和臣服。最高价值因此而成为了虚无，成为了虚无一物的彼岸世界，所以，虚无主义的原因乃是在于强力意志的软弱无能。反言之，强力意志才是克服虚无主义的唯一出路。

强力意志的最高状态，即对于强力最纯粹的展现要求存在者反思生命条件的起源，并从自身出发做出关于生命价值的设定。"超人（überman）这个名称中的超（über）包含着一种否定；它意味着对以往的人的'超离'和'超出'。这种否定中的'否'（Nein）是无条件的，因为它是来自于强力意志的'肯定'（Ja）。"[①] "超"被解释为一种否定，不仅意味着"超"是超越，从昏聩无能的状态之中挺身而出，而且还意味着"超"作为一种居高临下的观点，他看出了已在价值的非道德性，抽象真理的非真理性，那么道德价值、认知真理（两者是一体两面而统一在一起的）的本质被否定。此否定除了揭示真理价值的虚假，还显露出对其否定的立场，即通过反抗真理而反抗任何强加在生命之上的限制。从另一个角度上讲，强力意志的最高状态，即"超人"就是通过肯定存在者的整体而提高生命力，所以在"否定"之中被贯穿的乃是对于生命的完全肯定。

海德格尔以强力意志定义人的本质，超人表现出人性的完全实现。在"永恒轮回"中超人的身影已经被暗示。在海德格尔关于永恒轮回的总结性讨论中，他引导我们去认识显现在永恒轮回第二次文本中的牧人。咬断蛇头的他"不再是一个牧人，不再是人，而是成了一个变形体，周身透亮，还大笑着"[②]。海德格尔敏

[①] 海德格尔：《尼采》，孙周兴译，商务印书馆2014年版，第983页。
[②] 海德格尔：《尼采》，孙周兴译，商务印书馆2014年版，第465页。

感于尼采书中的"光",阳光、月光的出现以照明程度上的高低暗示了心灵所拥有的澄明状态。海德格尔钟爱的是正午的阳光,"正午的阳光则是阴影最短的瞬间,是最明亮的光华,是永恒的比喻"[①]。海德格尔对于正午太阳的比喻让我们想起柏拉图的洞穴比喻中真实而永恒的光源——善的理念。正午之光就像是照亮世界的绝对光亮,也像是强力意志为世界设置的绝对秩序。之所以绝对,是因为没有阴影;消除了相对性,是因为超人是以自身为中心而对世界做出的规定。所以,那个"周身发光"的牧人既是克服了永恒轮回的查拉图斯特拉,又预表了超人。正是出于强力意志的觉醒,他做出了关于知识也同时关于时间的决断,克服了从过去到现在的无法愈合的轮回,使得当下成为新的开端,使得自身成为设定价值的原则。新秩序,包括新价值的设定都暗含了对于世界整体的把握和定义,也要求存在对于现实性的抵抗和超越。在秩序和混乱的较力中,海德格尔特别强调世界作为混沌对于秩序的逼近和动摇。来自混沌的威胁越大,强力意志所要做的克服也就越大,就越能显出强力的规定性。从另一个角度上讲,强力之所以能超出存在,重新规定生命的尺度,是因为在感性的逼涌之下,已有的规定性显得效力不够,需要有更强大的意志取而代之。在这个意义上,由强力做出的规定性,即理性的范畴、原则等是后天的结果,而不是先天的原因。由此,海德格尔认为尼采颠覆了柏拉图主义所设定的感性与超感性的关系模式,并且在强力意志的思考中完成了对于形而上学的构造。"'完成'意味着一种毫无限制的展开,亦即把一切长期保留下来的存在者之

[①] 海德格尔:《尼采》,孙周兴译,商务印书馆2014年版,第332页。

本质强力展开为它们在整体上所要求的东西。"[1]以强力意志解释包括从柏拉图到尼采本人的形而上学，海德格尔认为尼采的强力意志既道出了形而上学的本质，又以此完成了自己的形而上学思想，于此，尼采成为了西方的最后一位形而上学家，他以颠覆柏拉图主义的方式，即通过重置感性和超感性的关系，成为了最后一位柏拉图主义者。

二、德勒兹的尼采：意志的强力

德勒兹在1962年出版了《尼采与哲学》。这本书为他在法国哲学界赢得了非常高的地位。福柯曾经称赞这本是一本关于尼采的卓越之作，它使得法国哲学界重新评价尼采。既然海德格尔早在20世纪30年代就已经做了关于尼采的精彩阐述，那么如何看待在此三十年后的《尼采与哲学》呢？关于海德格尔对于德勒兹的影响，康斯坦丁·布恩达斯（Constantin Boundas）曾经提出这样的观点："德勒兹为他最重要的哲学文本选择以'差异与重复'为标题，就意在回应海德格尔的《存在与时间》。"[2]《差异与重复》既是德勒兹的博士论文，也是他在思想界获得声望的代表作之一。差异是对于存在状态的描述，而重复则可以被理解为时间的时间性，即在前文出现的"永恒轮回"。德勒兹在《尼采与哲学》一书中，正如我们所将看到的，他对海德格尔的直接引用少之又

---

[1] 海德格尔：《尼采》，孙周兴译，商务印书馆2014年版，第503页。
[2] Constatin Boundas, "Martin Heidegger", *Deleuze's Philosophical Lineage*, edited by Graham Jones and Jon Roffe, Edinburg: Edinburg University Press, 2009, pp. 321-338.

少，在正文之中只有三次提及海德格尔。作为海德格尔《尼采》法译者科罗索夫斯基的朋友，德勒兹对于海德格尔的文本应该是熟悉的。不过他写此书的目的主要是要澄清当时法国学界对于尼采的误读，即被黑格尔化的尼采形象。德勒兹在此书的结论部分指出："在黑格尔与尼采之间没有任何可能的折中妥协，尼采的哲学拥有广大的辩论范围，它形成了一个绝对的反－辩证法，并要显露所有在辩证法中找到最后庇护的神秘。"①反－辩证法、反－黑格尔主义是德勒兹在书中的主要立场。而通达这一目标的路径则是要从对于生命的认识开始，即从作为意志的强力——"强力意志"开始。

德勒兹认为尼采创造了关于力（la force）与强力（la puissance）②的哲学。力产生关系。力不仅包括物理学意义上的压力、推力，也包括看不见的力，比如来自伦理道德的义务责任的约束力或者推动力，抑或是来自法律的强制力。力塑造了生存的状态。生命的种种症状，正是力的施受关系的反映：主动或者被动。强力作为概念则关涉对于生命的内在动力反思，对于德勒兹而言，强力意志的特征在于意志，强力也可以被理解为欲望，是催发行为的发动者。力表明了生命的症状，而强力则是对此症状的诊断。在德勒兹看来，力和强力的关系是贯穿在尼采思想中的重要主题：如何在力的关系中获得主动，如何肯定强力意志。意志之所以会

---

① Gilles Deleuze, *Nietzsche and Philosophy*, translated by Hugh Tomlinson, London: The Athlone Press, 1983, p. 195.
② 在海德格尔的《尼采》中文译本中，die Macht被译为强力。而在德勒兹的中文译本中，la puissance一般被译为权力。但是la puissance既有权力、权势的意思，也有能力、力量的意思，并且德勒兹要突出的正是产生力的内在动机，有鉴于此，la puissance也可以被译为强力。

被否定,以至于成为虚无的意志,乃是因为不能对于差异做出肯定。在尼采所创造的概念中,"永恒轮回"往往被误解为"相同者的轮回"①,但这一概念应当被理解为对于差异的完全释放。获得强力意志首先要接受永恒轮回的真理。

德勒兹多次用"掷骰子"的比喻来展开对于永恒轮回的解释。每次投掷骰子都是偶然性的发生;而骰子落下时,结果总是那些有限数字中的某个。"必然性是出于偶然性而被肯定,正如存在是出于生成而被肯定,统一性是出于多样性而被肯定。"②在投掷骰子的比喻中,德勒兹用游戏代替了赌博,因为后者无法承受所有的偶然性,而游戏却是在自身之外不设任何目的的活动,任何偶然性的发生都是平等的。不过,这也不意味偶然性仅仅作为一种产出而被轻视。德勒兹提出了关于掷骰子的第二层含义,即对于偶然性做出肯定的时刻。在《弗兰西斯·培根:感觉的逻辑》中,德勒兹曾经指出画家培根通过在画布上粗暴地擦涂而获得了意想不到的偶然性,以此逃离绘画的套路——必然性。肯定偶然性就意味着将此前所有的成就抹平,拒绝所有的先行设定的合理方案,并因此而准备好拥抱意外的事件,新的可能性的发生。

德勒兹通过物理的以及伦理的两种原则分别阐述了永恒轮回的两个时刻。以物理运动的角度而言,世界的生成永不停歇,并且绝无外在性目的。设置任何目的都将终结世界的生成。水成为

---

① Gilles Deleuze, *Nietzsche and Philosophy*, translated by Hugh Tomlinson, London: The Athlone Press, 1983, p. XI.

② Gilles Deleuze, *Nietzsche and Philosophy*, translated by Hugh Tomlinson, London: The Athlone Press, 1983, p. 26. 中文译本参见《尼采与哲学》,周颖、刘玉宇译,河南大学出版社2016年版,第56页。

冰并非因为冰是水的目的,而是水分子在不同条件下的运动状态。物理学上的生成暗示了时间作为一个过程的发生,过去、现在和将来事实上是一个综合体。所有存在者都在运动变化之中,存在就是生成的存在。存在被领会为生成的一个时刻,生命是永恒的,而在此永恒无限的绵延中,某物的轮回并不能证明它的同一性,却正好反映了它每次重现时所呈现的差异性。"若是将其理解为'相同者的轮回',我们就误解了'永恒轮回'的表述。所轮回的不是存在,而是在肯定生成及其发生的限度下,构成存在的轮回本身。不是某个东西发生了轮回,而更是轮回本身就是那个肯定了差异性和多样性的东西。"[1]永恒轮回所呈现的是每一次发生的独特性,揭示了生成存在的差异和多样。永恒轮回的物理原则以世界生成的差异性取代了形而上学所持守的同一性。

在伦理的角度上,"永恒轮回"则被理解为一种选择原则。尼采所提出的"永恒轮回"就像康德的道德律一样严格。"作为伦理思维,永恒轮回正是实践综合的新构造:无论你意愿何物,都应以意愿其永恒轮回的方式而意愿它。"[2]因为永恒轮回作为生命的神秘循环,意味着每一次轮回都是对于以往生命的清空,所获的成绩由此化为乌有。能抵抗永恒轮回碾压的,必然不是某种价值或者意义,而只能是行为的动机,即强力意志。意愿,以永恒轮回的方式意愿,就是意志的最强形式,它不是要把握存在的

---

[1] Gilles Deleuze, *Nietzsche and Philosophy*, translated by Hugh Tomlinson, London: The Athlone Press, 1983, p. 48. 中文译本参见《尼采与哲学》,周颖、刘玉宇译,河南大学出版社2016年版,第105页。

[2] Gilles Deleuze, *Nietzsche and Philosophy*, translated by Hugh Tomlinson, London: The Athlone Press, 1983, p. 68. 中文译本参见《尼采与哲学》,周颖、刘玉宇译,河南大学出版社2016年版,第146—147页。

整体性，而是要造就一种舍弃已在价值的纯粹的生成。在这个意义上，德勒兹指出了永恒轮回所蕴含的虚无主义。在历史上所出现的虚无主义都不是彻底的虚无主义，因为他们都保留了某种绝对的价值。然而在永恒轮回之中，虚无主义将其否定性发挥到极致，成为拆解的力量。永恒轮回的原则使得这种拆解不是对于自我的否定，而是主动性破坏。"主动否定或主动毁坏是强力精神的状态，其在自身之中毁坏了被动性，将被动性交付于永恒轮回的考验，将自己也交付于此考验，哪怕这会导致他们自身的衰退。"[1]在这里，德勒兹已经指出了虚无主义的积极性。虽然虚无主义总是对于主动的否定，对于生命能动力的否定，但是德勒兹指出这种否定性的行为如果获得肯定性的精神，即肯定生成的永恒性，那么，否定性的行为就转变为主动性的毁坏，为新生命的降临清除障碍。

物理上的差异与多样表明了永恒轮回的生成，伦理上的主动性的创造和否定性的毁坏揭示出永恒轮回的选择。差异在永恒轮回之中的发生已经预设了力的介入。尼采用"力的发生"描述世界的生成原因，事物形态的生成变化莫不是出于力的施加，而力都处于某种关系之中。但是力的发生需要一个催动者，即内在的强力意志。"强力意志不仅衍生出相关力的量的差别，并且还转换在关系之内的每种力的性质。"[2]意志推动着力的增强或减弱，

---

[1] Gilles Deleuze, *Nietzsche and Philosophy*, translated by Hugh Tomlinson, London: The Athlone Press, 1983, p. 70. 中文译本参见《尼采与哲学》，周颖、刘玉宇译，河南大学出版社2016年版，第150—151页。

[2] Gilles Deleuze, *Nietzsche and Philosophy*, translated by Hugh Tomlinson, London: The Athlone Press, 1983, p. 50. 中文译本参见《尼采与哲学》，周颖、刘玉宇译，河南大学出版社2016年版，第108页。

召唤着力的聚集或涣散。意志本身并不外在于力,也不高于力,相反它必须内在于力,并且因此而确定力在关系之中的作用。在力所引发的关系中,不同于黑格尔在主奴关系中所提出的主人的权威需要努力的承认,在尼采看来意志能否实现强力在于能否对于自身做出肯定。这种肯定不仅包括精神上的自我认可,还包括在身体领域内关于感性经验的肯定,因为西方哲学的理性主义传统无法对身体做出肯定。在这个角度上,德勒兹特别指出了尼采通过肯定身体而赋予感性经验的肯定性:感性不再服于理性的管教,它通过激发强力意志而引导理性的运用。"身体能被感发的越多,它所拥有的力也就越多。"[1]身体本身就是生命,它具有保存以及提高生命力的本能。身体只有保持尽可能强的敏感性,它才能建立更多的与自身相关的关系。强力意志要在关系之中肯定自我,就要领会永恒轮回的物理学内涵,即身体体察到生成的差异性和丰富性越多,其所能获得的力也就越多,就越能在关系之中居于主动,那么最终就越能更有力地肯定自身。对于生命自身做出的最高肯定就是以永恒轮回的方式意愿生命和享受生命:主动毁坏任何既在价值以及积极创造新的生命意义。这就是强力意志的最高状态。强力意志要肯定永恒轮回作为物理的事实,即肯定生成所表现出的差异性,它就需要创造新的生命价值,需要永恒轮回在伦理学所表现出的否定性和肯定性;反过来,强力意志在伦理选择上所做的舍弃和创造,又催发出生成的多样性。强力

---

[1] Gilles Deleuze, *Nietzsche and Philosophy*, translated by Hugh Tomlinson, London: The Athlone Press, 1983, p. 62. 中文译本参见《尼采与哲学》,周颖、刘玉宇译,河南大学出版社2016年版,第133页。

意志通过肯定自身而创造差异，通过创造差异而表达出意志的强力。

尼采以强力意志作为生命的本质，他越是强调生命本身所应当具有的主动性和创造性，也就越发现强力意志所需要克服的人性，即虚无主义的重力之大。德勒兹在尼采文本中区别了虚无主义的不同形态。从根本上说，虚无主义之所以被视为强力意志的敌对者，是因为它通过设置更高的价值或理念而否定生命，使得意志成为一种指向空无的意志。既然生活已经被视为不真实的存在，意志无法对当下做出肯定，那么，生命就成为了反应性的状态，它既自身无力，就需要先行已有的价值来引导生活，所以虚无主义既是原因，又是结果，只不过是两种不同的虚无状态，是从否定性虚无主义到反应性虚无主义的演变。"虚无主义[nihilism]中的'nihil'意指强力意志的性质的否定。"[1]在虚无主义中，意志失去了可被作用的对象，成为虚空的意志，即对于某种不可到达的彼岸的虚妄渴望。而既然虚无主义在于否定，最终这些彼岸——超越性的对象也被否定。"无物为真，无物为善，上帝逝去。"[2]"上帝死了"，尼采这句广为人知的宣言，没有把上帝作为知识的对象，也未视其为理性的来源，而只是根据意志被肯定的程度阐释了全知全能的上帝最终被人嫌恶的过程。正如厌倦了意志的最后一个教皇所说的："宁可没有上帝，宁可自己造

---

[1] Gilles Deleuze, *Nietzsche and Philosophy*, translated by Hugh Tomlinson, London: The Athlone Press, 1983, p. 147. 中文译本参见《尼采与哲学》，周颖、刘玉宇译，河南大学出版社2016年版，第314页。

[2] Gilles Deleuze, *Nietzsche and Philosophy*, translated by Hugh Tomlinson, London: The Athlone Press, 1983, p. 148. 中文译本参见《尼采与哲学》，周颖、刘玉宇译，河南大学出版社2016年版，第315页。

成自己的命运,宁可成为傻子,宁可自己成为上帝。"[1] 反应性的虚无主义杀死了上帝,作为反应性虚无主义的代表——末人(the lastman),其意志如此疲乏无力最终放弃了自身。末人们接受但不再相信那些相互取代、不停翻新的种种理念。他们对生命抱以冷漠,对于生成无动于衷。从否定性,到反应性,再至被动性,尼采以戏剧化的方式讲述了虚无主义的历史,他的剧场让读者看到了意志的生成和变化,力的聚合和消散。

虚无主义经历了否定性(negative),到反应性(reactive)乃至被动性(passive),而人的历史也从信仰上帝、杀死上帝到取代上帝这样的过程。德勒兹在此特别强调,这一过程一定不能被理解为黑格尔式的辩证法。在黑格尔关于基督之死的解释中,基督通过肉身,以当下的感性的存在而扬弃普遍性,基督又通过死亡在自我意识之内走向属于神圣本质自身,消解了有限和无限的矛盾。[2] 德勒兹认为黑格尔的辩证法只是看到了最肤浅的表面,以符号来理解神与人的和解,以二元对立的方式忽视了两者之间的相互生成,以封闭的体系断绝了生成的延续。通过否定的否定而达到肯定的辩证法表现出虚无主义的一个状态,即反应性虚无主义,因为辩证法本身不能肯定当下,它是以"不"的方式表述了对于当下的怨恨,亦无法完成对于意志的肯定,而只能通过他者而确定自身,所以辩证法是奴隶的伦理。辩证法不是思想的必然模式,反应性也不是人的本质,尽管我们对于健康的定义已经

---

[1] 尼采:《查拉图斯特拉如是说》,《尼采著作全集(第四卷)》,孙周兴译,商务印书馆2010年版,S. 325,第417页。
[2] 黑格尔:《精神现象学(下卷)》,贺麟、王玖兴译,商务印书馆1979年版,第238—239页。

预设了疾患,强者总是相对弱者而言,光总是相对于暗而言,但是这种健康与疾患、强与弱、光与暗的关系并不是两个对象之间的对立关系,而是可以相互转化,并且一同表现出生成的进行。"构成人和他的世界的并不仅仅只有一种特殊类型的力,而是一种总体的力的生成模式;并不是一种特殊的反应性力,而是所有力变成反应性的过程。"① 德勒兹把世界在表层所呈现的矛盾性收归为生命的生成和变化。辩证法的两面性实质上就是连绵延续的生命所表现出的差异性。

从辩证法,即反应性虚无主义到肯定性虚无主义的转变,也是从无法对自身的创造做出肯定的末人到完全肯定生命的超人之间的转变,但是这两种转变都发生在本质层面。超人绝不会产生于人对于自身现状的克服和超越,而是产生于对人性的克服和超越之中。"超人在我心里,他是我的首要和唯一——而且他并不是人。"② 超人作为对于人性的扬弃,他带来新的生命形式。舍弃了人性的生命是重新开始的生命,所以,超人拥有孩子一般的创造品格和轻盈的心灵。由此,德勒兹提出关于海德格尔的批评:"我们不能采纳海德格尔这样的解释,把超人化解为人的本性的实现,甚至是确定。因为人的本性并不等超人对其进行确定,它就被确定为人性,非常的人性。"③ 德勒兹越是突出超人的"非人

---

① Gilles Deleuze, *Nietzsche and Philosophy*, translated by Hugh Tomlinson, London: The Athlone Press, 1983, p. 167. 中文译本参见《尼采与哲学》,周颖、刘玉宇译,河南大学出版社2016年版,第356—357页。
② 尼采:《查拉图斯特拉如是说》,《尼采著作全集(第四卷)》,孙周兴译,商务印书馆2010年版, S. 358,第458页。
③ Gilles Deleuze, *Nietzsche and Philosophy*, translated by Hugh Tomlinson, London: The Athlone Press, 1983, p. 169. 中文译本参见《尼采与哲学》,周颖、刘玉宇译,河南大学出版社2016年版,第360页。

性",我们就会陷入越深的困惑之中:超人会不会因此而成为另一个柏拉图式的理念?我们会不会再一次落入辩证法的二元对立之中?若是把超人设置为人的对立面,那么,这只能再一次地显示我们人性的无能,再一次堕入辩证法的反应性逻辑之中。超人是被改变的人,这一改变既是彻底的,也是轻巧的。"不改变价值,而是改变价值之价值得以衍生而出的要素。赏识而非贬抑,如同强力意志一般去肯定,如同肯定意志一般去意愿。"① 改变价值之价值的本源,就是要摧毁所有价值,用批判的方式否定价值之为及价值的必然性。那么,揭示价值由来的同时,也揭示了强力意志的作为。否定性是强力意志的认识根据(ratio cognoscendi),正如在批判价值中所显现的。在认识过程中,意志的发挥以否定性为动力,以对于以往知识的质疑和悬置为开始。"肯定,反过来说,不仅仅是强力意志,是强力意志的一个性质,它是强力意志一般性的存在根据(ratio essendi)。"② 在强力意志所表现出来的两种根据原则之间,作为否定性的认知根据只有被作为肯定性的存在根据所驱逐,知识才能摆脱虚无的形式,成为被创造出的存在。而对于生命的渴望促使了意志与肯定性的结合,使得认识根据转变为存在根据,从毁坏自身到肯定自身,强力意志完成了自我的超越。在肯定生命的前提下,虚无主义被贯彻为对于既有价值的毁坏,为强力意志清除障碍,使其得

---

① Gilles Deleuze, *Nietzsche and Philosophy*, translated by Hugh Tomlinson, London: The Athlone Press, 1983, p. 171. 中文译本参见《尼采与哲学》,周颖、刘玉宇译,河南大学出版社2016年版,第366页。
② Gilles Deleuze, *Nietzsche and Philosophy*, translated by Hugh Tomlinson, London: The Athlone Press, 1983, p. 173. 中文译本参见《尼采与哲学》,周颖、刘玉宇译,河南大学出版社2016年版,第369页。

第三章 意志与强力之间的选择：海德格尔与德勒兹对尼采的不同阐发

以以永恒轮回的方式意愿生命，革新全部。超人就是虚无主义的成全者，也是永恒轮回的承担者，最根本地，他是意志之强力的肯定者和行动者。

在海德格尔和德勒兹各自描绘的救赎道路中，他们都要克服虚无主义，都要超越柏拉图主义，并且他们都许诺这番努力之后超人的到来。然而他们为超人所铺设的路径又是如此不同。对于海德格尔而言，人们的历史陷入虚无主义的危机乃是因为人自身的惰性压抑了理性的完成，导致理性的昏聩无能。而只要人能够被唤醒，那么他就能摆脱沉沦的状态，能够发挥出强力意志之强，对存在者整体做出规定。德勒兹在虚无主义的历史中指出了虚无主义的是在人性之中，是出自于认识的根据，以表面的同一性否定内在的差异。而要摆脱虚无主义，就必须改变人性，把同一性重归于存在的差异性之下，在否定性的态度中确立肯定性的立场。在海德格尔为超人所画的肖像中，他突出了强力意志之强力，即主体制定规则的绝对性，面对生命的支配力，以及创造活动的质朴性。因此，海德格尔的超人之强力并不谋求于外，而是出于生命的本能；其支配力是对于存在者的克服。以此克服而返回生命之初的质朴，将存在带入原初的澄明之中，领悟真理作为无蔽的发生。在德勒兹的超人画像中，他强调强力意志的意志主动性和肯定性，如果不能成为意志的对象，强力既无权威又无权力，所以，超人是意志的强力表达，他要废除任何限制意志的规则，却不是返回到所谓的本源之地，而是要以建造新根基的方式取而代之。因此，德勒兹的超人要持续地创造规则，保持意愿尽可能高的强力和尽可能多的丰富性。海德格尔的超人是内在的自省者,是出自生命力的觉醒,他由内而外地改变着自我乃至世界;德勒兹的超人是身体的强健者,是出自身体之力的敏感,他由外而内地改变着世界乃至自我。海德格尔的超人是心理状态中的超人,同他把虚无主义归为心理的虚弱现象一样,那么只有通过心理上的超人才能得到治愈。尽管海德格尔也指出人是通过肉身而存在,但是他始终不能安于这种身体的自然性,或者说"生理性"肉身的愉悦,即陶醉只有上升到具有形式的美,才能成为有深度的伟大风格。然而,对于德勒兹而言,身体不仅是存在的状态,而且还是思考的起点。身体的痛苦阻碍思想的惯性,以此刺激思想的真正发生。我们之所以回避身体的生理性正是因为对其的思考从未开始过。身体的陶醉不仅不会被停滞在主观的和个体的维度之内,反而预标着一种完全不同于康德主义的审美共通性——重新塑造人性的基础。

关于海德格尔和德勒兹对于尼采的解读一直以来都争议不断,其中也不乏对两者的批评,比如艾克波特·法斯(Ekbert Faas)指责海德格尔对于尼采的曲解和利用[1],凯瑟琳·马拉博(Catherine Malabou)也批评德勒兹对于尼采的私意改造。[2]海德格尔与德勒兹既是在阅读尼采,又是在透过尼采而重新思考。尼采在海德格尔和德勒兹的文本中重新返回,只不过他们为尼采预备了不同的场地。在海德格尔看来,尼采是形而上学的完成者。尼采短暂的一生,更显出其思想之丰富、其文字之微妙;正如存

---

[1] Ekbert Faas, *Genealogy of Aesthetics*, Cambridge: Cambridge University Press, 2002, pp. 214-228.

[2] Catherine Malabou, "L'éternal retour et la fantôme de la difference", *Nietzsche und Frankreich*, edited by Clemens Pornschlegel and Martin Stingelin, New York/Berlin: Walter de Gruyter, 2009, pp. 391-404.

在者整体是如此丰富，却不得不受限于瞬间的短暂。所以，当瞬间被创造成最高的瞬间，这一瞬间将在永恒中照亮存在的整体，这一瞬间将在永恒中得到轮回。海德格尔透过尼采所看到的仍是笛卡尔之后主体性的自我确立和强力意愿。尼采的超人和黑格尔的绝对精神一起呈现了主体性的形而上学。然而，从德勒兹的观点出发，尼采在永恒轮回中所传达的恰恰是形而上学的颠覆。在永恒的时间之流中，每一个瞬间都绵延至过去，又伸展到将来，任何一个光亮的瞬间都是无数不能被辨识的微小时刻的积累。光亮只是效果，是生成所留下的痕迹，然而生成却是永不停歇的，所以总有新的光亮产生，也总有光亮之间的晦暗。光与暗之间不是对立的双方，而是相生相续的连绵性。所以，尼采的谱系学所勾勒的生成历史正是为跳脱黑格尔辩证法提供了轻巧的捷径，这一点在前一章关于斯宾诺莎的校正中，已经得到了本体论上的展开。海德格尔的尼采是在林中路上，看顾形而上学的守护者；而德勒兹的尼采则是在解域的变迁中，不为思想筑居的游牧者。他们未曾相遇，也不会再相遇。

时间

第四章

从先验形式到生命内涵：
德勒兹对于康德时间概念的继承和发展

在第一部分的论证中，我们已经完成了德勒兹对于作为现代原则的主体性的解构。在德勒兹试图以个体性取代主体性的尝试中，主体成为了某种时间性的表象。作为对此主体内在性的呈现，我们有必要阐明德勒兹对于时间的构造。而在德勒兹对于时间的思考中，康德关于时间作为先验形式的理解始终影响着他。在德勒兹对于康德时间概念的继承和发展的过程中，在他对于康德哲学的诊断中，他逐渐展开了自己对于时间所灌注的生命内涵。

关于德勒兹对于康德理论的继承，史密斯（Daniel W. Smith）曾经指出："如果《差异与重复》被读成德勒兹的《纯粹理性批判》的话，《反俄狄浦斯》就可以被读成他的《实践理性批判》。"[①] 史密斯恰当地指出了德勒兹在构造理论的过程中，自觉

---

① Daniel W. Smith, "The Theory of Immanent Ideas", *Deleuze and Philosophy*, edited by Constantin V. Boundas, Edinburgh: Edinburgh University Press, 2006, p. 55.

地采用了康德对于思考逻辑所划分的不同框架。二者理论上的对位性给了我们理解上的方向，然而还需要在具体的概念上更进一步地探讨二者不同的理论构架。比如说康德的时间概念主要体现在他关于知识论的思考中，但是德勒兹却要将康德的时间概念，包括他的知识论扩展至主体性的讨论之下，因为德勒兹始终认为康德哲学的核心仍然是主体的重构。在他和迦塔利为康德的思想所描绘的图示中，他们以机械式的主体作为对于康德思想的表现。关于康德所塑造的主体，德勒兹曾高度评价现代哲学由此所具有的新方向："哥白尼革命教给我们的第一点就是，是我们自己在指挥。"①康德不仅仅是古典超验哲学的代表，同时也是现代主体哲学的关键奠基者。他向我们展示的关于主体的新形象，即自我反思和自我批判的主体内含了对于人内在无限性的肯定，因为康德关于主体定义的革新指出超越不再是主体向外追求的对象，而在于主体对于自身的超越。主体本身所包含的超越性，就体现在对于自身的反思和确定，尤其是对于感性的先验规定之中。也正是在这意义上，德勒兹对于康德的时间概念做出了阐释。

作为一个被长久追问的哲学概念，时间在思想史上占据着重要的地位。尤其是在现代哲学中，关于时间范畴的思考直接反映出了对于生命本质判断和规定的方法和态度。那么，在这一章中，我们以德勒兹的对于康德时间概念的批判为切入点，论证生命与时间的断裂实际上是理性主义思想发展的结果，进而论述德勒兹关于时间的三种综合方式。在德勒兹看来，以经验的绵延和

---

① 德勒兹：《康德与柏格森解读》，张宇凌、关群德译，社会科学文献出版社2002年版，第18页。

涌动定义时间,彰显了时间的生命内涵。德勒兹对于时间的重新思考使我们认识到沉寂在经验中的丰富多样性,以及在此论证中所表达的对于个体无限创造和生命革新的希望。

一、德勒兹对于康德时间观的批判

德勒兹曾经找到了四句诗歌总结康德哲学,第一句就是:"时间脱了轨。"[①] 这句诗歌出自《哈姆雷特》,是哈姆雷特在获悉父亲死亡的真相后,对于该罪行所发的愤怒和感怀之辞。故而"脱位"原意应当是事情不再沿着以往规定的轨道发生了。当德勒兹用这句话评议康德哲学时,他借鉴了舍斯托夫所赋予这句台词的哲学含义,以及后者对于康德理论摆脱了根基性思考方式的颂词。为了更深刻地了解德勒兹的思想资源,我们需要在舍斯托夫的思想诗篇中稍作盘旋。"时间脱了轨"——舍斯托夫曾将莎士比亚的这句经典表达赠送给胡塞尔,认为胡塞尔和哈姆雷特一样,都深深地体验到了当下的纷乱无绪。[②] 这不仅是胡塞尔的体验,也是舍斯托夫对于现代社会的感受,脱轨的时代就是失去了

[①] Gilles Deleuze, *Essays Critical and Clinical*, translated by Daniel W. Smith and Michael A. Greco, Minneapolis: University of Minnesota Press, 1997, p. 27. 在莎士比亚的原著中,这句话本为:The time is out of joint。德勒兹采用的是法文的翻译:Le temps est hors de ses gonds。法文的表达比原文更倾向于强调时间从一定的固定之物,即铰链或者合页上脱落的意思。中文译本参见《批评与临床》,刘云虹、曹丹红译,南京大学出版社2012年版,第52页。

[②] 舍斯托夫:《纪念伟大的哲学家埃德蒙·胡塞尔》,谭湘凤译,《舍斯托夫集:悲剧哲学家的旷野呼告》,方珊编,上海远东出版社2004年版,第467页。在此文集的中文译本中,哈姆雷特的这句台词被译为:"这个时代是纷乱无绪的。"另,为了保持名称的统一,将译文中的"爱德曼·胡赛尔"修改为"埃德蒙·胡塞尔"。

根基的支撑，成为无根据的世界。也正是因此有必要再为世界构造原则，重释真理；但是这一任务本身却不再依赖于任何前提或原则之上，所以奠基者要有足够的勇气承受无序存在的威胁，这正是他们的伟大之处。舍斯托夫将胡塞尔哲学所追求的新的思想基础，相比于康德在《纯粹理性批判》中所揭发的"本体论的裂缝"[①]。舍斯托夫并没有充分地展开康德的先验理论，而德勒兹对于康德阐释正是为了展现隐藏在其理论中的思想转向，也即是"时间脱轨"的方式。更具体地说，这句台词在德勒兹的借用中所表达的正是康德在其先验美学中颠覆了以往的时间概念，使我们对于时间有了新的认识。为了更好地理解德勒兹对于康德的评议，我们有必要首先明确康德的时间定义。

"时间不是以某种方式从经验抽象出的经验性概念……时间是先天地被给予的。唯有在时间中，显像的一切现实性才是可能的。"[②]时间是经验发生的形式。经验在时间中发生，又在时间中得到确定。一方面，康德认为时间并不具有客观实在性；另一方面，康德也提出，发生在时间之内的经验是不停变化的，然而时间本身却并不因为经验内容而发生变化。在这一意义上，时间抽身于经验之外，成了永恒但空洞抽象的时间。时间虽不是独立的存在对象，但毫无疑问，从康德开始，时间具有了先于经验的独立性，并且对于经验有了决定性。

康德关于时间的定义颠覆了人们对于时间的一贯理解。在康

[①] 舍斯托夫：《纪念伟大的哲学家埃德蒙·胡塞尔》，谭湘凤译，《舍斯托夫集：悲剧哲学家的旷野呼告》，方珊编选，上海远东出版社2004年版，第469页。

[②] 康德：《纯粹理性批判（第2版）》，李秋零译，《康德著作全集（第3卷）》，中国人民大学出版社2004年版，第4节，第52页。

德之前,时间往往是由发生在空间中的运动决定的。比如,一个白天意味着太阳从东向西的运动过程。在日常语言中处处显示出时间的"空间化"。"一袋烟的功夫",或者"白驹过隙",抑或是"光阴交错",这些都是用可见或可想象的画面来表达时间的流转,使不可见的时间成为具体的形象,或者成为可以在空间内标示出的某个具体的点。这种把时间转化为空间的办法方便了我们对于时间的把握,使我们更容易建立时间的共同感。所以,当我们需要约定时间时,所定下的时刻即为双方的钟表指针所指向的同一位置。古人用沙漏、水钟,乃至日晷计算时间,这些办法也是以空间的运动变化确定时间。在空间化的时间中,当我们以空间上的发生诠释时间的意义时,时间的运动被给予了中心。时间是以永恒为中心展开的时间序列。无论此永恒是神或是绝对的理念。时间围绕这些永恒而旋转,正如门板围绕门轴而旋转。故而,时间有固定的轨道,时间的完满程度总是以永恒为参照。

这种空间化时间给了生活很多方便,尤其在赋予时间以特别的意义方面更显出其优越之处。不过这种常识性的理解往往会导致推理上的困难。芝诺的运动悖论暴露了这种时间观的矛盾之处。无论是在阿基里斯和乌龟的赛跑中,还是在阿基里斯一人的运动中,抑或是飞矢不动中,芝诺都以谬论的方式质疑了运动和变化的观点。简单地说,芝诺用空间分割的方法,将时间分割为出现在空间中的点;在每一个点上,时间都是确定,也是静止的。如此综合而观,时间应当是静止的,何来时间是运动之谈?然而,我们切身的体验是,时间在每一刻、每一个当下都是在变化:其不停地成为"下一刻"。所以,虽然芝诺悖论只是呈现了逻辑上的分析与日常经验的不符,不过这毕竟暴露了时间的空间化和时间的变动性之间的矛盾，使对于时间的理解成为了一个有待回答的问题。

在康德的理论中，时间不再是空间序列，而是各个感觉片断的关系。时间赋予各个感觉片断以明确的形式，并且在心灵的反思之下，这些感觉片断更进一步地相互关联：它们之间或为先后，或为同时；或为共存，或为互斥；或为因果等各种线性关系。那么感觉不再是川流不息、模糊不清的经验之流，而成了有待理性认识的感觉片断。并且，各感觉片断的确定，也不再参照永恒确定位置；它们之间晦暗的关系，有待心灵的理性光芒将其照亮。在康德的时间范畴中，时间成了没有任何内容的虚空的永恒性。所以，德勒兹认为，康德把时间从原来的"门轴"之上脱离了出来，使时间成为纯粹的形式。康德从恒常的轨道运动中释放出了时间，使它沿着理性的直线无始无终地延伸下去。

那么，康德所提出的时间观念是否可以解决芝诺的悖论？首先，康德抽空了时间的经验内容，使时间成为了纯粹而永恒的形式，这样所谓的运动与静止就不能适用于时间了。其次，从康德的理论看，他恐怕也不能赞成芝诺对于时间的无限分割。时间作为抽象的形式不能被分割为更小的单位。芝诺所分割的恰恰是感觉片段，而非时间。所以，芝诺的难题在康德的时间概念中被完全化解。

不过，康德的时间定义也留下了很多疑问。康德依靠理性认识确定各感觉片断，并于其间建立相互的联系。问题是：为何感觉片断A会和B，而不是C相连？为何有时A和B的关联性非常强，而有时又非常弱？在康德所描绘出的线性关联中，这些关系发生的效果是方便于理性知识的建立，尽管其原因并没有彻底澄清，从而为人的自由保留了一定的余地。同时，康德对于时间的定义也脱离了曾经神圣的宗教含义，让时间不再依附于目的性，也就是说不再被时间之外的对象所定义和秩序化，而只是生命的单向流动而已。故此德勒兹提出康德的时间概念就是"一座由一条不可分割、永不中断的直线所组成的迷宫"[1]。这条直线就是生命本身，正如直线是由点的运动而形成，那么生命也是在从开端处就开始了自我的绵延、持续，每一处的经验都和其他的经验相连，呈现出不可分割，也从未中断的连续性。同时，作为迷宫本身，生命流动的意义总是不确定的。人们走出迷宫方能发现真正的出口，而生命即使到了最后，也未必能够赋予自身意义。或者说，生命在每一个时刻都需要赋予当下以意义。

对于康德的第二个质疑在于：心灵如何将时间的形式赋予感觉？感觉如何从感觉的连续性链条中被抽取出来，怎样的片段才是完整的片段？从康德的角度来看，一段感觉能成为独立的片段，是当其具有充足的意义时，当其为心灵所识别出时。那么，时间，作为心灵冠以感觉的形式，事实上是一个中介，它所连接的两端是理性的主体（Subject）和进行经验活动的本体（Self）。它所起的作用就是主体通过时间观察思考本体的经验，并对之做

---

[1] Gilles Deleuze, *Essays Critical and Clinical*, translated by Daniel W. Smith and Michael A. Greco, Minneapolis: University of Minnesota Press, 1997, p. 28. 中文译本参见《批评与临床》，刘云虹、曹丹红译，南京大学出版社2012年版，第54页。这句话本是阿根廷小说家博尔赫斯（Jorge Luis Borges）的一部侦探小说《死亡与指南针》（*La muerte y la brújula*）中的一句台词。侦探说这句话是因为他过度地解析使一个本来出于意外的凶杀案成为了一个巧妙设计的谜案。理智的过度诠释把案件变成了"那种只有一条线的、无形的、永不停顿的迷宫"。参见《死亡与指南针》，《博尔赫斯全集（小说卷）》，王永年、陈泉译，浙江文艺出版社1996年版，第155—165页。

出裁决。"这是一朵玫瑰",是对于当下的经验片段的一个结论;"这是《蓝色多瑙河》",是对一段更长的经验的判断。主体通过理性对本体的活动做出各样判断之时,却忽略了感性活动本身的复杂性和多样性。这朵玫瑰的红色绝不同于其他,这次对于《蓝色多瑙河》的演奏有其自身的特点。所以,当康德以时间的长线编织经验之链时,他所捕捉到的只是已经结晶的感觉片段,而无法理解感觉尚未结成晶体时的浑浊和杂乱。正如站在岸上的人们所看到的只会是水面上泛起的朵朵浪花,而无法感受到水面下翻腾滚动的波涛的力量。

康德对于时间的理论之所以被德勒兹批评,根本原因在于他们立场的不同。时间对于康德而言,既是经验发生的条件,又是经验被赋予意义的中介。然而,时间对于德勒兹而言,却是纯粹的经验发生。康德强调理性对于经验的约束;德勒兹却为经验本身的不稳定性和开放性申辩。不过,德勒兹并没有放弃时间的概念。相反,他在一定程度上同意时间构成了经验发生的条件。不过,如何定义时间,以及在什么意义上时间决定了经验的发生,这是德勒兹要做出回答的问题。

二、德勒兹:时间的三种综合方式

德勒兹关于时间的探讨借鉴了柏格森的时间理论。同柏格森一样,德勒兹也认为时间是意识的绵延。在这里,意识并不具有理性认识的倾向。意识活动也不仅仅是理性反思活动,还应包括非理性的感性经验。而绵延则是指心灵持守意识活动的连续性。如此,德勒兹的时间观念首先不同于空间化的时间,其次也不同于康德的纯粹直觉形式。德勒兹通过时间的定义强调了生命的连续状态：正如每一刻的感觉与思想都与上一刻以及下一刻相互融合、渗透。生命是一个不可分的整体，既非芝诺所定格的一个个静止的时刻；亦非康德所抽取出的感觉片段。显然，若只是把时间描述成生命中各种思想、情感以及感觉的相互涌动，这是不足够的。问题的关键还在于：如何从混乱中理出规律；如何在混沌中产生秩序。只有凭借规律生命才能超越经验的暂时性；依靠秩序，主体才能超越生命的个体性。德勒兹对于这个问题的回答就在于其所提出的"时间的三种综合（synthèse）方式"。

第一种综合方式就是习惯（habitude）。习惯对于生命的塑造作用是奠基性的。习惯的形成是基于重复：事件的重复、动作的重复。钟摆左右摆动的重复会使人认为这种动作会持续重复发生。重复性，尤其是有节奏的重复性，比如火车在铁轨上行驶时，人的身体随之产生的节奏性；或者音乐演奏时节拍给人带来的节奏性，都会使此刻的感觉发生扩张、舒展，具有一种持续下去的态势。因此，当人们伴随着音乐起舞时，身体的运动并不会落在音乐节拍之后，而是可以恰到好处地与节拍同步。而身体与音乐同步所产生的愉悦感根本上是来自当下感觉的自由舒展。不用借助于意识的反思，也不必着意控制身体，心灵便能无阻碍地把握时间的走向、音乐的节奏和身体的运动。

"重复不会给被重复的对象带来任何改变，它所改变的是沉思重复的心灵。"[①] 音乐的节奏使心灵舒展放松，当心灵沉思

[①] Gilles Deleuze, *Différence et Répétition*, Paris: PUF, 1993, p. 96. 这是德勒兹转引休谟的话。中文译本参见《差异与重复》，安靖、张子岳译，华东师范大学出版社2019年版，第129页。

(contempler）重复出现的现象时，就会得出超越于重复本身的结论：在A与B重复交替出现了很多次之后，如果A再次出现，我们自然而然会期待B的发生。如此，A与B两种现象构成了时间上的缩合（contraction），在A与B之间建立了一种关联。A与B的关联性首先是在经验层面形成的习惯，而不是理性反思的结果。在这里，德勒兹强调主体在习惯形成过程中的被动性。每当A出现时，关于B的感觉就会伴随着期待或想象一起出现在心灵中。B在心中的出现是不经反思的，甚至是不由自主地。其次，所构成A与B的固定关联是A-B-A-B-A-B交替出现在心灵中所产生的心理效果。所以，基于关联的主观性，德勒兹称之为习惯，而非规律性。主观性和被动性是时间第一种综合方式的特点。

这种被动的综合方式从根本上讲是不对称的："它从过去经由当下走向未来，从特别走向一般，由此给予了时间以飞矢的方向。"[①] 飞矢的方向是单一的，它来自过去，穿透现在，奔向未来；习惯将过去、现在和将来收缩在一起：现在的时刻和过去的某个时刻发生了共鸣，而下一刻也因此获得了意义。正如每当奏响《天鹅湖》舞曲时，对于白天鹅的期待会让我们开始寻觅她的身影。每一次期待的实现都会加强习惯的力量。而当习惯被强化至一定程度时，它就脱离了重复的经验，而独立存在。在这个意义上，康德就是习惯的哲学形象："通常他被刻画为一个老单身汉，每一个行动都经过精确的计划，以至于当他下午4点半走出他的屋子，在他家附近的小路上来回走上8次时，他的邻居们都

---

① Gilles Deleuze, *Différence et Répétition*, Paris: PUF, 1993, p. 97. 中文译本参见《差异与重复》，安靖、张子岳译，华东师范大学出版社2019年版，第130页。

可以以此来调校他们的钟表了。"① 所以，在康德偶然打破自己的习惯之时，邻居们的落空感反而显示出他们曾经所持的期待以及在此期待之上所建造的秩序性或规律性。尽管康德具体的生活习惯已经不尽可考，比如我们目前既不能确定到底散步是下午3点半还是4点半，也不清楚是独自散步还是与人相伴，然而当人们习惯性地如此描述康德的形象之时，那就具有了独立性的存在，转述在重复性的接受中掩盖甚至取代了真实。德勒兹以经验的重复性发生维持行为活动的持续性；由重复的积累解释生活中规律的根源所在。这在根本上否定了规律的理性身份。此外，德勒兹指出，并不存在完全的重复发生。每一次的发生都是特别的，而"相同"或者"相似"只是笼统的感觉而已。那么，看似坚固的"规律性"事实上是架构在摇摇晃晃的地基之上，实在是不能让人全然信赖其有效性。

第二种时间的综合方式可以称作"记忆"（Mémoire）。威廉姆斯也称之为"存档"（Archiving）。② 这个称谓在一定程度上道出了第二种综合方式的功能，即"储存"，将当下发生的储存起来。从逻辑上讲，需要设想这样一个时间的维度，以便于收留保存正在消退的每一个时刻；而就经验内容而言，整个过去虽然已经成为过去，却伴随着当下的发生。在德勒兹的第二种时间综合

---

① 斯通普夫、菲泽：《西方哲学史》，丁三东、邓晓芒等译，中华书局2005年版，第420页。据考康德的这个习惯最初出自海涅的妙笔，但海涅不仅为康德的散步习惯提供了时间，也描述了其他细节，参见海涅：《论德国宗教和哲学的历史》，海安译，商务印书馆2016年版，第105页。海涅笔下的康德习惯被很多哲学史书写者所采用。库恩在《康德传》中曾对海涅的这种漫画式的描述表示质疑，参见库恩：《康德传》，黄添盛译，上海人民出版社2008年版，第14—15页。

② James Williams, *Gilles Deleuze's Difference and Repetition*, Edinburgh: Edinburgh University Press, 2003, p. 93.

中，他所讨论的就是关于过去的问题，既包括过去对于现在的收留，更重要的是过于与现在的共振和相融，也就是生命的绵延。

在前文对于第一种综合方式的分析中，我们看到习惯对于当下时刻的支撑。在习惯悄然对于经验的塑造中，我们会不由自主地做出很多举动，所谓的生活模式或者风格也就如此形成。故而德勒兹称习惯为地基（fondation）。"地基关注的是土壤：它表明了某物时如何建造在土壤之上，并且如何占据和拥有它。"相比于习惯，德勒兹将记忆称为基础（fondement）。"基础则多来自于天上，它始于屋脊而达于地基，以所有者的名义分别考量着占有者和土地。"[1]泥土是用以建筑的原材料，在这里德勒兹是指那些因未加理性识别而模糊难辨的经验。由于重复的力量，类似的经验相互堆积，以至于形成习惯的大厦，成为生活中的标记。而记忆却不仅仅包裹了关于习惯的记忆，它也收留了未被习惯塑造的经验，即那些未成形的泥土。当然，记忆往往开始于已显明的标记性内容，所以，它是从上而下的运动。不过越深刻的记忆就会越多地碰触到那些晦暗的时刻，那些沉寂的泥土。

记忆往往被认为是回忆或者是一种努力回想的结果。德勒兹称这种回想为主动的记忆，即我们主动去回想每一件事情的发生，这就像是在记忆的档案馆里去寻找某些片段。当然，寻找的前提是过去的发生被收留在记忆中，故而过去可以被再现。那

---

[1] Gilles Deleuze, *Différence et Répétition*, Paris: PUF, 1993, p. 108. fondation 和 fondement 来自同一个词根 fond，其拉丁词源为 *fundus*，意为"底部或者小块土地"。而就 fondation 与 fondement 的意思而言，两者都可以表示"基础，根基"。不过，foundation 作为动词化的名词，更强调建设工程的过程和结果。而 fondement 作为纯粹的名词，更强调地基或者基础本身。中文译本参见《差异与重复》，安靖、张子岳译，华东师范大学出版社2019年版，第144页。

么，我们不得不追问：就像在档案馆里的搜寻要有线索，记忆的方向是什么？它是如何被获取的？在主动记忆的方面，德勒兹认为习惯在很大程度上决定了回忆的方向感。习惯所释放出的信号会引导着对于过去某个时刻的回想。这种回想并非对过去某个时刻的本真再现，而是在当下事件的影响中，在习惯的引导下，一个过去的发生和现在的时刻融合在一起。所以，表面上记忆是再现，事实上完全的再现是不可能的。更进一步地，尽管我们在逻辑上可以把过去设想为一个档案馆，但是其中所存的信息却随着当下的时刻而发生振荡、调整和改变。回忆，作为对于过去的重复，所带来的却是差异性而非同一性。

记忆除了主动的回想之外，还包括了被动回忆（la synthèse passive de la mémoire）。德勒兹用不自觉的回忆来谈论被动回忆的发生：不再是主体主动去寻求或者努力回想；而是记忆自己涌现出来。某些时光、某些情景冲破了当下思维的闸门，铺天盖地地蔓延开来，以至于中断了当下正在发生的动作和正在进行的思考，使人或长或短地停滞在记忆的旋涡之中。德勒兹常常以普鲁斯特的《追忆似水年华》为例，讨论记忆的不期而遇。"也许因为贡布雷的往事被破缺在记忆之外太久，已经陈迹依稀，影消形散；凡形状，一旦消褪或者一旦黯然，便失去足以与意识会合的扩张能力。"[1]但是一块玛德莱娜蛋糕入口，随着味觉的扩散，关于贡布雷的种种画面突然现于眼前；一点熟悉的味觉唤起了关于童年、少年乃至所有年华的回忆。有时，记忆突然袭来，什么也不凭借。正如北岛先生的诗篇《回忆》："烛光/在每一张脸上

---

[1] 普鲁斯特：《追忆似水年华：在斯万家那边》，李恒基、徐继曾译，译林出版社1989年版，第49页。

摇曳/没有留下痕迹/影子的浪花/轻击着雪白的墙壁/挂在墙上的琴/暗中响起/仿佛映入水中的桅灯/窃窃私语。"① 没有邀请，亦无须预备，记忆自在不经意间占满了思绪，搁置了当下。不自觉的记忆或有程度上的差别：有些记忆是关于某次经验的记忆；也可能是内容更加丰富的一段时光；更有关于人的有生以来的岁月的记忆，从起初直到现在，以至于发出人生的感慨。此外，记忆也并非全是愉悦的，尤其是不自觉的记忆，往往包括或痛苦，或羞愧，或惊恐的经验。这些经验因其对主体的各种否定性，而不愿被记起或者提及。那么这些被压抑的时光的再现至少向我们证明了两点。其一，记忆作为档案馆，对于时光的收藏不受主体的意愿控制；其二，记忆的再现，关于某段时光的重复本身也可能是不受主体意愿所左右的。

记忆，无论是作为主动的回想还是被动记忆的发生，都需要一个前提：过去与现在同在共存。这不仅仅是时间上绵延，即过去的时光一直延伸到现在，同时也是记忆与当下的经验的相互缠绕、相互混合。德勒兹提出，引起现在与过去共鸣的不是其他，而是情感的冲动。情绪的萦绕、情感的共鸣，"使我们穿透这纯粹的过去本身，纯粹的重复——也就是记忆女神，摩涅莫辛涅（Mnèmosyne）"② 由情感所激发的回忆不会是关于原初的纯粹重现，其必然是不全面的，故此必然产生不同于原初的差异性。

---

① 北岛：《北岛诗歌集》，南海出版公司2003年版，第11页。
② Gilles Deleuze, *Différence et Répétition,* Paris: PUF, 1993, p. 115. 中文译本参见《差异与重复》，安靖、张子岳译，华东师范大学出版社2019年版，第154页。在希腊神话中，摩涅莫辛涅，即记忆女神，因与宙斯同眠受孕而产下九位缪斯。她们分管音乐、爱的诗歌、史诗、天文、历史、悲剧、韵律、舞蹈和喜剧。后来这九艺被演变为九种人文学科。德勒兹对于记忆女神的引用暗示了两点：启动记忆的是情感的冲动，而非理性的命令；文艺上的创造是出于情感的冲动和记忆的孕育。

第四章　从先验形式到生命内涵：德勒兹对于康德时间概念的继承和发展

所以在情感的驱动下，每个对于过去的重复都会带来一个新的过去，一个差异。

第三种时间的综合方式可以被称为"期待"，因为它是关于即将到来的时刻的展望；也可以被称为停顿（Césure），因为它迫使正在继续的动作、正在持续的情感搁置起来。德勒兹在第三种综合方式中，首先要解决的是关于创造的问题。在前两种时间综合中，我们看到的是已发生的经验对于当下经验的影响乃至塑造。如果只有这两种综合方式，生命不免是一篇沉闷的乐曲，受制于已有的旋律。新的可能性就出现在最后一种时间方式中。德勒兹曾将其称之为未来（futur）。所不同的是，在日常表达中，未来可以是明天、明年、十年后、百年后乃至千万年后。在这种表达中，未来仍然是当下的延续，尤其是当我们用各种计划设想将其排满的时候。这样的未来并非一个敞开的窗口，而是封闭的死循环。真正的未来，正如德勒兹所言，是时间的空白形式。所谓空白的形式，即只是时间而已，别无他物。换言之，就是发生在生命中的停顿，出现在经验链条中的裂隙。

德勒兹认为，在康德关于时间的概念中，就已经孕育了生命断裂的可能性。正如前文已经讨论过的，康德的时间提供了主体（Subject）对于本体（Self）的裁决条件。于裁决而言，生命已经自动分化为两个层面：主体——反思的层面，以及本体——纯粹经验的层面。出于对理性的追求以及对经验的质疑，康德把更高的地位给了主体，使得主体决定本体所表现出的生命形式。这也就意味着生命不再是一个粘连的整体，而是分裂成了两个部分：思考和生活。德勒兹要把分为上下两层的生命拉回到一个平面；与此同时，他保留了生命中的裂隙。不过，这个裂隙不再出现在理性判断和感性经验之间；而是出现在从前（avant）与以后（après）之间，是从前的终止，也是以后的开启。

断裂意味着不再继续下去，放弃了已有的经验。这种断裂可能是出于突发事件对于人的冲击，比如突然之间的雪崩、海啸或者火山爆发，使人不能给予此时的发生以任何解释或者意义。也可以是已有解释、观点于此时不再行之有效，而迫使人们做出反思以至于创新。以绘画而言，作为现代绘画之父，塞尚提出了对于绘画的新理解，即绘画不是再现模仿，而是绘画本身——他的观点连同他的作品使再现论变得乏味无力。当然，在这两种断裂情形中，我们看到了差别：自然或者命运中的突发事件出于人的控制之外，其力量给人的震撼纵然超出人的理解力，我们也可以接受自己面对自然和命运的渺小。然而，出于人手的创造，固然可以打破既有的模式，最终仍可予其以理性的解释，赋予其以一定的意义。这是否能说明人的创造始终都是在意义的范围之内呢？绝非如此。德勒兹认为创造在根本上是一个碰运气的过程，是不断以各种可能性（包括已有的可能性和突然闪现的可能性）去尝试。其结果有很大概率是落入虚无之境，终无所成。创造的期待必须承受虚无的恐惧，而虚无之中孕育了创造的冲动。

三、永恒的轮回

在时间的三种综合方式中，分别出现的三个关键词是现在、过去和未来。德勒兹的这三个术语并不是要把时间分为这三个部分，而是要解释经验的连绵不绝和其中的多样性。所有的经验都是当下的经验；而当下的经验又是已发生经验的持续，是一种习惯支撑下的重复。所有当下的经验都在消退成为过去，并被保存在记忆中。凭借记忆，过去与当下同在。记忆中的种种情感、印象影响着当下的所感所见。反过来，当下的感觉又来加强或者改写记忆中的内容。当下的经验不会全是熟悉的情景，人所面对的不会总是可以把握的对象。陌生的处境、突至的事件打破惯性，也搁置了记忆。当下向着一个空白敞开。因此，虚无中可以生发出新意义、新生命力的可能性。

康德和德勒兹通过时间的定义是为了建构先验感性理论（transcendental aesthetics），也是为了寻找经验发生的条件：是什么影响了当下的经验；又是什么使它成为可能。所不同的是二人的立场。康德从理性主义立场出发，要找到一个无可置疑的柏拉图式的理念；而德勒兹则是从经验主义的角度，借助于柏格森的绵延理论，力图呈现当下经验的延展和断裂。"前者煞费苦心以确保所给定之物［经验的条件］可以抵抗任何可能推翻它的质疑……所以，他的推理建造在牢靠而不可侵犯的基础之上。而德勒兹则透过情感与概念、个体特别的情感建造基础。"[①]康德的基础看起来固若金汤，他认为只要去除所有经验的成分，就会得到永恒的形式，并且此形式可以作为理性管理约束经验的中介。在这个意义上，时间作为纯粹的形式，也就不再关涉生命具体的发生。相比而言，德勒兹是要给予时间以生命的内涵，通过对于时间的三种综合方式，他呈现了生命中各种经验相互涌动、混合和渗透的方式，使我们认识到所谓的时间就是已有的经验和当下的经验，以及不可预测的新的经验之间的相互作用。唯一令人费解

---

① James Williams, *Gilles Deleuze's Difference and Repetition*, Edinburgh: Edinburgh University Press, 2003, p. 100.

的是，如何再坚持生命中断裂的同时，又持守生命的整体性呢？作为对此问题的回答，德勒兹提出了永恒的回归（retour éternel）这一概念。

永恒的回归首先是尼采提出来的，分别出现在《快乐的科学》以及《强力意志》中。永恒的回归被尼采诠释为一种选择的力量，即在进化选择的科学观点中，历史成为了没有任何目的的虚无。在《快乐的科学》中，永恒的回归出自一位恶魔对人命运的昭示：

> 你现在和过去的生活，就是你今后的生活。它将周而复始，不断重复，绝无新意，你生活中的每种痛苦、快乐、思想、叹息，以及一切大大小小，无可言说的事情皆会在你身上重现，会以同样的顺序降临，同样会出现此刻树丛中的蜘蛛和月光，同样会出现现在这样的时刻和我这样的恶魔。存在的永恒沙漏将不停地转动，你在沙漏中，只不过是一粒尘土罢了。①

无人可以忍受这样的生命，除非他甘愿做无足轻重的尘土，甘愿永远安伏于现状之中。但是，这个图像本身却又像是一个诅咒，出现在每个人生命中的每一个自省时刻。尼采在这里对我们每个人的考问就是如何承受生命的无足轻重。虽然所谓的道德论能给生命以意义，然而这个意义不过是把人变成众多沙粒中的一个。所以，如果要建立真正的生命原则，你愿意它一而再地发生

---

① 尼采：《快乐的科学》，黄明嘉译，漓江出版社2000年版，第210页。

在自己身上吗？或者什么样的生命原则才可以真正地被持守，可以永恒地回归？尼采没有给出明确的回答，德勒兹以"差异性的永恒轮回"接续尼采关于生命的追问。若永恒轮回的是同一性，那么，生命必然会被碾成尘土。因为在同一性的模式中，只有和绝对的"一"或者理念保持一致，生命才能得到肯定。然而，这也导致生命失去自己的个体性，瘫痪成依靠沙漏的转动才能顺流而下的冰冷沙粒。

作为生命原则的永恒轮回，只能是对于差异性的肯定。在生命的流动中，永恒轮回的只是差异性。一般认为，永恒轮回是对于同一对象的重复，而重复的结果就是差异性的产生。[①]现代艺术中不乏有人利用重复前人的作品以呈现其中微妙的差异性。比如，杜尚的"带胡须的蒙娜丽莎"，再如王广义对于"文革"时期的宣传画的重复。已发生过的现象在新的语境之中被再次呈现出来，所带来的不仅不是简单的重复，反而是对于已发生的事件的再次敞开，是对于差异的呼唤。这是对于重复和差异的一种莱布尼茨式的解读。不过，此种理解仍然没有完全道尽德勒兹在永恒轮回中的苦心。巴迪欧在《德勒兹：存在的喧嚣》(*Deleuze: the Clamor of Being*)中反驳了关于永恒轮回的此种误解："对于德勒兹而言，并非无限性来自于运气，而是运气来自于无限性——就是你已经肯定的无限性。"[②]经验本身就是无限的多样性。每一个微小的感觉都是特殊的。在这浩瀚的经验之流中，当下对

[①] Alain Badiou, *Deleuze: La clameur de l'Être*, Librairie Arthème Fayard/Pluriel, 2010, pp. 102—111. 中文译本参见《德勒兹：存在的喧嚣》，杨凯麟译，南京大学出版社2018年版，第86—94页。

[②] Alain Badiou, *Deleuze: La clameur de l'Être*, Librairie Arthème Fayard/Pluriel, 2010, p. 109. 中文译本参见《德勒兹：存在的喧嚣》，杨凯麟译，南京大学出版社2018年版，第93页。

于感觉经验的把握必然是出于尝试性的捕捉。那么每一次看似遵循了习惯、回应了记忆的经验只是出于运气而已。在这个意义上，我们看到生命的裂隙并非只是出现在现在与未来之间。经验本身就充满了差异性。故而，第三种时间的综合方式所呈现的停顿和断裂是最深刻的。当下的经验既是出于运气的尝试，其结果也许是顺利重复再现过去的经验，即习惯或记忆得以持续和加强；也许是一个崭新的经验形式，生命中出现的变革。当然也有可能介于两者之间，既非重复，也未产生革新的效果。这样的尝试默然沉落在记忆之中。如此，表面上看似发生在生命中的裂隙，仍是生命持续的表现。更具有启发性的是，裂隙恰好表明了生命不断尝试、不停创造的力量。在经验的层面，永恒轮回的是差异性；在生命力方面，永恒轮回的是生命力的表达。因为生命不仅仅是时间上的延续，也不仅仅是经验连绵不绝的涌流，更应当是生生不息的创造，是生命意志的绽放。如此，生命才能成为个体的生命。永恒轮回并不是要否定个体性，而要使个体性成为生命真正的形式。

在分析时间的三种综合方式的过程中，德勒兹采用了现象学的方法，撇开纯理论的论证，而以经验为直接的研究对象。此外，他还在柏格森的基础上，深入探讨了时间的生命内涵，并呈现了时间与生命的本质联系。从芝诺到康德再至德勒兹，我们看到对时间的认识发生了由外在的运动，到经验的条件，以至于经验本身的转变，表现出一个由外及内、由静止到动荡的思想运动状态。正如潘于旭先生在论文中所提到的："传统的建立在经验基础上的时间观念是无法形成关于可能性存在的理解，因此，要形成面向未来的可能性存在必然要求建立时间的观念架构。"[1]德勒兹对于传统时间观念的批判，是为了打破封锁生命的死循环，使被异化成物质的时间重新获得生命的内涵。失去了刻度的时间与现代社会的生存方式似乎不太适应。故而，难免有人会质疑德勒兹哲学的实际意义。一方面，我们应当承认德勒兹关于时间的种种论证，使我们看到了生命的充盈和丰富。另一方面，我们也承认这个图景是个体生命的表达，并没有涉及集体的时间意识。对于个体性、差异性的重建是德勒兹所关怀的中心问题。或许是他想在这处处强调同一性的沉闷的环境中，吹进"一阵风"，透入"一点新鲜空气"，使人们不至于昏昏欲睡，对生命本身的力量保持清醒。以此而论，德勒兹的哲学可谓正是秉承了牛虻的精神，驱使着人们渡过涌动的时间暗流，到达那不曾封存生命的彼岸。

---

[1] 潘于旭:《断裂的时间与"异质性"的存在》，浙江大学出版社2007年版，第202页。

第五章

认识论和存在论的叠加：论康德、海德格尔和德勒兹时间理论中的超越性

在前一章中，我们已经讨论了德勒兹对于康德的诗意解读，也领略了他通过阐释其他哲学家而展现自己理论的方法。在德勒兹对于时间观念的理解中，不仅有纯粹内在性的柏格森生命哲学的一面，同时也有超越性的形而上学的一面。前者是上一章的任务，而本章的任务则是再从时间概念入手，呈现其内在的超越性。

在德勒兹和康德之间，我们置放了海德格尔。这不仅仅是因为海德格尔的时间理论是20世纪大陆哲学重要的思想成果，具有十分广泛而长久的影响力，并且还考虑到德勒兹和海德格尔的思想亲缘性。在关于尼采思想的解读中，德勒兹的文本表现出了强烈的理论意志，要将尼采从海德格尔的阐释中解放出来，并且在很大程度上保持了对于海德格尔文本的沉默。且从海德格尔的角度来看，他也从未提及过德勒兹或他的作品。但如果从海德格尔对德勒兹的影响的角度来看，我们会看到一个非常不同的情

形。根据康斯坦丁·布恩达斯的观点:"德勒兹为他最重要的哲学文本选择标题'差异与重复'是为了回应海德格尔的《存在与时间》。要求'差异'消除'存在'中最后的同一性痕迹,时间在无限差异的永恒回归中变成事件的重复。"[1]在布恩达斯的对位性解读中,德勒兹成为了海德格尔思想的继承和拓展者,他的问题既"扎根"于海德格尔,但对问题的理解又与海德格尔相距甚远。相比于前一章聚焦于时间之中的差异性,在本章中我们则是要完成讨论德勒兹如何在坚持差异存在论的前提下,仍然坚持自己作为"纯粹的形而上学家"[2]的立场。

与此同时,从德勒兹对于哲学史的理解角度上看,哲学概念的创造必然带来新一次的理解生活、建构思想的尝试。如果比较不同的哲学家关于同一个概念的再创造,也许可以帮助研究者触摸到他们观察的立场和视野的边界。那么,我们在本章中以"时间"为切入点,尝试讨论康德、海德格尔和德勒兹对此概念的不同阐释,并进而讨论其在"时间"中所酝酿的形而上学理论。其目的在于呈现思想在不同的文本和场域之中所发生的变异,包括由此所衍生出的生命构建方式的变化,从时间的概念出发探索发生在德勒兹的生命哲学和形而上学之间的思想共振。

---

[1] Constantin Boundas, "Martin Heidegger", *Deleuze's Philosophical Lineage*, edited by Graham Jones and Jon Roffe, Edinburgh: Edinburgh University Press, pp. 326–327.

[2] Gilles Deleuze, "Responses to a Series of Questions", interview by Arnaud Villani, *Collapse III: Unknown Deleuze*, edited by Robin Mackay, Falmouth: Urbanomic, 2007, p. 42.

第五章　认识论和存在论的叠加：论康德、海德格尔和德勒兹时间理论中的超越性　143

一、康德：作为内感官形式的时间

> 时间是所有一般显象的先天条件，进而是内部的（我们灵魂的）显象的直接条件，正因为此间接地也是外部显象的条件。
>
> ——康德：《纯粹理性批判》①

康德通过《纯粹理性批判》提出了关于在获取知识中纯粹理性的角色问题，并且通过对此问题的回答，他阐明了知识的根源，建立了关于知识的知识，这就是康德式的形而上学。康德提出，尽管一切知识都开始于经验，但这并不能够说明知识就产生于经验。为了确定知识的起源，康德使用了还原的方法，即去掉知识中的知性概念，然后再进一步分离出其中的感性内容，余下的就是所谓的纯粹感性形式，即空间和时间。

与作为外感官显象形式的空间相比，时间涵盖了更广泛的范围。比如，此刻我脑海中出现了曾经的对象，其没有显现在当下的外在感觉中。虽然此对象不在当下的经验中具有空间形式，但这并不影响其具有时间形式，即时间序列中的位置。所以，康德提出，时间是对象显现的必要条件，也就是说一切都发生在时间之中。这一康德式的时间概念其特别之处在于：作为经验的条件，时间不是客观实体。一直以来，时间往往被理解为一个虚空的维度，或者是一个无限延长的链条，每一个对象或者事件都在其上有固定的位置。但是，康德反对这种观点，因为其给予了时

---

① 康德：《纯粹理性批判（第2版）》，李秋零译，《康德著作全集（第3卷）》，中国人民大学出版社2004年版，第55页。

间以绝对的独立性，使其脱离经验亦能存在。而在康德看来，时间虽然先天地被给予，但它必须依附于主体：通过时间，主体给予各个表象以规定性。拥有了某种规定性，表象不再是川流不息、模糊不清的经验之流，而成了有待理性认识的表象片段。来自主体的时间形式，使事物成为向主体显现的表象，而不再是物自身。如此，康德就证明了时间的先验性不仅仅在于其先于经验的纯粹性，更在其对经验的必然规定性。

康德在论证时间的先验性的同时，也强调其直观性。时间并非由推理而来的概念，而是我们可以通过设想直观的对象。它拥有纯粹的形式。时间的先天直观性为数学知识的先天综合性提供了依据。比如数学命题，"两个奇数之和必然是偶数"，对其的证明只能通过先天的直观进行，同理于空间的先天直观和几何学的关系。我们必须在直观中设想先天的对象，进而完成命题的证明。通过时间和空间的概念，康德一方面建立了数学、几何学作为先天综合知识的根据；另一方面，他也表明了各个表象之间的秩序，不是来自外在，而是来自心灵自身，这再一次印证了康德对于显象和物自身的分别。进而，我们对于自然的考问结果不是源自自然本身，而是源于显象被给予的形式，或者说来自心灵对于感性质料的加工作用。由此，康德最终将其形而上学（meta-phyisics）的研究对象确立为心灵的理性能力，而不再是外在事物。

在康德的理论中，时间成为了经验的条件；不过不是经验发生的条件，而是经验被心灵所认知的条件。借助于时间的概念，康德标示出经验的边界；使经验成为向主体显现的表象，从而分别于显现的客体本身。与此同时，在将时间和空间定义为纯粹直观的前提下，康德论证了先天综合知识的合理性。所以，在康德的理论大厦中，以时间和空间为支柱的先验哲学最终为其形而上学做好了铺垫。

二、海德格尔：作为时间性的时间

> 时间就是此在。此在是我的当下性，而且我的当下性在向确知而又不确定的消逝的先行中能够是将来的东西中的当下性。
>
> ——海德格尔:《时间概念》①

海德格尔在定义中指明当下性向着过去和将来同时敞开。不过，在日常状态下，时间被理解为不可逆的线性状态。"光阴似箭"等类似表达，以及被撕下的日历都在提醒着人们，时间是单向的。并且，日常状态下的时间是均质的。每一秒钟的长度都是相同的，每一天反映在日历上不过是几位数字的变化。被数字化之后的时间表达更具有单向的意味。在电子屏上闪动的数字显示出从小到大的无限数列的持续。在不可逆性和数字化之间存在着张力。因为数字表达本身并不具有方向性。如果没有赋予其时间意义，在2011和2012之间并不存在先后的差别。所以，时间从根本上拒绝被数字化。"一旦时间被界定为时钟时间，那就绝无希

---

① 海德格尔:《时间概念》，陈小文译，《海德格尔选集》，孙周兴选编，上海三联书店1996年版，第24页。《时间概念》是海德格尔于1924年在马堡神学家协会上的演讲，他在此所表达的时间观念延续到了后来《存在与时间》中。

望达到时间的原始意义了。"[1]也就是说,在日常状态下,时间被视为"不可逆的"和"均质的",这种自然的时间观念仍然可以反映出时间的原始意义。不过,纯粹数字化的时间,则是对于时间的原始意义的完全遗忘。

尽管对于时间的计算在技术上越来越精准,但是就目前而言,这种单向和均质时间的再现方式和其本源一样仍然是空间性的:正是因为时间具有长度,所以才能被切分、被测量。虽然测量并不是我们和时间打交道的原始方式,但在我们的生活之中,测量时间却是不可避免的。海德格尔对此的解释是在这种测量之中,消逝的过去才能被收留和存储。在时间的测量和记录中,过去才获得了和当下、将来的联系性,才得到了安置:"此在在此多半是在日常状态中;而日常状态本身作为将来状态面前易逝的确定的时间性,只有当它与消逝之将来存在的本真的时间相对照时,才能得到理解。"[2]对于时间的测量,具有某种历史的意味,因为在此时间的链条之中,过去往往是从当下出发而被观察、被接受的。在这个意义上,此在所承载的过去,使之成为历史性的存在。

海德格尔对于时间的理解并没有止步于此在历史性的呈现。此在领受历史意义之前,已经暗示了此在对于时间性的觉知。时间如何在此在的存在状态之中显现出来,这一问题的提出比时间如何表象的问题更为根本,也因此更能揭示出此在的本质。对于

---

[1] 海德格尔:《时间概念》,陈小文译,《海德格尔选集》,孙周兴选编,上海三联书店1996年版,第23页。
[2] 海德格尔:《时间概念》,陈小文译,《海德格尔选集》,孙周兴选编,上海三联书店1996年版,第23页。

海德格尔而言，此在首先是"在世界之中存在"的存在者。或者说，"在世界之中存在"是此在的基本建构。①世界既不等同于外在的空间，在世界之中也并不只是说人占据着一定的空间，生活在一定的环境之中。在世界之中的存在往往是此在消散在世界之中。此在不仅没有凸现自己在世界之中所占据的范围，反而在劳作之中消解着自己和世界的分割线。"此在的在世向来已经在乃至解体在'在之中'的某些具体方式中。"②"烦忙""操劳"或者"操心"都刻画出此在的"在世界中存在"的本质。而操劳使此在焦灼于当下。对于当下，时间意味着前后相继的经验。而操劳则将世界的存在联络为由近及远的对象，并且将此在消逝在对象的包围之中。而正是由于对于操劳对象的委身，此在对操劳之事习以为常，进而忽略了经验之内的差异。沉沦于安定和木然，此在期望操劳之事成为常规，当下可以持续延伸。由此，时间变成了由均质的单位组成的链条。所以，在日常状态下，真正被遗忘的不仅仅是时间的原始意义，而正是此在的本质。

"此在就是时间，时间是时间性的。"③如果此在的日常状态是操劳，即委身于各种和世界打交道的活动之中，那么揭示此在的契机往往在于在操劳过程中发生的阻碍。此在对于自身存在的揭示，往往发生在一定的情态之中。在不同的情态中，此在当下性的敞开展露出其对于将来的期备，以及对于过去的遗忘。"领会

---

① 海德格尔:《存在与时间》，陈嘉映、王庆节合译，生活·读书·新知三联书店2012年版，第61—73页。
② 海德格尔:《存在与时间》，陈嘉映、王庆节合译，生活·读书·新知三联书店2012年版，第66页。
③ 海德格尔:《时间概念》，陈小文译，《海德格尔选集》，孙周兴选编，上海三联书店1996年版，第24页。

首要地奠基于将来（先行与期备）。现身情态首要地在曾在状态（重演与遗忘）中到时。沉沦在时间性上首要地植根于当前（当下化与当下即是）。"①时间性，不再是表示客观的时间的维度，而是指此在以何种情态展开自身。所以，时间也不再简单地划分为过去、当下和将来，因为当下本身就是向着过去和将来敞开的此在。此在是当下性的，又是包含过去、将来于一体的当下性。在此意义上，此在呈现出对于存在整体的思考，发现当下的自身总是处于和过去、将来的联系之中。也正是在对于存在整体的领悟之中，此在得以认识并摆脱当下的限制性。当下的存在者向着人的此在隐去，而此在也因此才能够本真地接近存在者，摆脱日常状态中"自我操劳"和"遗忘存在"的方式，进入"无"的方式："此在将自身嵌入'无'中时，就总是已经超越存在者整体之外了。"②

在海德格尔的理论中，他所关怀的首先是本体论意义上此在的存在方式。如果时间概念在康德理论中是从认识论的角度上提出的，也就是知识是关于世界的认识，那么，在世界成为认识对象之前，它和人的更直接的联系方式是：世界作为此在安置自身的场所。那么，在海德格尔看来此在的生存方式本身成为比认识世界更为本真的问题。在康德的时间概念中，时间成为综合经验的形式（synthesis of perception）。通过时间的综合，世界成为知识的对象。海德格尔拒绝了康德式的时间定义，转而提出时间

---

① 海德格尔：《存在与时间》，陈嘉映、王庆节合译，生活·读书·新知三联书店2012年版，第398页。
② 海德格尔：《形而上学是什么？》，熊伟译，《海德格尔选集》，孙周兴选编，上海三联书店1996年版，第146页。《形而上学是什么？》系海德格尔于1929年在弗莱堡大学做的教授就职讲座，后来这篇文章被收入《路标》之中。

是此在的操心状态。而世界也正是在种种的时间性中被展开。所以，世界总是被揭示为"在世界之中"的世界，不仅仅是在空间意义上被理解为此在的周遭，更包括在和世界打交道的过程中，世界成为此在所关涉的世界。那么，如果说康德通过时间的概念为其知识论奠定了形而上学的基础；海德格尔则通过时间的概念，发现我们的存在方式必然是形而上学的。此在必然以其自有的情态关注和沉思被给予之物，进而物因其被接受的方式也必然超越其纯粹的物性。不过，海德格尔并不满意于只是从认识论上提出形而上学的方式。在海德格尔看来，存在并不只是思考的对象；存在的状态提供了思考的缘由。换句话说，海德格尔并不是要回答存在在思考中被再现成什么（理式或者范畴），而是在询问思考如何遭遇到了存在，存在如何在思考中被揭示。

三、德勒兹：作为意义起源的时间

> 最终，根据这些种类和这些部分，我们所发现的仅仅是这些时间、增长的比率、发展的态势、放慢或者加速、孕育所持续的过程。
>
> ——德勒兹：《差异与重复》[1]

作为《差异与重复》的核心观点，德勒兹指出，在漫长的

---

[1] Gilles Deleuze, *Différence et Répétition*, Paris: PUF, 1993, p. 280. 原文为 Et finalement, sous les espèces et les parties, on ne trouve que ces temps, ces taux de croissance, ces allures de dévelopement, ces ralentissements ou precipitation, ces durées de gestation. 中文译本参见《差异与重复》，安靖、张子岳译，华东师范大学出版社2019年版，第367页。

哲学史中，差异（différence）往往淹没在同一性（la Même）或者确定性（l'identité）中。比如在柏拉图的对话中，对话者总是被要求在众多的"美"的事例中寻找同一的"美"，或者根据某一给定的模式确定对象的存在状态，比如在设定完美神性的前提下，定义灵魂和肉体的存在方式。在追求统一性和确定性的过程中，差异往往被定义为某些对象相互比较的结果。如此，所发生的差异是以对象的统一性和确定性为前提的。而德勒兹认为真正的差异是差异本身（la différence en elle-même），此差异不仅不能被归约为统一性或者确定性，并且后两者的显现是差异发生重复（la répétition）的结果。在差异和重复的并置中，如果德勒兹从存在论上理解差异的话，那么如何理解重复呢？或者说既然是纯粹的差异，如何再发生重复？若以人的生活为例。每天乃至每刻人的生命都处在绝对的变化之中，绝对的差异之中。然而，日复一日的生活内容形成了相对稳定的生活模式，使那些经常重复发生的轨迹成为一种可靠性，即统一性或者确定性。具体而言，德勒兹通过时间的概念阐述了重复的发生及其效果。

借鉴于柏格森的理论，德勒兹提出时间是意识的绵延。意识活动不仅仅包括理性反思活动，还应包括非理性的感性经验。而绵延则是指心灵持守意识活动的连续性。德勒兹在其时间的定义中特别强调生命的连续状态：每一刻的感觉与思想都与上一刻以及下一刻相互融合、渗透。生命是粘连在一起的整体。不过，川流不息的经验只是构成了生命的一个维度。生命在另一个维度中所提出的要求是：如何超越盲目的经验，拥有实现生命意志的能力。为了为了回答这一问题，在时间概念的基础上，德勒兹论证了时间的三种综合方式，即"习惯""记忆"和"期待"；展现了在

第五章 认识论和存在论的叠加：论康德、海德格尔和德勒兹时间理论中的超越性

经验之内意识所发生的重叠、积累和隐匿，以及在这些翻滚的意识中所蕴藏的力量。在论证中，德勒兹更加侧重于展现的不是理智对于经验的反思和管理的立场。恰恰相反，被凸显出的却是经验给予理智判断的影响。我们可以以"习惯"为例简单说明。

习惯的本质就是重复。一般对于习惯，我们往往会认为是主体对于自我行为方式的培养。德勒兹的"习惯"概念却首先要表明：主体的行为活动所表现出的模式化，如果不从主动控制的角度，而是从无意识的角度进行解释的话，则会给我们带来更加深刻的启示。比如某个动物，其习性的形成是和其奔跑的速度和长度、猎食对象的活动规律、气候的变化等因素有关。同样，某种习惯的形成也会出于某些不能控制的因素。如果抽烟形成一种习惯，当烟瘾发作时，身体便会不能控制地产生对于烟的渴望。这些行为在我们还没有意识到之前，就已经具有了一定的规律性。而当心灵对其重复性的发生进行反省时，就会得出超出现象本身的结论，赋予其一定的解释性。"重复不会给被重复的对象带来任何改变，它所改变的是沉思重复的心灵。"① 心灵所得到的就是所谓的规律性，即我们以某些理性的解释给予这些重复出现的行为以合理性，并且进而当心灵再次碰到这种现象时，自然而然就会联想起某个规律，从而期待其结果的发生。比如当人们用尼古丁进入体内刺激脑部下视丘神经所产生的振奋感来解释抽烟的快感时，那么当一个人在戒烟状态，我们自然而然也能预言其痛苦和困难。那么，从这个角度上，我们可以理解习惯对于生命的塑

---

① Gilles Deleuze, *Différence et Répétition*, Paris: PUF, 1993, p. 96. 这是德勒兹转引休谟的话，中文译本参见《差异与重复》，安靖、张子岳译，华东师范大学出版社2019年版，第129页。

造不仅仅停留于身体行动的惯性,还会延伸至心灵对于规律的思考,以及规律形成之后心灵对其的依赖。德勒兹以经验的重复性发生作为维持行为活动持续性的根据;用重复的积累解释生活中规律的根源所在。这在根本上否定了规律的纯粹理性身份。

  如果因为习惯和规律的论证,就怀疑德勒兹是不是反智主义的话,这个观点还需要参考德勒兹对于哲学和科学关系的论证。他并不认为哲学的论证能直接为科学知识提供合法性的基础。在他看来,科学通过函数公式等建立思考世界的参照面;而哲学则是通过创造概念勾勒生命的肖像。所以,以时间的累积诠释规律,并不构成对于科学知识合法性的反驳,而是从个体的存在状态出发,说明在经验不息的流动中,为何某一时刻的生命力会具有格外的强度,并且对于相邻的经验形成一定的凝聚力。而科学对于规律的确定,以及对于将来的测量则是在科学自身的坐标系统之内发生。德勒兹并不认为哲学论证经验的使命在于对抗科学的知识,更倾向于坚持在哲学和科学之间互补的可能性。如果时间在哲学之中被定义为经验的突起瞬间,被赋予生命存在的强度,那么时间在科学之中则是对于多个的瞬间的连接,显示出其在能量和状态的持续性:"一个实现的系统,一个事态或一个函数的领域的特点,在于它们都是介于两个瞬间之间的一段时间,或者说,许多瞬间之间的时间。"[①]规律正是对于两个瞬间联系的一种呈现。科学和哲学分别通向对于存在的不同角度和方法的观察,无论是科学的函数,还是哲学的概念,它们必然会不断地相

[①] 德勒兹、迦塔利:《什么是哲学?》,张祖建译,湖南文艺出版社2007年版,第425页。

第五章　认识论和存在论的叠加：论康德、海德格尔和德勒兹时间理论中的超越性

遇，而各自的思考本身也必然包含着对于对方的暗示和理解。

无论是习惯，还是记忆或者期待，其共同的特点都是以较为清晰的时间去填补较为模糊的时间。这个过程不只是为了保证经验得以顺畅地延展持续，还会同步地产生出对于经验的理解和构造，即给予经验的发生以一定的意义。相比于现象发生的预测，意义（sens）的诠释更带有综合性和普遍性。从已经发生的过去到还未来到的将来，从清晰到模糊，从现象到本质，心灵表现出良好的判断力（le bon sens）和普遍的识别力（le sens commun）。识别力在于对个体的辨别（recognition），而判断力在于对于发展形态的把握。而无论是识别力还是判断力，其本质都是对于一致性（l'analogie）的开发和对于差异性（la différence）的排斥。只有如此，才能达到普遍性和综合性的意义。

从杂乱的经验到井井有条的识别和判断，生命不再停留于盲目的冲动中，而是得以在由意义构成形而上的秩序平面中，充分展现对于经验的管理和引导。正是因为重复的经验促使现象得以聚集，思考得以聚焦，由此而生发的意义其可解释的范围也因此是有限的。换言之，意义是有边缘的；它被更为广袤的无意义（non-sens）所包围。这种无意义不是逻辑上的悖论，比如"方的圆"，而是指不能被意义化的对象，可以是我们尚未认知的对象，也可以是荒谬的经验。并且，在意义和无意义之间，不是平等的对立关系，而是前者始源于后者，又划归于后者，这一点在第一章的先验性讨论中，我们已经通过德勒兹对于意义的阐释展开过。德勒兹曾在一篇荒岛主题的文章中，通过荒岛所显现的陆地和海洋的关系比喻文明世界在自然荒芜之中的重生和再造

过程①,这一比喻也适合于说明意义和无意义之间的相互作用。陆地的出现需要积攒能量才能从水下升起;海洋冲击和销蚀着陆地,陆地的下陷乃至消失都可以显露出海洋的威胁。同时,陆地的变化显示了水底的力量;海洋的运动也不停地更新着陆地的形状和面貌,进而实现生命的更替。无名的经验,就像沉默的海洋,从那里升起意义的高地。生活中所发生的强烈的情感或者难以抵抗的空虚时刻都显现出无意义对于意义的冲击和侵蚀。也正是在这些时刻,思想得以越过意义的边缘,并在新的刺激下,重新开始对于形而上平面的构建,同时也是对于思想秩序和生存结构的重新创造:"确实从荒岛开始,不是创造本身而是'重新-创造'(la re-création)产生了,不是开始而是'重新-开始'(le re-commencement)产生了。"②荒岛既可以是大陆的边缘,也可以是海洋的顶点,在荒岛之上正是大陆和海洋的争执之处,也因此鲁滨逊要凭借自己所掌握的文明技术,征服荒岛,将其转变为"人"的世界。这是重新-创造的过程,不仅包含了如何让已有的秩序如何着陆于这座荒岛,也包括了如何在孤岛之上对于最初创造过程的模仿,以便让生命的意义在此重生。类似的,意义的重新创造也是如此,既是在事件的断裂之中,换言之无意义之中重构新的意义,同时所有的创造都是对于始源性创造的重复,都

---

① Gilles Deleuze, *Desert Islands and Other Texts 1953—1974*, edited by David Lapoujade, translated by Michael Taormina, New York: Semoitext(e), 2004, p. 9. 中文译本参见《〈荒岛〉及其他文本》,大卫·拉普雅德编,董树宝、胡新宇、曹伟嘉译,南京大学出版社2018年版,第5页。
② Gilles Deleuze, *Desert Islands and Other Texts 1953—1974*, edited by David Lapoujade, translated by Michael Taormina, New York: Semoitext(e), 2004, p. 13. 中文译本参见《〈荒岛〉及其他文本》,大卫·拉普雅德编,董树宝、胡新宇、曹伟嘉译,南京大学出版社2018年版,第11页。

是在"重复"之中生成"差异"。

从德勒兹关于时间概念的阐释中,我们可以清楚地看到,意义或者理念并非感性经验的对立面。相反,感性经验是理念的缘起和支撑。所以,德勒兹往往被当作形而上学的反对者。这种观点的确在一定程度上可以说明包括德勒兹在内的整个当代哲学对于形而上学的反思和超越。不过,在笔者看来,德勒兹理论批判的目标更多地集中于对于柏拉图主义的颠覆,即反对以贬低或否定感性经验为代价以证明理念的超越性和绝对性。而对于形而上学,他的立场并非否定。正如我们已经讨论过的,德勒兹肯定经验的力量和其多样性,但是他并未因此就否认理性对于经验的作用。思想所构建的形而上的平面是必需的,借此我们才可以抵抗混沌存在和混乱经验的威胁。所需要强调的是,形而上的平面并非固定的,也非唯一的。思想在经验的刺激下不停地运动,新概念,对于生活的新的观察角度就会持续地被创造出来。所以,德勒兹是要在论证经验的价值和思想的自由的前提下,重新肯定形而上学的地位。也正是在此意义上,我们可以称他的立场为后形而上学的思想(post-metaphysical thinking)[①],以表明他的立场既不是传统哲学中具有超越指向的形而上学,也并非彻底否定形而上学的虚无主义,而是坚持思想创造,肯定创造价值,同时也要保持思想对于世界的原则性构造和纯粹的经验之间的连续性,保持创造的持续性。从这一意义上,我们理解德勒兹的形而上学立场。

[①] post-metaphysics最初是由哈贝马斯提出。这里此概念借鉴了哈贝马斯在实践哲学的立场上对于形而上学坚持的态度。后形而上学并不是无形而上学(non-metaphysics),而是在保留形而上学的前提下,对其进行重新阐释。关于哈贝马斯对于"一"和"多"所做的后形而上学的解释,参见《后形而上学思想》,曹卫东、付德根译,译林出版社2001年版,第137—169页。

对于德勒兹而言，现象学所提出的还原，不外是把概念还原为"一种作为心理-社会学典型的经验性定见"（une opinion empirique comme type psycho-sociologique）[1]。这种还原的工作开始于意识（conscious），德勒兹却提出，无意识（unconscious），而不是意识，更应当被视为考察思想的起点。因为凡是思想着力去询问的，都是有意识的；而真正推动思想并使其触碰到问题的，却是无意识。所以，思想的启动恰恰始于拒绝现成的清晰画面，而进入无意识的模糊和含混中，继而才有可能变得渐渐清晰，才能比较明确地表达问题，即以意识可以把握的方式呈现所思的结果。值得深思的是，德勒兹对于现象学的批评是否适用于海德格尔。在海德格尔的时间概念中，沉沦的时间性可以说是一种无意识的失落状态。尽管这种时间性并不能揭示此在本真存在，对于此在的揭示却往往出于从沉沦中的"跳开"[2]。收回了对事投身的此在，使自己成为了可领会的对象。所以，海德格尔以"在世之在"作为此在的基本建构，而德勒兹所提出的意识和无意识的关系，两者之间的确有殊途同归的效果。

四、重构形而上学的不同路径

无论是康德、海德格尔还是德勒兹，他们都通过时间的概念提出了对于知识的合法性以及思想的内在结构的理解。以下就他

---

[1] 德勒兹、迦塔利：《什么是哲学？》，张祖建译，湖南文艺出版社2007年版，第413页。
[2] 海德格尔：《存在与时间》，陈嘉映、王庆节合译，生活·读书·新知三联书店2012年版，第394—397页。

们在时间概念中所透露的形而上学理论，进行比较性的分析。

对于康德而言，时间是各个感觉片段的关系。通过时间，感觉片段获得明确的形式，而经验总是感觉的综合。当下的感觉和关于过去的记忆以及将来的期待综合在一起才能形成关于对象的认识。"一个意识中包含着知觉的杂多的综合统一性，这种综合统一性就构成了感官客体的知识亦即经验的本质性东西。"[①]一方面，知识的形成关键在于感官经验的综合，并且流动的经验如何得以稳定还也需要先天的综合方式的作用，然而，经验的综合方式不可能来自经验领域。所以，要回答知识的起源问题，必须通过关于先天综合方式的考察。另一方面，因为经验总是个别的，所以关乎存在本质的任何知识，也不能从经验中获得，而只能转向纯粹的理性。因此，康德如此理解形而上学："形而上学是一种完全孤立的、思辨的理性知识，它完全超越了经验的教导，而且凭借的仅仅是概念，因而在这里理性自己是它自己的学生。"[②]看起来，康德的形而上学似乎又回到了纯粹思辨的经院哲学时代。事实完全不然。在康德之前，知识的"真"在于其与对象的契合。而康德却使人们看到，在对象被给予之前，就已经有先天的形式在规定其现象的方式了。所以，不再是概念遵照对象，而是对象遵照概念。因此，对于知识大厦的奠基就必须从纯粹理性开始。形而上学，作为知识的知识，也必须以心灵的内在经验为起点。

[①] 康德：《纯粹理性批判（第2版）》，李秋零译，《康德著作全集（第3卷）》，中国人民大学出版社2004年版，第153页。

[②] 康德：《纯粹理性批判（第2版）》，李秋零译，《康德著作全集（第3卷）》，中国人民大学出版社2004年版，第9页。

我们可以这样理解海德格尔对于时间性的定义：时间性是此在询问或者遗忘本真的存在的契机。此在在世界中投身于其所经营的对象，往往放弃去追问存在的本质。一旦当存在的本质成为问题，人们就会发现，虽然此在作为在世之在，总是为存在者所包围，然而这些存在者并不等于存在。因为存在既不是存在者的总和，也不是存在者的一般性，但是却和存在者有某种关系。所以，对于存在的追问并不能在任何一门科学知识中找到答案，而只能通过形而上学被提出并且得到回答。按照海德格尔的分析，对于存在的追问可以包括对于存在的词形、词义和所指之事三种情形。[①]词形和词义都包括在语言之内。在海德格尔看来，存在者的存在在语言中得到揭示，因为存在者通过语言获得意义。"存在者的存在通过宣告的途径而在关涉范围及其周围敞开标明出来。"[②]语言是存在者宣告的途径。通过语言，所宣告的不仅是存在者的存在，还有存在者和此在之间的关系。或者说，在道说中，此在和存在同时被照亮。所以，我们或者可以引用德勒兹的评论以总结海德格尔的形而上学："光线开启了述说就如它开启了观看，仿佛意指作用（signification）缠绕着可视，而可视也嗡嗡低语着意义。"[③]在可视和可述之间，它们是互相缠绕以至于亲密无间的。形而上学，作为存在本质的知识，必须以语言为起

---

① 海德格尔：《形而上学导论》，第二、第三章，熊伟译，《海德格尔选集》，孙周兴选编，上海三联书店1996年版，第524页。《形而上学导论》是海德格尔1935年在弗莱堡大学做的讲座稿。
② 海德格尔：《形而上学导论》，第二、第三章，熊伟译，《海德格尔选集》，孙周兴选编，上海三联书店1996年版，第496页。
③ Gilles Deleuze, *Foucault*, translated and edited by Seán Hand, London: The Athlone Press, 1988, p. 111. 中文译本参见《德勒兹论福柯》，杨凯麟译，江苏教育出版社2006年版，第116页。

点，而通过语言此在得以揭示存在的本质。

德勒兹以意识的绵延定义时间。习惯、回忆还是期待是时间不同的收缩方式。在德勒兹的观点中，正如生命的体验有高峰有低谷，时间也有收缩程度的差别。德勒兹对于差别的理解也很有特点，差别不是比较所产生的结果，而是变化本身。他曾用柏格森关于糖的融化状态来说明差异。糖在任何时候下都在发生着变化，存在亦是如此。换言之，存在就是变化，就是差异。[①]看起来，德勒兹拒绝了存在被空间化的可能性，而是从内在性的角度出发对存在做出理解。并且，存在同时既是事件的发生，又是语言的道说。事件的发生一定会被述说；述说也一定要表达事件的发生。所以，在这一点上，存在并没有被破碎成两个层次。然而，不同于海德格尔的是，德勒兹特别强调在语言和事件之间的交错。"看和说都是知识，但人们看不见他们所说，不述说他们所看。"[②]德勒兹借用福柯关于"这不是一只烟斗"的观点，说明了在可看和可述之间并不存在意向性的联结。两者之间的交错并不仅仅是因为语言有自身的结构，可视对象的发生却是自然而然的。德勒兹将两者之间的关系理解为"非关系"（non-relation），而非主体和对象的关系。举例而言，观影与阅读之间的冲突就显露了可视与可述之间的相互的重叠和分裂。在可视与可述之间

[①] Gilles Deleuze, *Desert Islands and Other Texts 1953—1974*, edited by David Lapoujade, translated by Michael Taormina, New York: Semoitext(e), 2004, p. 25. 中文译本参见《〈荒岛〉及其他文本》，大卫·拉普雅德编，董树宝、胡新宇、曹伟嘉译，南京大学出版社2018年版，第28—29页。

[②] Gilles Deleuze, *Foucault*, translated and edited by Seán Hand, London: The Athlone Press, 1988, p. 109. 中文译本参见《德勒兹论福柯》，杨凯麟译，江苏教育出版社2006年版，第114页。

意向关系的断裂带来了对于知识的质疑。因为无论是观察还是述说，都不存在主体和客体的区别了。在看到和说出之前，已经有先验的领域孕育看和说的可能性。

从康德，经过海德格尔，直到德勒兹，在他们的时间概念以及形而上学理论中，反映了现代哲学（包括当代哲学）的一个思想动态。一方面，思想的出发点或者界限成为追问的对象，作为回答，康德创造了先验理论，而海德格尔诉诸此在内在的超越性，德勒兹则重申其经验主义的立场。这也意味着所有思想的起点，甚至是生活本身的支点，都是由人所建构的。所以，人是他自己的作品。另一方面，通过自我批判，思想要求自我超越。只有通过自我超越，思想才能证明其并非被给定的事实，而是拥有不竭的创造力和对于自由的无限渴望。那么，作为作品，生命永远处于尚在锻造的状态。也正因此，德勒兹以无限的生成对生命满怀期待。

第六章

认识真理和行动自由的叠加：德勒兹的"新康德主义"

在德勒兹看来，现代哲学思想的来源乃是康德，因为正是康德将时间从运动的测量之中释放了出来，使得时间成为时间，也使现代性的哲学表达成为可能；同时又是康德构造了理性的法庭，使人的判断基于自身的理性，而不再是外在的原则。所以康德的思想在许多方面都构成了现代哲学的转折点，他大大地开创了哲学的领域。康德在理论上的开拓性让德勒兹痴迷，但是他严密的理性法庭也让德勒兹紧张。在本章中，我们将着重讨论德勒兹在继承康德批判方法的基础上，对于哲学使命的重塑。哲学是为了寻求关于人的真理，或者，哲学是人的思想所留下的轨迹？康德提出思想朝向真理前行，是为了认识人自己。然而，康德哲学所塑造的人的形象在德勒兹眼中却成了对于自由的羁绊，是对于思想的束缚。为了理解思想在康德和德勒兹之间的转变，论者在这里考察了德勒兹对于康德的理性主义的批判，以及德勒兹对于思想自由的论述。

作为理性主义的代表，康德通过先验论不仅以理性概念建构了经验，同时也为其形而上的理念论奠定了基础。德勒兹却认为，理性概念不是先天被给定的，而是出于思想的创造；而主体亦非经验的管理者，因为繁多的经验无法为固定的规则所统一。如果理性概念被抬高至永恒的范畴，主体被当作经验的规范者，那么，所谓的理性范畴和超验的主体不过是从思想、从经验中升腾而起的幻象而已。这些幻象只能暂时阻挡思想的自由运动，必然会被思想的创造所超越。相对应于康德的先验理性论，德勒兹提出了思想的纯粹内在性和先验经验论。思想的运动不以任何范畴、形式为前提。经验所引发的对于生活的思考，尽管是非哲学的，却蕴含了哲学思想，预备了概念的创造。借助于经验本身的多样性，我们得以创造思想的差异性，进而超越任何对于思想的辖制。

一、德勒兹对于康德先验理论的批判

在《纯粹理性批判》中，康德提出理性概念超越于经验之上且规定着经验的意义。康德认为，繁多的经验必须通过范畴得到规定，如此，我们所知的才会超出我们所经验的。举例而言，假如不借助于因果范畴，经验不过是一些片段。如果这些片段经由因果范畴加以整理，我们就能得知一些现象导致了另外一些现象的出现。知识意味着对经验之间关系的判断，以此，知识使主体超越经验的局限性。知识的本质在于必然性和普遍性，而这些是经验所不具备的。康德对于知识的超越经验的要求，从根本上来说既是对于休谟的继承，也是对于休谟的修正。在《人类理智研

第六章 认识真理和行动自由的叠加：德勒兹的"新康德主义"

究》中，休谟检查观念的来源，并且指出任何观念不可能来自经验。只要经验仍然被作为个别事件来对待，那么经验就仍然只是经验。"但是如果某一特殊事件在所有的情况下，总是与另一事件集合在一起，我们就可以毫不踌躇地预言，在这一事件之后将出现另一事件，并毫不踌躇地使用这种唯一能使我们确信任何事实或存在的推理。"①一方面，休谟试图否定经验对于规则的生产能力，任何经验都不足以产生规则。在此意义上，规则在心灵之中的产生就成为了心灵纯粹的创造，而此心灵创造的原动力仍然在于习惯，这一点我们已经在第四和第五章中展开。而另一方面，心灵的这种创造是必要的，以便在规则的指导下超越经验的片段性。故此，德勒兹认为，康德关于知识的观点仍然是受到休谟的影响。"休谟实际上是第一个通过这种超越性来定义知识的人。"②康德通过先验分析的方法超越休谟的怀疑论：在关于物体的表象中抽去来自感觉的部分，而显露出纯粹的经验直观；以及在知识之中寻求纯粹知性和理性知识的理念，从而显现出思维对象的先天方式，也就是先天的概念和原则。他强调这些纯粹的感性形式和逻辑形式都是先天地被给予的，是先验的。其有效性是不容置疑的。也正是这些先验形式保证了知识的合法性，以及主体对于经验的超越性。

对于经验的超越是需要代价的。按照康德的要求，所放弃的

---

① 休谟：《人类理智研究》，吕大吉译，商务印书馆1999年版，第66页。
② Gilles Deleuze, *Kant's critical philosophy: the doctrine of the faculties*, translated by Hugh Tomlinson and Barbara Habberjam, Minneapolis: University of Minnesota Press, 1984, p. 11. "Hume, indeed, was the first to define knowledge in terms of such a going beyond." 中文译本参见德勒兹：《康德与柏格森解读》，张宇凌、关群德译，社会科学文献出版社2002年版，第15页。

首先是感觉的多样性。在概念的作用下，感觉相互之间聚拢和关联，共同地获得整体性，进而成为思考的统一性对象。将概念运用于感觉的过程事实上是对感觉进行过滤筛选的过程。感觉所包含的多样性要服从于概念的同一性。康德认为，概念总是先行于经验。这就意味着，我们只能经验到我们可以思考的，只看到符合理性概念的对象，只听到符合理性规定的声音。把经验置于思考之下，这必然导致对经验本身的束缚。

其次的代价是思想的自由。借助于那些现成的范畴，康德为思想设立了边界。思想本身也要有法可循。在感觉和思想之间，感觉经由思想本身固有的法则，被规定到关系之中。既然这些法则是被给予的，那么，这些法则也是先天地被规定的，无法更改。这些法则不仅仅是为经验而设，也是为思想而设。我们只能在这些法则的允许下思考。思想成了一种自我重复。

最后的代价是来自个体的情感。这是康德一开始就要求我们抛弃的。为了知识的缘故，个人情绪必须被放弃。原因显然在于情感是主观的，它完全取决于个体的主观感受，情感绝没有必然性和普遍性，故此，它必须被排除在认识活动之外。这里所提出的问题并非如何将情感弃置于知识之外，而是如何解释情感的作用以及排除情感的可能性。情感，作为我们的主体本有的生命状态，必然伴随着我们所有的经验的活动和非经验的活动。那么，到底有没有可能将情感排除于知识之外？已经有很多情绪的科学研究表明了情绪对人类的认知过程有重大影响，包括感知、注意力、学习、记忆、推理和解决问题等多个方面，简单地说情绪几乎可以调节认知的各个方面。康德在理论上对排除情感做出的假设，不过是因为他担心情感的不确定性影响了知识的稳定性。而这一点反过来恰恰证明了情感的独特性以及它不受思想控制的能力。

借助于先验论,康德为知识设立了基础,进而也为他的形而上学做好了准备。在思想对经验的规定中,具有绝对的规定性。靠这些法则建立起的知识大厦使我们得以摆脱川流不息、变幻不停的经验,并且成为"高高在上"的主体。康德挽救了超越的主体。但是,让我们参照于德勒兹的批评来进一步认识康德所建立的主体:

> 康德找到了拯救超验性的现代方法:超验性不再是针对某物而言的超验性,也不是某个高于任何事物的一(静观),而是内在性的领域有条件地归属的某一主体的超验性:内在性的领域必须同时属于一个必然将该主体再现给自己的自我(沉思)。[①]

德勒兹所言的内在性领域是指经验的发生和思想的运动的平面,即为生命自我展开的领域。当此内在性的领域归于主体的超验性时,则是在暗示在康德对主体的定义中,主体用于管理经验的法则是出于主体自身的理性。在这一自我管理、自我约束模式中,主体为自己立法,为自己守法,在主体向自己再现自我的过程中,实现了自己对于自己的超越。所以,康德的超验性,不再是将超验性交付给主体之外的对象,而是将其交付给主体自己。这再次回应了德勒兹对康德的评论:"(康德的)哥白尼革命所教

---

① 德勒兹、迦塔利:《什么是哲学?》,张祖建译,湖南文艺出版社2007年版,第263页。

给我们的第一件事就是：是我们在立法。"①立法者同时也是守法者。这是康德为生活，包括经验和思想所做的定义。我们将生活交给自己所设的律条，并且遵照这些律条建构生活——不停地重复同样的构架，复制已有的模式。单调的生活模式让我们体会到了毕希纳通过丹东之口发出的无奈：

> 真是无聊极了，总是要先穿衬衫，再往上穿裤子，夜里上床，早晨再从床上爬起来，先迈一只脚，再迈第二只脚，这一切什么时候才能换换样子，简易一点希望也没有。真惨啊，在我们之前，亿万人就在做这些事情，在我们之后，亿万人还得这样做，此外我们的身体还偏偏要分成左右两半，两边都得各做一遍同样的事情，结果又加了一倍的麻烦。真是让人伤心极了。②

我们必须承认的是，丹东对于日常状态中重复动作的抱怨和康德对于律条的创造和守护，远远不在一个心理层面之上。丹东对于自然法则的抱怨，他对于无法停止暴力的革命的疲惫，都表现出他对于日常秩序的矛盾：他既厌倦于去满足身体的自然需求，也不想顺从暴力的惯性将革命的理想纯粹地贯彻到底。但

---

① Gilles Deleuze, *Kant's critical philosophy: the doctrine of the faculties*, translated by Hugh Tomlinson and Barbara Habberjam, Minneapolis: University of Minnesota Press,1984, p.14. "The first thing that the Copernican Revolution teaches us is that it is we who are giving the orders."
② 格奥尔格·毕希纳:《丹东之死》,《毕希纳全集》,李世勋、傅惟慈译，人民文学出版社2008年版，第64页。德勒兹对此的引用参见Gilles Deleuze, *Difference et Répétition*, Paris: PUF, 1993, p. 10. 中文译本参见《差异与重复》，安靖、张子岳译，华东师范大学出版社2019年版，第12页。

是，如果自然的法则被赋予道德的神圣性，如果日常的状态获得了超越性，那么人们就会更容易地接受重复的训练，正如在基督教对于日常的神性升华中，每个时刻的发生都将具有可阐释的信仰维度，也因此可以让人循规蹈矩地安于现状。在此前提下，我们有必要将此同一性的重复区别于第三章中的永恒轮回。此处的重复是对于规定生命的原则的重复，在重复之中，早已遗忘了此原则最初所具有的创造性，忘记了康德在提出先验理性时，他对于思想的新发展所做的贡献。这种重复要将原则视为永恒的真理，在此前提下，这是对于人内在创造性和自由追求的舍弃。在此前提之下，生活成了一个自我复制僵死的模式。而要想从这种封闭之中找到一个出口，我们就得舍掉至上的理性概念，放弃对于经验的统一性的要求。事实上，这种封闭的模式并不能完全决定生活，既有的理念也不能淹没思想的创造，多样的经验仍会逃逸对于其的规定。超越规定性，实现自由，这是德勒兹对于思想本质的定义。

二、德勒兹：思想的内在性平面

在《什么是哲学？》中，德勒兹将哲学定义为概念的创造，并且以这种观点审视哲学史。在十分微薄的发展逻辑下，概念的创造可以理解为思想对于思想的超越。但是，这也意味着思想的发生不以任何框架为前提，亦不能被某一种律条或问题所限制。我们甚至可以由此去质疑哲学史书写的可能性：如果以一个问题或者观点去统筹哲学史的话，那么，必然只能选择性地呈现不断被重复的概念，也因此会失去哲学思想的丰富性。概念的丰富和思维方式的复杂不仅仅表现于历史上的多样性，也表现于地域上的差异。虽然德勒兹和胡塞尔、德里达等很多欧陆哲学家一样，也认同哲学本身所具有的欧洲属性，但是他对于哲学的诞生之地希腊的分析，却是要表明这一思维是由外来移民带到希腊的城邦生活之中，具有一定的偶然性，以此区别于将哲学视为欧洲理性发展的必然结果的狭隘观点。无论是在印度，还是在中国，都存在着哲学："能不能认为存在着中国哲学，印度哲学，犹太哲学，伊斯兰哲学呢？可以，只要思维在一个既可以被形象，也可以被概念所布满的内在性平面上进行。"[1] 德勒兹对于中国哲学的理解并不全面，他用太极八卦图、阴阳卦象来解释中国的思维方式。[2] 事实上，很多欧陆哲学家都愿意将道家之中的部分思想当作中国哲学的全部内容，也因此都有很大的偏差，同时也说明图象本身穿越不同思想传统时所表现出的说明力，要比语词概念更直接。尽管一般会认为概念比形象本身更抽象，他仍然认为这种形象式的思维可以和概念思维一样，都能够描绘出世界的结构，创造生命的原则。在此意义上，德勒兹和迦塔利在《什么是哲学？》中所提出的地理哲学（geophilosophy）大大拓展了哲学作为一种思维方式所具有的内涵，一方面说明了思想的产生和生活世界的

---

[1] 德勒兹、迦塔利：《什么是哲学？》，张祖建译，湖南文艺出版社2007年版，第331页。

[2] 从德勒兹和迦塔利给出的参考文献可见，他们对中国哲学的了解主要来自程抱一和弗朗索瓦·于连（又译为弗朗索瓦·朱利安），前者的著作是François Cheng, *vide et plein - Le langage pictural chinois*（《虚与实——中国图画语言》），Paris: Éditions du Seuil, 1979；后者的著作是François Jullien, *Procès ou Création: Une introduction à la pensée des lettrés chinois*（《过程或创造：中国文人思想导论》），Paris: Éditions du Seuil, 1989。参见《什么是哲学？》，张祖建译，湖南文艺出版社2007年版，第329页下注。

第六章 认识真理和行动自由的叠加：德勒兹的"新康德主义"

密切关系，而另一方面也表明了思想无论是其表达方式，还是逻辑结构都没有普世的统一性。这种地理哲学的概念在很大的程度上都具有现代性的特点，既用哲学隐含了某种一致性，但是又通过地理将此一致性差异化和具体化。由此概念所提出的"他者文化"的可能性，我们也将在后文的讨论中展开。但就此现代性统观之下的差异思维而言，德勒兹借此概念提出思想的本质就在于创造差异，实现自我表达。

康德以先验论确立了思想的起点，德勒兹以内在性平面作为思想的发生领域。"内在性平面既不是一个被思维过的概念，也不是一个可思维的概念，而是一幅思维的图景，是思维为了显示什么是思维行为，如何使用思维以及在思维中确定方向等而给自己规定的一幅图景。"[①] 内在性平面，作为思想的平面，是为思想所自我敞开的领域。内在性平面随着时代的不同也有变化。思考所意味的事情，对于古希腊人而言和对于中世纪的神学家，对于笛卡尔、康德，以及对于当下的我们而言，大相径庭。但这并不是说，思想的领域是被各个历史时期的流行的思想所决定的。思想的绽开，意义的生成，在第一章中我们就已经讨论到其并不是自然而自觉的，而是在遭遇到思想的界限、意义的失效的事件之时，思考的冲动才会重新被激活，新的意义结构也逐渐被摸索，在积累中逐渐稳定成型。所以，在这一前提下，德勒兹强调，思想必须和那些想当然的观点、庸俗的意见（opinion）区别开来。在某种程度上，思想必须抵制意见，以便于进行真正的思考。以康德的哲学为例。在康德对经验的分析中，他把经验分为若干部

[①] 德勒兹、迦塔利：《什么是哲学？》，张祖建译，湖南文艺出版社2007年版，第250页。

分，并且逐一地检查，去除那些易变的内容，以此逐渐为知识清理出一个稳固的根基。康德将自己转变为一位挖掘者，他把经验刨开，为了寻找藏在其中的"真理"——不同于意见的真理。思考必须以和意见的作战为开始。意见是完全非哲学的。它从不要求思考，只要求重复和再重复。同时，意见的力量却是强大的，占据着主流的位置，且以所有人的名义讲话——"每个人都知道"。为了摆脱这种大而空的意见的影响，哲学有时不得不表现得像个白痴在思考（比如笛卡尔），向"每个人"都坚信不疑的东西提出疑问；甚至像是一个疯子在讲话（比如尼采），提出了还没有人准备好去理解和接受的真理。

哲学是反意见，而不是要违背生活。相反，哲学总是包含了一些关于生活的非哲学的理解。这里的"非哲学"不是哲学的反面，而是哲学在生活中所投下的身影。"也许，所谓非哲学比哲学本身更接近哲学的核心，而且意味着哲学不能满足于仅仅得到哲学上或概念上的理解，而且，就其本质而言应当面向非哲学家认识。"① 德勒兹在这里搭建了哲学和生活的联结。哲学不是凌驾于生活之上。哲学中所宣告的真理也不在生活之外。本质上说，哲学总要包含对于生活的非哲学化的洞察。对生活的非哲学的理解正是哲学观点的雏形，是人出于对生活的思考——真正地沉思，而不是借助于意见。思考不屑于意见的喧嚷。所以，对于生活的思考和理解虽然是非哲学的，却是准哲学的，它是哲学最初的工作。另外，非哲学的洞察必须要通过创造新的概念才能得以表达，才不至于落入陈腐的思维模式之中。而新的概念需要

---

① 德勒兹、迦塔利:《什么是哲学?》，张祖建译，湖南文艺出版社2007年版，第256—267页。

被解释，以表达其中所蕴含的新的思想、新的内在性平面。这里的"内在性平面"不能和前面的理解有所混淆。新的内在性平面和新的概念是同时被创造出来的。笛卡尔创造了"我思"这一概念，与之对应，新的思想的模式、新的思维方向、新的思考的可能性，都一并被激发出来。当康德提出先验论，他也是在为思想提供新的内在性平面。那么，在这个意义上，哲学史可以被视为思想的内在性平面不断变更的历史，是哲学家创造概念和突破思维模式的历史。

德勒兹强调，内在性平面的特质在于其"内在性"。思想的平面除了内在于它自身，不能被嵌入其他任何对象之内。一旦思想被置于某种对象之中，思想就会退缩成为工具化的概念，而统摄思想的对象则具有了超验性，凌驾于思想之上。这就是发生在康德哲学中的先验理论。当康德把思想当作认识，并且要为思想设置先验前提的时候，他已经默认了先验范畴是思想前行的工具，而真理是思想的目的地。故此，德勒兹批评康德牺牲了思想的自由，把思想的行动限制在既成原则和界限之内。德勒兹坚持思想平面的内在性，力图将思想从任何束缚中解脱出来。哲学作为思想的行动也因此不受外在于思想的真理所左右。"哲学不在于知道什么，而且它并非从真理中取得灵感，哲学重视例如有趣与否、卓越与否、重要与否等范畴，这些范畴决定它的成败。"[1] 虽然哲学作为思想的行动，她的道说不在于知识或者真理，这并不表示，哲学之于生活毫无意义。她对生活的意义不是通过"真知识"或者"真理"而表达，而是通过自由的思想。

---

[1] 德勒兹、迦塔利：《什么是哲学?》，张祖建译，湖南文艺出版社2007年版，第316页。

自由的思想——无限的思想运动,绝非一帆风顺。从思想内部总会升起某些假象或错觉,这些假象是要把思想交诸现成的"真理""原则"或者"信念",阻挡思想的前行。德勒兹,参照斯宾诺莎和尼采的哲学,介绍了这些假象的名单:超验性的错觉、普适性原则的错觉、关于永恒的错觉、推论性的错觉。[1] 这些错觉或假象的共同点在于它们的规定性:以已有的原则、信念或价值去规定思想。但是,如果我们考察这些所谓的真理的源头,莫不发现它们均是出于思想的创造。所以,这些假象产生于思想本身。它们是一种重复,对过去的重复,并在重复的基础上建立思想的模式,是一次规定思想的运动。

要摆脱这些假象的迷惑,我们需要新的概念、新的思路。思想的多样化可以克服僵死的再现论。然而,我们不会自觉自愿地改变思考的方式,除非我们迫不得已。"(如果)世上有某样东西迫使我们思考,这样的东西不是我们所熟识的,而是一次原初的遭遇。"[2] 和陌生者的遭遇会触动我们的神经,动摇我们的冷漠,唤醒我们的漫不经心,使我们投入沉思。

三、作为可能世界的他者

和陌生者的遭遇迫使我们思考,是因为现有的思想无法解释全新的经验。为了使之可被理解,我们必须创造新的思想。在

---

[1] 德勒兹、迦塔利:《什么是哲学?》,张祖建译,湖南文艺出版社2007年版,第268页。

[2] Gilles Deleuze, *Difference et Répétition*, Paris: PUF, 1993, p. 182. 中文译本参见《差异与重复》,安靖、张子岳译,华东师范大学出版社2019年版,第244页。

第六章 认识真理和行动自由的叠加：德勒兹的"新康德主义"

这个意义上，陌生者的到来为我们开启了一个可能的世界，一个不同以往故而充满了神秘和新奇的世界。德勒兹对于作为陌生他者的讨论，曾经在早期的《差异与重复》和《意义的逻辑》中略有涉及，而在此后的《反俄狄浦斯》《千高原》，包括《褶子》和《福柯》等重要的文本和讲稿之中都隐匿不见。直到最后的《什么是哲学？》，德勒兹再次打开了对于作为可能世界的他者的描述：

> 某时某刻有着一个平静安闲的世界。忽然间浮现了一张受惊的脸孔，在看着画面以外的什么东西。在这里，别人既非主体也非客体，而是作为——这可是另一码事——一个可能的世界出现的，代表着一个令人惊惧的世界的可能性。这个世界并不真实，或者说尚未变成真实的世界，然而并不因此而不存在。它是个仅仅存在于表达方式里的表达之物，一张脸孔或者某种相当于脸孔的东西。所谓别人，首先就是一个可能世界的这一存在。[①]

> Il y a, à tel moment, un monde calme et reposant. Surgit soudain un visage effrayé qui regarde quelque chose hors champ. Autrui n'apparaît ici ni comme un sujet ni comme un objet, mais, ce qui est très différent, comme un monde possible, comme la possibilité d'un monde effrayant. Ce monde possible n'est pas réel, ou ne l'est pas encore, et pourtant il n'en existe pas moins: c'est un exprimé qui n'existe

---

[①] 德勒兹、迦塔利：《什么是哲学？》，张祖建译，湖南文艺出版社2007年版，第221—222页。

que dans son expression, le visage ou un équivalent du visage. Autrui, c'est d'abord un monde possible.①

考虑到语言表达中的敏感性,我们特意呈上了法语原文。在原文中更能显现出这段话之中所包含的关键思想,也因此更有利于帮助我们接近德勒兹关于他者的理解。首先,无论是他者的出现,还是对此出现的描述本身都预设了发生的场域。德勒兹对此所选用的表达是"il y a"(there is,有),这一表达经由列维纳斯解释而成为法国哲学中的典型概念,针对海德格尔以"此在"和"存在者"的实存为前提的存在理论而提出。在《时间与他者》中,列维纳斯以所有人和物都脱落自身之后所余下的虚无之场来解释"有"(il y a):"在这种对所有事物的想象性毁灭之后所留下的不是某物,而只是'有'(il y a)这一事实。这种所有事物的不在场回归为一种在场:就像是一个所有东西都沉没了的地方,就像一种空气的稠密,就像一种空无的满盈或沉默的窸窣。"②对于"il y a"的想象,既是所有存在者隐匿自身后所化成的虚无之境,同时也是任何经验展开自身的初始之境。在列维纳斯"il y a"的否定性中包含着肯定性:无实存者的实存;不在场的在场;无人称、无主体和无实体的匿名性;以及这种纯粹实存本身的不可逃避性③。"il y a"的提出是要以纯粹的存在状态取代具体存在的优先性,极力地卸去经验发生的前置条件,是要撤回

---

① Gilles Deleuze et Félix Guattari, *Qu'est-ce que la Philosophie?*, Paris: Minuit, 1991, p. 22.
② 列维纳斯:《时间与他者》,王嘉军译,长江文艺出版社2020年版,第15页。
③ 王嘉军:《存在、异在与他者:列维纳斯与法国当代文论》,上海社会科学院出版社2019年版,第51页。

第六章 认识真理和行动自由的叠加：德勒兹的"新康德主义" 175

主体的筹划，抵抗主体意识的参与，而仅仅以"有"的方式打开存在的存在状态。德勒兹直接借用了列维纳斯的这个概念，但是他要更进一步地赋予在此"有"之中存在的时间性，以及在此时间性之下的情态性，也就是"某时刻下的平静安闲的世界"。

"平静安闲的世界"（un monde calme et reposant）也就是舒适安心的世界。相比于海德格尔以操心劳作定义人的日常状态，以"畏"理解主体性的警醒时刻，法国哲学家比如列维纳斯，或者巴什拉在构造人的存在时，却要从"幸福"出发理解其日常状态："存在（être）是幸福（bien-être），人的存在（l'être humain）被置于一种幸福之中，置于和存在有着原始联系的幸福之中"①，以及"幸福并不是存在的一种偶然之事，既然存在是为幸福而冒险"②。幸福是人在存在之中所追求的目标，也是人的存在的安歇之处和力量之源。如果没有对于幸福的理解和期待，那些操劳和忧虑又有谁甘愿忍受呢？虽然对于幸福的内容各有不同，但处于幸福状态之中的主体是放松的，平静而安闲的，以其自身所创造的结构将世界条理化，并安居于此井井有条的秩序之中。无论是思想还是感觉，包括表达的方式都已经被置入确定性之中。这个世界可以是个体的，也可以是群体的，如果说此主体性的结构同时也被更多的人所共享，那么他们就共同地生活在一个世界之内。比如在柏拉图的《理想国》中，每个人和其他人在思想、情感和表达上都没有什么不同。不同的仅是个体在生活世界的位置。每个个体都被置入如此已定的世界中，已有的规范塑

---

① 加斯东·巴什拉：《空间的诗学》，张逸婧译，上海译文出版社2013年版，第6页。
② 列维纳斯：《总体与无限：论外在性》，朱刚译，北京大学出版社2016年版，第91页。

造着个体生命的展开。那么在此前提下，德勒兹对于他者的要求并不呈现于自然人之间的自我和他者的区别，而是各自内在的经验结构的不同。在此前提之下，才有可能遇到他者。

"一张受惊的脸孔"（un visage effrayé），来自于外的这副受到惊吓的脸孔打断了主体在自我世界中的舒展和放松。visage在这里被翻译为脸孔，但是在列维纳斯的汉译文本之中被广泛地翻译为"面容"，这一翻译也许是因为列维纳斯的犹太信仰而自觉接受了《圣经》的翻译。比如对于耶稣的预言性描述："他的面貌比别人憔悴，他的形容比别人枯槁。"[1]（《以赛亚书》52：14）列维纳斯的"面容"（le visage）的概念在汉语研究中和"面孔"（la face）相区别[2]，前者专属于人，专指人脸，后者则指向了广泛意义上的外表，包含了动物之脸。在德勒兹的文本中，他对于"面容"并没有特意地区别，但是他对于人和动物的辩证关系我们将在以后的章节中再展开论证。此处所出现的"面容"也在一定程度上借用了列维纳斯的概念，尤其是在面容之中所显现的"他者"："面容拒绝占有，拒绝我的全能。在它的临显中，在它的表达中，那可感者，那仍然是可掌握者，变成了对于把握的完全抵制。"[3]在自我和面容的相遇中，面容以对于自我的拒绝和抵制显现为他者。在德勒兹的理解中，这种自我所不能通达的面容，就是他异性的显现，于是自我世界的界限显露出来，因为

---

[1] 所对应的法语《圣经》为：Tant son visage était défiguré, Tant son aspect différait de celui des fils de l'homme.
[2] 参见朱刚：《多元与无端：列维纳斯对西方哲学中一元开端论的解构》，江苏人民出版社2016年版，第67页；王嘉军：《存在、异在与他者：列维纳斯与法国当代文论》，上海社会科学院出版社2019年版，第59页。
[3] 列维纳斯：《总体与无限：论外在性》，朱刚译，北京大学出版社2016年版，第182页。

在自我同一的世界之中，既然每个人都与其他人的所思所感所言相同，在如此的群体中，个人不会有差异表达的需要和可能。进而，个人也不能显现出自我的面容，将自我从众人中区别开来。一张面容的出现已经暗示着一个不同寻常的世界的出现。那么，这里所出现的脸孔在表达什么呢？这张脸的表情略有特殊——这张脸充满了惊恐。这张惊恐的脸和周围祥和的气氛不太相称。生活是安详和谐的，而这张脸却带着恐惧，故此，她的恐惧一定不是来自其所习惯的生活世界，而是来自陌生的外界。相对于平静安闲而有秩序的生活，外界是一个绝对的差异。这个差异甚至无法触及，也无从知晓。然而，生活世界却被这样的无限性所包围。外界是抽象的，这种抽象性体现在她未被语言所道说的无意义状态。亦或，我们的语言还不能赋予此外在世界以意义，我们还不可能理解和把握她。她的隐蔽性在那些出现在生活领域的陌生事物上或多或少地得以揭示。而这些事物，作为未知的陌生者，向观察者打开了一个可能的世界，一个无法以现有的方式去思考或表达的世界。正是这个可能的世界使观察者受到了惊吓，而在这张惊恐的面容上，可能世界显露出了存在的印记。

面容的出现，意味着他者的到临。因为看到了生活领域之外的景象，这些新奇的经验把一个无法确定的个体转变成了"别人"，他者。而他者所包含的可能的世界仅仅是纯粹的可能，尚未具有真实性，德勒兹所说的他者以及可能世界的概念源于莱布尼茨的哲学。但是，可能世界从莱布尼茨所处的17世纪到德勒兹所置身的20世纪，这一概念的内涵已经发生了很大的转折。并且有意思的是，康德曾经在其学术生涯中多次提到关于莱布尼茨的唯理论的批判，比如在《纯粹理性批判》中批评莱布尼茨对于单子的设定,"莱布尼茨也就因此缘故首先假定有物(单子),并且在里面假定物的一种表象能力,以便事后在此之上建立物的外部关系和它们的各种状态(即各种表象)的共联性"①,以至于最后混淆了知性和感性的区别,将知性的概念归于感性的对象。而德勒兹又以莱布尼茨的哲学向康德提出批判,并且要通过莱布尼茨的"单子论"中所包含的可能世界摧毁康德理性法庭的基础,即人作为平等的理性的存在。按照莱布尼茨的单子论,世界是由单子表达。单子事实上就是从自己的角度理解世界的心灵。一座城市从不同的角度被观察就会呈现出不同的景象。或者说,从来没有同一座固定不变的城市,而应是很多城市的集合:一个城市对应于一个角度。由此推论,世界也是如此。每个单子所表达的世界都不同于其他的单子所表达的世界。那么,每一个被表达出来的世界都是可能的。由于单子无限地多,可能世界也因此无限地多。借助于莱布尼茨的单子论,德勒兹以多元的角度理解经验的发生和思想的发展。

德勒兹意识到在莱布尼茨对于单子的阐述中,可能世界是相对于现实世界所假设的可能性,其并不具有实存性,但是作为可能世界的他者绝不会落入虚拟性的存在的假设之中,其现实性的表达就发生于他开口讲话、表达自我的时刻。"别人是一个可能世界,存在于表达它的脸孔当中,实施于赋予它现实性的语言里。"②德勒兹举例示范,中国对于西方而言,是一个可能的世界,而这一可能的世界可以变得真实,"一旦我们讲起汉语来,或者

---

① 康德:《纯粹理性批判(第2版)》,李秋零译,《康德著作全集(第3卷)》,中国人民大学出版社2004年版,第213页。
② 德勒兹、迦塔利:《什么是哲学?》,张祖建译,湖南文艺出版社2007年版,第222页。

在一个既定的经验的领域范围内谈论中国的时候"[1]。很难想象德勒兹讲汉语的时刻，虽然也很难排除这种可能性。但是当自我开始讲述他者的时刻，比如当法国电视台开始播放中国节目的时刻，他者就在自我表达之中获得了具体的存在形态，被赋予了理解的意义，从而不再是抽象的他异性。当然，这种现实性也不同于中国本身所具有的真实属性，正如媒体报道中的中国形象远远不能反映出中国现实中的复杂和多样。反过来，对于我们而言，西方是或者至少曾经是一个纯粹的可能世界，尤其是在我们尚未接触过西方的时代。然而，这个可能的世界在全球化的过程中，渐渐地成为我们生活世界的一部分，当我们时常搭乘飞机在巴黎和北京之间穿梭时，当我们把地中海当作度假胜地时，这些曾经遥不可及的地方成为了我们生活的一部分，我们对其的经验不再停留于幻想或者惊恐，而是不断地将新的发现摄入已有的生活经验之中。所以，可能世界所蕴含的可能性在不同途径和层面的理解中被转化为现实性。然而，我们也需要被提醒，被转化的现实性和可能世界所内含的可能性之间的错位和间隔，也正因此其可能性不会被耗尽，也不能被自我同一化。德勒兹以"可能世界"的概念尝试化解了自我和他者之间的对立性，如果保持自我和他者的对立，那么在此对立之中无论是给予自我优先性，还是给予他者优先性都会导致伦理和实践之中的困难。但是也因此，德勒兹并没有充分地展开隐藏在"作为可能世界的他者"之中的问题。而他的这一回避，在之后章节的讨论中期待可以得到澄清。

在关于他者讨论的基础上，我们更进一步地解释德勒兹在

---

[1] 德勒兹、迦塔利:《什么是哲学?》，张祖建译，湖南文艺出版社2007年版，第222页。

认识论中对康德先验论的超越。康德认为，关于某物的认识开始是模糊不清的，随着概念的引入，我们对于个体事物的感觉逐渐上升到一般的知识，对于事物的认识才会越来越清晰。然而，作为为莱布尼茨所做的辩护，德勒兹指出，认识的发生顺序恰好是相反的。比如，关于鸟的知识的形成过程，首先应当是关于某只鸟的经验，在此经验之中才会分化出关于它的认识，它羽毛的颜色、喙的形状、它的姿态、它的叫声，如此等等。知识的本质既然在于对于经验片段的超越，在于其所体现的普遍性，那么我们在以个别的知识逐渐推演到一般的知识的过程中，知识的清晰度也会随着推演的前行而逐渐降低，最后变得含混不清。正如我们对于最为广泛的纲、目级的对象的认识总是过于抽象，难以把握。基于此，德勒兹提出推论知识的顺序是由个体到一般，从特别到抽象。概念是出自对于个别对象的思考。故此，概念就不是先天地被给予，也不再有权力去规定个体。这也意味着，知识应该保持开放状态。因为思想只不过是揭示了个体的某个方面，世界的某个部分而已。在此观点的基础上，德勒兹可以宣布概念不是先验的，它也不能规范我们对事物、对世界的思考。不断改变角度和方向的思想就像巴洛克艺术中的曲线，变化莫测。任何概念都不足以预设思想的运动。

我们再回到作为可能性的他者这一概念。既然德勒兹提出此概念的理论基础在于莱布尼茨的单子论，那么由于每个单子都以不同的方式去理解世界，相对于彼此，每个单子都是他者，每个主体都是一个因为包含了不同的视角，也就是不同的经验结构而包含了可能世界的他者。"我"包含了一个世界，这个可能的世界经由我的表达获得当下的现实性。但此现实性也可以被解域（deterritorialization），甚至被再域（reterritorialization）在他者的话语之中，即当此现实性在他者的话语之中被构造和重现的时刻。尽管于"我"而言，其世界的实存和真实并不会因他者的解构和重构就会被否定，但是正是在话语的交汇之中，"我"的世界和他者的世界一起进入持续的变化生成的状态。同样，对于实存世界而言，尽管每个单子都对实存世界中发生的事件做各样的演绎，各样的解释，实存世界本身并不因此就失去了它的实存性。被思想所悟的事件仍然留守在实存世界中。那么从另一个角度上看的话，实存的世界事实上作为给定的事实并不能约束单子对其的表达。我们再由此追溯到关于内在性平面的理解。内在性平面是指思想的领域，它不能决定思想具体的表达。在思想的平面上，不同心灵构造各种可能的世界，白痴的世界（笛卡尔）或者立法者的世界（康德）；思想内在性平面，作为广阔的思想领域而言，并不从属于任何固定的可能性。思想的平面承载着思想的运动。在此平面上，个体的思想得以着陆并找到其思考世界的出发点。

四、德勒兹的先验经验论

德勒兹如此描述的思想运动状态：思想于内在性平面自我展开上，从中不断地获得概念和观点，并将这些投入对于自我世界的构造之中。不过，思想的图像仍是不完整的，因为感觉在此图像中的作用仍是含糊不清的。对于康德的先验理性而言，感觉本身是盲目的，它需要理性概念以获取意义和方向。德勒兹认为，思想需要感觉以澄清所思的内容，而感觉却的产生却未必要通达思想。德勒兹仍是借用莱布尼茨关于感觉的理论，来解释感觉对于思想的作用。在莱布尼茨的单子之中，那些模糊的部分是由身体而引起的，故而也通过身体才能得到澄清："心灵是模糊的，心灵深处是阴暗的，正是这种阴暗的本质性解释并且要求一个形体。"① 心灵之中晦涩不清的部分不是因为身体无法表达思想的内容——理性主义的传统下，身体往往因此承受了误导、损害心灵能力的谴责。然而，在这里德勒兹却将莱布尼茨的逻辑转译为：我们之所以可以澄清心灵的模糊部分，乃是由于我们拥有身体。心灵中所包含的事件，仍是一种模糊的可能性，直到事件实实在在地发生在身体之上，曾经的模糊才会在具体境遇中变得确切。比如，所有的树叶都是绿色的，这一广泛的认识是模糊的。树叶和绿色都是抽象的概念。只有当抽象的知识落在经验的层次上时，对其的认识才是具体而清晰的。发生在身体上的经验澄清了思想的模糊性。感觉是思想由晦涩变明确的条件。比如，对一只鸟的感觉，使得模糊的鸟的概念得以具体而明确地表达出来。这回应了前文所讨论的关于认识概念产生的顺序。

更进一步地，德勒兹以莱布尼茨的感觉延续去克服康德所持的片段性感觉的理论。莱布尼茨提出，每个清晰的感觉都包含了无数微小的感觉分子。没有这些微小的感觉分子的聚集，就不会有"宏大"的、引起我们的注意的感觉的出现。感觉形成的过程，是从量到质的运动。"痛觉怎会相继于快感，如果不是已经有成千微小的疼痛，或者，半疼痛已经散布在快感之中，继而

---

① Gilles Deleuze, *The Fold: Leibniz and the Baroque*, translated by Tom Conley, London: The Athlone Press, 1992, p. 85. 中文译本参见《褶子：莱布尼茨与巴洛克风格》，杨洁译，《福柯—褶子》，湖南文艺出版社2001年版，第277页。

相聚成为痛觉呢?"① 所以,不是意识用概念捕捉感觉,使之清晰地呈现出来。而是众多的感觉分子自觉地融入各种关系之中,进而使感觉——作为一个整体——凸现在意识之中。德勒兹认为这种感觉分子的运动像是由此及彼的过渡一般,从快感到痛楚,从饥饿到饱足。这就像音乐的旋律,每一节的旋律都有上一节的继续,同时又有新的内容,并且继续地延伸到下一节中。其中某个音调会特别引人注意,如果它集合了很多的音乐元素或者强度,成为了一个强音。所以,意识在这个意义上,是被唤起,是被动的,是感觉凸现自己的下限。越多的感觉分子相聚,其效果就越接近于意识的下限。终于在某一点,它们突破了下限,即由足够的感觉分子所组成的感觉清晰且明确地凸现出来。

在对感觉分析的过程中,我们应注意到,首先感觉并非一定要求意识的参与。这一点的提出是反驳了康德关于意识是经验的条件的观点。其次,那些未曾被意识到的微感觉的流逝标明了超验主体在某方面的缺失。因为微感觉,如细沙漏过指缝般经过主体,但又不为其所获。故此,理性作为经验的管理者和判断者,在经验的统一方面却有着自身无法克服的局限性。从另一个角度来看,这些又暗示了一条超越理性主义的道路。感觉并非被动的。相反,新感觉的发生将刺激思想多样的表达。思想所呈现出的多样性,必然转而否定理性固有的权威,将理性从高高在上的绝对位置,最高法官的位置上拉下来。

---

① Gilles Deleuze, *The Fold: Leibniz and the Baroque*, translated by Tom Conley, foreword by Tom Conley, 1992, pp. 86—87.中文译本参见《褶子:莱布尼茨与巴洛克风格》,杨洁译,《福柯—褶子》,湖南文艺出版社2001年版,第280页。

德勒兹着力论证了康德先验哲学对于思想的自由释放还不够彻底，他仍然保留了理性的绝对权力，也因此阻碍了思想的自由行动；而德勒兹自己的哲学则是要表达思想的自由以及思想对于任何思想框架的超越。德勒兹对于康德的研究，并不是要否定康德的哲学。事实上，他利用了康德在哲学中的创造，比如，康德的时间概念不仅仅是对康德之前的时间概念的超越，并且在此超越之中蕴含了整个现代哲学的基本精神，也就是康德通过先验性所提出的对于经验条件的反思。德勒兹对于此先验精神的继承就在于：思想总是发生在一定的思想领域中，但思想领域中所已形成的概念、理论并不是决定思想的条件，而是思想要超越的对象。同样地，康德对于主体的理解也使得现代主体获得了独立性：主体是自己为自己立法。这一结论也就暗示着，所谓的主体，不过是通过自我立法、自我约束而成就的。在康德的主体论的基础上，德勒兹进一步地推演：我们是自己的思想、自己的行动所成就的结果，是自己的作品，而不是生来如此。同样，思想或者哲学从来不会为某些固定的信念、真理所规定。哲学就是要创造概念。并且，她从未停止过创造活动。如不愿为现行的思想模式所限制，我们必须努力创造不同的思考方式。所以，思想的自由不是一句口号，而是要通过思想的行动得以实现，在思想的丰富性和多样性中得到表达。

然而，将思想从真理的阴影中释放出来，并予以绝对的自由，这一观点也有潜在的危机。这里，论者从两个方面提出关于德勒兹哲学的反思。

首先，按照德勒兹的观点，思想要超越所有附加在思想上的框架。他所说的超越不仅仅以否定既有的秩序为前提，更是要否定秩序本身。在这种全然否定性的状态中，不可能构建任何价值观，因为任何价值（无论是道德的还是非道德的）都将成为思想前行的绊脚石，成为自由的钳制。那么，在这种前提下，德勒兹是否已经把自由放到了至高的位置，并且以此对其他哲学思想进行判断呢？德勒兹所论述的自由因为没有任何规定性，故而超越于任何有规定性的价值观。但是，当这种观点脱离了对于真理的追求、关于价值的关切时，自由就成了吞噬思想的意义的黑洞——在所谓的自由面前，任何思想的创造都只是思想运动时留下的轨迹而已。由此，论者特别强调德勒兹的观点必须被放在反理性主义的语境中理解。他对于自由的呐喊是出自对理性权威的反抗。在这个意义上，德勒兹关于思想自由的讨论已经预设了施加在思想上的压制。所谓的自由，并不意味着要摒弃真理；而真理也不等同于对自由的拒绝。

其次，德勒兹提出，个体面对世界时有着自己独特的视角。那么，每个个体对于世界的所思也是不同的。也正是在这一点上，德勒兹论证了单一的思想模式将会忽视思想的多样性。不过，在强调思想的独特性和多样性时，德勒兹并没有构建思想的流通性。甚至在某个意义上，他取消了主体间性（intersubjectivity）的讨论。参照他的观点，"他者"的惊吓不能在交流中被消解，而人与人之间的交流却都是错位的——尽管我们使用相同的语言表达自己，相同的词语和相同的表达对于每个个体而言却是不同的。人与人之间仅是共存的状态，而没有真正意义上的共同体。在德勒兹看来，人的存在无须共同体。由此所导致的后果是：语言被私人化；思想被神秘化。思想，作为个人的思考，不仅仅脱离了社会——共同的生活空间，也将脱离历史。在这一点上，德勒兹面临更为严峻的挑战：思想在开始之时，是始于绝对的个人，还是始于社会，基于历史？对于这一问题的回答，德勒兹在关于艺术创造的理论中会有更复杂的论证。作为简单的预告，思想并没有绝对的开端，因为所有的开端都已经是在一种话语领域之中，也正是如此思想需要在面对共同的生活世界的前提下，极力地创造语言实现自我表达，实现思想本身的个体风格。尽管思想都必然是依据个人的角度，然而其指向必然超越于当下的经验和个体存在的现实，而指向对于社会、对于历史的理解，对于人，作为整体的人的认识。在共同的关注和寻求这一前提之下，我们交换思想，去了解彼此的视角；而非固守己见，持守着一个人的真理。由此，在真理和思想之间，不再是通过思想而掌握真理，而是真理通过思想被揭示、被表达。

欲 望

第七章

重构绘画的内在性：
交织在塞尚苹果上的哲学透视

  密切关注艺术新现象，深入讨论作品内涵是当代法国哲学的理论自觉。他们对于艺术的认识远远超出了将艺术视为思想在生活之中的具身表象这一理解，他们不仅在艺术和日常生活、精神超越、社会经验之间反复展开哲学分析，并且所反思的结论还会在艺术当下的创造中接受挑战，做出调整，甚至自我颠覆。在突破现有结构和放弃已有方法的方面，当代艺术表现出的探索的决心和勇气的确引人注目。面对艺术在诸多方面所表现出的创造性，德勒兹却在尝试消解"为艺术而艺术"定义中的否定性，重新构造艺术和生命的关系，在他看来这不仅仅意味着从人的生存的角度提出艺术的本体论意义，并且艺术贡献必须要从生命角度重新被打开，必须要让艺术的创造力在生活实践中被吸收。

  在这一章中我们将围绕塞尚的绘画，首先分别讨迈耶·夏皮罗（Meyes Schapiro）、梅洛-庞蒂、D. H.劳伦斯以及德勒兹对于塞尚绘画的阐释，力图呈现绘画的美学理论在20世纪所绽出的不同方向，精神分析、现象学、文艺批评以及解构主义；其次，要论证这些观点虽然相互指涉，又各有所取，但它们并不是线性的继承和发展关系，而是平行和相互溢出的状态；最后，这些对于塞尚绘画的观察均是对绘画内在性的挖掘，以此使我们获得了更多的角度去抵抗从外部消解艺术本质的消费符号论，重建绘画对于生命而言的艺术性根源。在对于艺术作品内在精神的构造中，无论是通过精神分析、现象学还是文本溯源和解构主义的方法，这些不同的向度都对于艺术本身的价值持以绝对性和永恒性的信心。正是这一信心，让我们可以摆脱资本世界中商品逻辑对于艺术作品的捕获和消耗。或者说，这一信心的建立乃是依据于艺术和哲学的共同努力。

如果说在每一个时代中都会发生思想和艺术的共鸣，那么在德勒兹的时代中，很多伟大的思想家都选择在塞尚的作品前驻足沉思。塞尚的贡献虽然早在艺术界得到了肯定，亨利·马蒂斯称他为"我们所有人的父亲"，巴勃罗·毕加索也认为塞尚是"保护她孩子的母亲"，但是他的方法和作品对于人们的启示是随着梅洛-庞蒂而开始被人所关注，并且随着对此关注的关注，关于塞尚作品，包括他的经历和性格都逐渐沿着不同的理解方向铺展开来。不能否认的是，塞尚和现象学的相遇点燃了20世纪对于艺术-哲学的热情。尽管每位阐释者都有自己的"塞尚情结"，但是这并不表示所有被阐释的意义都可以被平等对待。本章所涉及的四种阐释，在他们的理论共振中，仍然能够辨认出那些振幅较广的构造方式，而这些思想的震动最终也引领我们再次返回艺术和哲学长久以来的竞争。在当下的绘画实践中，这门古老的艺术在形式上所表现出的多样性，正在使自身超出哲学曾经对于绘画所做的任何界定。一方面，我们在画面前的不确定性表现从柏拉图式的"什么是绘画"逐渐替换为尼采式的"哪个是绘画"的转变；另一方面，我们却仍然对于绘画作为艺术性持有信心。两者之间的不对称表现为面对现代绘画作品时的疑惑和崇拜。关于艺术的消费理论正是利用了这种心理的双重性，以取消艺术内涵的方式使其物化为消费符号，"就像物质产品，艺术正在无休无止地反复再生产自身，以满足市场的需要"[①]。这种物化是以作品外在的市场价格抹除其内在性的独特本质，并以此加剧艺术本身的退化。在这种艺术消费理论的激发之下，本章选取了夏皮罗、梅洛-庞蒂、D. H. 劳伦斯以及德勒兹关于塞尚绘画的不同解读，他们各自所理解的形象内涵使得绘画体验获得不同的频率，从而以绘画表象的震颤建构其无法被消解的内在性。同时这种内在性也是一种非特指的生命流动，其意义并不限于塞尚或者艺术之下，而是向所有生命开放的意义生成。

一、夏皮罗：苹果的无意识象征

就作品的主题而言，塞尚画过很多对象：肖像、静物、风景再到神话无所不有。在此之中让人印象深刻的是他不厌其烦地画过的苹果和圣维克多山。若以苹果、圣维克多山与画家的熟识和亲密来解释其所以成为塞尚作品重要主题的原因，这并不足以使人信服。因为任何一位艾克斯的居民都是熟悉圣维克多山的，几乎所有人都是熟悉苹果的，并且风景与静物也是绘画传统中的

[①] 波德里亚：《艺术的共谋》，张新木、杨全强、戴阿宝译，南京大学出版社2015年版，第18页。

常见主题。主题越是平凡无奇,就越难以洞察躲藏在这些常见之物之后的塞尚。正是出于同样的好奇,夏皮罗针对塞尚的苹果做了一篇生动的精神分析——《塞尚的苹果:论静物画的意义》。在这篇文章中,夏皮罗认为苹果是作为一种特殊元素出现而在塞尚的作品中的,他考察了在以苹果为主题的作品中,围绕在苹果周围的桌上摆设,比如石膏像小爱神的隐喻作用,以及在以苹果作为辅助的作品中,苹果被赋予的象征和渲染作用。并且在塞尚的书信、生平记录以及塞尚密友左拉的小说的支持下,夏皮罗得出初步的结论:塞尚的苹果几乎充满了他所有的作品,其既可以被化身为隐藏在优雅浪漫的田园牧歌中的肉欲,也可以直接表现为又粗暴又色情的裸女形象。"从这些油画和素描中的静物所处的位置来看,人们也许可以假设,在塞尚将苹果当作一个主题本身来加以再现的习惯中,存在着一种潜在的色情意义,一种被压抑的欲望的无意识象征。"[1]在夏皮罗所展开的精神分析中,画中常见的苹果成为了塞尚难以隐忍又羞于表达的欲望化身。由此,他认为塞尚的苹果改变了人们对于静物画的理解方式,并使得此类型的画都得到了地位的提升。因为在塞尚之前的绘画中,尤其是在宗教绘画中,静物只是为了衬托人物身份,帮助人物完成行动的工具。即使是在16世纪,静物画开始作为一类主题独立出现,但其作用仍是为了折射出主人的品格、格调,引导观者去领会某个财富或者知识的世界。[2]换言之,此种静物画中充满了庸

---

[1] 夏皮罗:《塞尚的苹果:论静物画的意义》,《现代艺术:19与20世纪》,沈语冰、何海译,江苏凤凰美术出版社2015年版,第19页。
[2] 夏皮罗:《塞尚的苹果:论静物画的意义》,《现代艺术:19与20世纪》,沈语冰、何海译,江苏凤凰美术出版社2015年版,第28页。

俗的物欲，物是作为财富和德性的比喻而被表现出来，物自身并不在场。静物画地位的转折发生在印象派对于光效和视觉的兴趣上。在惊叹视觉微妙的过程中，静物画开启关于物本身的纯粹凝视空间。事物泛着微光，光滑或粗糙，明亮或暗沉，带着沉甸甸的质料感。但是塞尚超越了印象派对于视觉光效的迷恋，他仍然要透过坚固的物象表现出主体的在场。所以，夏皮罗更进一步地提出静物画的功能："静物画既可以成为表达激情的工具，也可以成为表达冷静沉思的工具。"①

首先，夏皮罗要求观者对于静物画就像面对宗教画或历史画那样，散漫的目光借助于文本而得以聚焦，自由的想象力维系于理解力而变得深刻。所不同的是，宗教画和历史画的主题往往自然地具有公共文本性；而静物画则呈现出关于私人生活的窥视感，这往往影响了静物画鉴赏的共通性。基于此，夏皮罗提出塞尚的苹果传达出一种情感的共通性。这种共通性正如康德认为关于表象的情感"无须借助概念就能普遍传达"②，即审美的共感（sensus communis aesthetics），可以为所有人所分享。苹果不仅是日常物品，也是土地的产物，它虽然现身于居室之内，却直接暗示了生生不息的自然世界和淳朴的乡村生活。并且这种土地的生产支持着所有的生命活动，虽然这种土地性的根基常常被遗忘。也正是因此，塞尚对社交的抵挡和对于乡村的回归显出其可贵："与上层阶级及其了无生气的文化相比，他在村民和家乡的

---

① 夏皮罗：《塞尚的苹果：论静物画的意义》，《现代艺术：19与20世纪》，沈语冰、何海译，江苏凤凰美术出版社2015年版，第28页。
② 康德：《判断力批判》，李秋零译，《康德著作全集（第5卷）》，中国人民大学出版社2007年版，第308页。

风景中感到自在。"[①]苹果作为自然生命力的见证，传递出土地的恒常可靠性，以此给予凝视的目光以理性的精神，使其得以对抗日日更新的时尚效应。那么，苹果的审美共感就不仅仅是视觉的沉静，还有道德的救赎价值。

其次，静物画以造型上的冷静实现了对于激情的克制和转移。"塞尚的苹果（还有较少出现的梨子和桃子）常常是一种爱抚式的视觉对象，特别是在他的后期作品里。他喜爱它们那种优雅的对称的圆满性，以及丰富细腻的固有色，有时候他通过一种在其裸体画中鲜见的精湛技艺重现了这些品质。"[②]凝视苹果会带来一种对于肉质形体的抚触快感。在这一层意义上，苹果对于塞尚的镇静作用就不再停留在关于物的形而上的沉思层面，而是转入了平息情感，救赎欲望。在夏皮罗看来，塞尚本人充满了狂热的激情，却无法得到真正的满足：他向往家庭生活，然而却被父亲拒斥；他爱慕自幼年就是朋友的左拉，然而又为这种关系感到可耻；他甚至在裸体女模特面前都感到局促难安。从精神分析的角度上看，尽管夏皮罗对于塞尚的性格理解并没有贯彻到底，他没有把塞尚的孤僻、内向和阴郁都追溯到童年的经历，但这并不影响他成功地把画家阐释为一个充满冲动的禁欲者。在文章最后，夏皮罗比较了塞尚和德拉克洛瓦。塞尚崇拜德拉克洛瓦，后者在作品中对于情感的描绘是眩目的。德拉克洛瓦往往借助于诗歌人物或者历史主题而使得自我的欲望被转化，塞尚则是选取

[①] 迈耶·夏皮罗:《塞尚的苹果：论静物画的意义》,《现代艺术：19与20世纪》,沈语冰、何海译,江苏凤凰美术出版社2015年版,第35页。

[②] 迈耶·夏皮罗:《塞尚的苹果：论静物画的意义》,《现代艺术：19与20世纪》,沈语冰、何海译,江苏凤凰美术出版社2015年版,第36页。

了更适合自己的静物画。在塞尚的画中,欲望并没有真正地被禁止,而是被置换了对象,被转化为对于色彩的堆砌、对于苹果的凝注和对于形象的摆放。塞尚小心地布置着画面,因为他要在这个绘画空间中安放的不是鲜艳的苹果而已,而是转喻为苹果的美丽身体。

最终,夏皮罗得出了他对于静物画的结论:看似不经意出现在眼前的静物事实上经过精心设计的心灵世界,在此之中,画家吐露着他不能在生活中直接表达,或者根本无法表达的冲动。静物(still life),就像夏皮罗在关于凡·高的文章特意指出的,在法语中是"Natures Mortes",死去的事物①,埋藏在这些逝去之物中的就是画家曾经热烈的生命欲望。在夏皮罗对于塞尚的分析解释中,隐藏在其精神分析方法下的乃是西方绘画中关于苹果的造型史。早在苹果成为表象中的象征符号之前,就已经在神话传播中叠加了很多内涵。在古希腊的神话中,"帕里斯的审判"(the Judgement of Paris)中他所赠予的金苹果最终带来了特洛伊战争,除此之外,拒绝爱情的亚特兰大(Atlanta)也因为无法抗拒金苹果的吸引力,而最终输给了希波墨涅斯(Hippomenes),也因此不得不委身于婚姻。希腊语中的苹果μήλον(mēlon),被借入拉丁语为mālum,它的词形与拉丁语mălum很相近,但后者的意思是"邪恶",这也许直接影响了拉丁语圣经将苹果视为"禁果"的解释,并且由此引申出苹果作为诱惑和堕落的象征性内涵,以及由此而产生的生育联想。投射在苹果之上的精神之光,

---

① Meyer Schapiro, "Further Notes on Heidegger and van Gogh", *Theory and Philosophy of Art*, New York: George Braziller, 1998. pp. 143-151.

在文艺复兴时期的绘画作品中被一次次地表达，也被一次次地加强：丢勒笔下赤裸身体唯有手中拿着苹果的亚当和夏娃（*Adam and Eve*，Albrecht Dürer，1507），乔斯·凡·克利夫画中，婴儿耶稣作为道成肉身的象征，小手之中的苹果就是为了终止先祖所引来的恶（*Holy Family*，Joos van Cleve，1512—1513），甚至在更早的扬·范·艾克的"阿诺菲尼肖像"中的窗台上，还会特意摆上一个苹果（*The Arnolfini Portrait*，Jan van Eyck，1434）。17世纪的荷兰通过静物画渲染出交织在餐桌上下的享乐和欲望。堆积的食物和水果早已暗示出人们所不能承受的纵欲恶果。夏皮罗对于塞尚的解读中用裸体绕过了苹果，但是苹果之所以能够成为取代裸体，是因为在图像史上它本身长久地就是欲望的象征。夏皮罗的确是位出色的艺术史学家，为了在古典绘画和现代绘画的交界处遇见塞尚，他特意戴上了精神分析的面具。

二、梅洛-庞蒂：画家的视角

塞尚无疑是梅洛-庞蒂最欣赏的画家，在他很多论文著作中，他都屡屡提到塞尚。《塞尚的疑惑》则是梅洛-庞蒂以哲学思辨的方式为塞尚的艺术风格所做的总结性论证，而当代法国哲学家对于塞尚的厚爱也大多受此论文的影响。在这篇论文中，梅洛-庞蒂以"感觉与理性""世界的深度"以及"艺术的表现作用"三个角度理解塞尚绘画的独特之处。在"感觉与理性"的角度上，梅洛-庞蒂首先为塞尚绘画的色彩做了辩护。不同于印象派对于色彩光效的追求之道，梅洛-庞蒂认为塞尚在用色方面是要追求画中之物的"固体性与物质性"①，以此更加接近感觉的真实性：我们所感觉到的斑斓色彩，是属于某物的表象。物体才是表象的根基。更进一步地，在表现物的存在方面，塞尚做了与"真实"相悖的变形。"放在一张桌子上的碟子或高脚杯从侧面看应该是椭圆形的，可是椭圆的两个顶点却被展高了，椭圆被扩张了。"②这种形变是依据于感性的真实。在柏拉图主义的传统中，真实是理性对于感性的超越，或者说是理性必须克服后者的缺陷，因为感性经验中常常出现虚假的幻象（水中的折筷），或者容易发生波动（感情的不稳定性）。而塞尚的绘画，并没有以感性的真实而否定理性的真实，感性和理性都是我们与事物相连的途径。在梅洛-庞蒂看来，塞尚的绘画既保留了来自思想意识的关于物的确定性，又表现出来自感受情绪的物的变形和恍惚。感觉和理智的叠加，正是我们经验的自然状态，是真正的世界的构成方式。

真正的世界是由物和人共同相处的世界。虽然在塞尚的静物画中没有人物的出现，但是物的显现本身就已经暗示了观察者的在场。物在人的感觉活动呈现自身。只要感觉活动是多维度的，那么绘画也应当追求这种感觉的整体性。梅洛-庞蒂认为，塞尚不厌其烦地微调色彩，小心翼翼地累加轮廓，力图使物象获得一种充实性，正是为了表现出感觉的整体。"如果画家想表现世界，他必须使颜色的布局能表现这个不可分割的整体，否则，他

---

① 梅洛-庞蒂：《塞尚的疑惑》，《眼与心——梅洛-庞蒂现象学美学文集》，刘韵涵译，中国社会科学出版社1992年版，第45页。
② 梅洛-庞蒂：《塞尚的疑惑》，《眼与心——梅洛-庞蒂现象学美学文集》，刘韵涵译，中国社会科学出版社1992年版，第45页。

的绘画将只是对物体的一种暗示。"① 物体作为不可分割的整体一方面表明了感觉凝聚在物之上的综合效果；而在另一方面，这一整体性还指物与人共处的空间的整体性。视觉不是穿过虚空而到达物体的，在眼睛和物之间的空间充满了光线和空气。梅洛-庞蒂在对视觉的分析上，接受了笛卡尔的机械论光学，后者对于视觉的理解是"通过空气介质和其他透明的物体照射入我们的眼睛"(qui passe vers nos yeux par l'entremife de l'air et des autres corps transparents)②。在此观点下，看见也就意味着碰触，视觉是眼睛受到物质微粒的碰触而引起的感知。这种触觉性的视觉毫无疑问地扩展了人的身体：其所见之处就是其所及之处。换言之，在目光所到达的空间中充满了心灵的探寻痕迹，故而此空间才成为经验发生的场所，才具有康德意义上的先验性。在梅洛-庞蒂关于空间的解释中，空间首先是充满了理性的支配和思想的建构的空间；其次，空间的形成基础仍是身体："身体对心灵而言是其诞生的空间，是所有其他现存空间的基质（matrice）。"③ 梅洛-庞蒂强调在这种先验空间之中，由于身体的参与，深度作为一种特殊空间维度的产生。深度显现出人和物之间的粘连，以及物和物粘连在一起，相互掩映，形成了作为整体存在的空间关系。同时深度又显示出从身体出发的视觉所感受到的来自物的碰触，在存在的整体之中，又发生着思想的辨识，物与物的区分。"世界

---

① 梅洛-庞蒂:《塞尚的疑惑》,《眼与心——梅洛-庞蒂现象学美学文集》,刘韵涵译,中国社会科学出版社1992年版,第49页。
② René Descartes, "La Dioptrics", *Œuvres de Descartes* VI, edited by Charles Adam and Paul Tannery, Paris: Léopold Cerf, Imprimeur-Éditeur, 1902, pp. 81–228, 84.
③ 梅洛-庞蒂:《眼与心》,杨大春译,商务印书馆2007年版,第63页。

不再通过再现出现在画家面前，最好说是画家仿佛通过可见物本身的集中而诞生在事物当中。"① 塞尚的绘画正是从颜色的微调和重叠中接近目光的注视中苹果的表象，并由此透露出投射到苹果之上的那道目光，以及目光所穿过的空无所构成的存在之整体。

　　正如在触觉中，碰触的同时也是被碰触；在视觉之中，看见既是目光的延伸，同时又是此延伸被阻挡的结果，是对于视觉穿透的拒绝。看见与被看见在同一个主体中同时发生。每一个可见之物都映照出注视的主体。当然，来自客体的映照往往被遗忘在关于视觉的信念之中，即我们是观察者，而物是被看到的。梅洛-庞蒂认为，绘画就像镜子一样，提供了看与被看的同时性，也提供了主体与自我分离的缝隙。"然而塞尚的画却把习以为常变得悬而未决，他揭示的是人赖以定居的人化的自然之底蕴。"②梅洛-庞蒂指出塞尚的画最大程度禁止了人类目光习惯性的发生，从而揭示出世界的原初性。这种揭示在双重层面同时进行。首先，绘画呈现了在人和物共处的世界中，人对于物的注视应当尽可能地排除先在的预设，跳脱出日常实用性的模式，从而"自然地"而非"人为地"注视物。那么，在这个意义上，绘画是一种对于意识的唤醒，使得意识不再沉睡于日常的木然，而是直接地注视物，探寻物的真实性。其次，揭示不仅仅发生在关于物的观察之中，更发生在关于目光的注视之中，当塞尚提到要去画那些未曾被画过的东西时，他的意思并不是指那些未曾出现在画面上的物象，而是指关于目光的目光，要把那不可见的自身的内在

---

① 梅洛-庞蒂:《眼与心》，杨大春译，商务印书馆2007年版，第74页。
② 梅洛-庞蒂:《塞尚的疑惑》,《眼与心——梅洛-庞蒂现象学美学文集》，刘韵涵译，中国社会科学出版社1992年版，第50页。

性转变为自我的可见物的决心。"塞尚的难，是说出第一句的难。他认为自己无能为力，因为他并非万能，他不是上帝，却妄想画出世界，妄想把世界完全改变为景物，并让人看到，这个世界时怎样打动我们的。"①塞尚疑惑于他能否自然地画出世界，因为他总是已在世界的包裹之中，并不拥有上帝居高临下的视角。对于世界的怀疑催促着塞尚拿起画笔要还原对象；然而，对于目光的思考却让他在画布前难以落笔。塞尚的困惑不是一般意义上的疑惑，而是在建立一种绝对视觉时，画家必须负载的世界与主体，我与自我之间的分裂。

梅洛-庞蒂对于塞尚疑惑的理解不同于精神分析的道路，虽然他也承认在塞尚的性格和作品之间有着一种模糊的关联，但是这种关联应当是来自作品的暗示。"那是因为我们认识他的作品在先，透过作品，我们才看到了他的生活，并让这种状况承担起一种我们借自于作品的意义。"②对于精神分析所提供的以生命解释作品的方法，梅洛-庞蒂认为这种关联并不是一种必然的因果关系，而应是各种动机之间所形成的一种设想，并且在这种设想中描绘了过去与未来之间的交换。那么，精神分析不仅没有关闭在过去和未来之间自由的可能性，反而使得自由的实现获得了具体的境域。这种具体的境遇虽然会给主体的行动提供某个动机，但从未能把任何必然强加给主体，而是更加显明了主体在确定某个决定时，他因为对于境遇的超越而表现出的自由证明。

---

① 梅洛-庞蒂：《塞尚的疑惑》，《眼与心——梅洛-庞蒂现象学美学文集》，刘韵涵译，中国社会科学出版社1992年版，第54页。
② 梅洛-庞蒂：《塞尚的疑惑》，《眼与心——梅洛-庞蒂现象学美学文集》，刘韵涵译，中国社会科学出版社1992年版，第55页。

三、D. H. 劳伦斯：苹果的苹果性

D. H.劳伦斯的形象往往会因为他那些超出伦常的小说，《查泰莱夫人的情人》《儿子与情人》《恋爱中的女人》等作品而受限于文学领域，事实上，劳伦斯早年就显露出对于绘画的热爱，这种热爱随着他在文坛所获得成就而有了实践的机会。他本人既作画，同时也是艺术评论家。其晚年的文章《直觉与绘画》[①]其目的是介绍自己的画展，不过显然劳伦斯认为有必要为自己的绘画作品所蕴含的创新性进行辩护，所以文章开始于评论英国维多利亚时代之后的绘画，又最终落到了关于塞尚绘画的讨论之中。对于劳伦斯而言，塞尚是绘画走向现代性转折中最重要的人物，他在艺术领域中最大的成就就是他所画的苹果。

塞尚在现代艺术中的显露首先表现在他对印象派的反叛，通过反叛印象派，塞尚得以把绘画从一种抵制身体的传统中释放出来。劳伦斯指出，对于身体的恐惧早已浸透了绘画的创作，而印象派则以描绘身体的方式继续躲避肉体的实质。"或许绘画史上顶兴奋的时刻就是早期印象派画家发现光和色彩之时。""哦，就是从这以后，他们奔向了自由，奔向了无限，奔向光和狂喜。"[②]光和色彩的炫目灿烂使得画家可以躲避肉体，远离形体。即使是在德加的笔下，那些优美高雅的身体仍是缺乏想象的产品，是对

[①] D. H. Lawrence, "Introduction to these Paintings", *Phoenix: The Posthumous Papers of D. H. Lawrence*, edited by Edward McDonald, London: Heinemann, 1936, pp. 551–584.

[②] 劳伦斯：《直觉与绘画》，《世俗的肉身：劳伦斯的绘画世界》，黑马译，金城出版社2011年版，第86页。

于古典主义的表面性模仿。形体被交织的光影、跳动的光线模糊成视网膜上的印象,并以这种暧昧的客观性坚信人们可以达到视觉上的统一,共同享受纯粹的审美的狂喜。所以,印象主义的色彩既是对于自然之光的赞美,更是对于精神之光的颂歌。如果没有后者的支持,那一池睡莲向谁绽放,而那晨起的雾霭又怎能发散出烟火之味?所谓的印象主义的精神之光不过是又一次演绎了柏拉图主义的审美狂喜,是理性对于自身的抚慰。然而,炫目的精神之光并不能彻底消融质料的存在。而塞尚的苹果就是对此物质性存在的见证。"塞尚极力要让苹果离开画家自己,让它自成一体。"[1]在绘画史上,自从苹果被视为禁果的象征之后,物的独立性便不复存在了。于是塞尚的伟大正在于消解苹果之上的精神投射,显露出苹果的苹果性(the "appleyness" of the apple)[2]。

关于此"苹果性",安妮·弗尼豪格(Anne Fernihough)曾提出劳伦斯笔下的苹果性与海德格尔所提出的物性(the thingness)有着异曲同工之妙。[3]苹果性与物性都仅仅依据于自身,排除任何人为的添加成分。劳伦斯指出塞尚的苹果因为否定着心理想象而"不道德"[4],由此摆脱了道德判断的约束;相应地,海德格尔认为凡·高画中的"农鞋"则以中断关联的方式显现了

---

[1] 劳伦斯:《直觉与绘画》,《世俗的肉身:劳伦斯的绘画世界》,黑马译,金城出版社2011年版,第86页。

[2] D. H. Lawrence, "Introduction to these Paintings", *Phoenix: The Posthumous Papers of D. H. Lawrence*, edited by Edward McDonald, London: Heinemann, 1936, p. 579.

[3] Anne Fernihough, *D. H. Lawrence: Aesthetics and Ideology*, New York: Oxford University Press, 1993, pp. 154-170.

[4] 劳伦斯:《直觉与绘画》,《世俗的肉身:劳伦斯的绘画世界》,黑马译,金城出版社2011年版,第138页。

器具的器具性而超出了存在者之外。①虽然本书并不认同弗尼豪格所提出的关于海德格尔文本的解读,但是却同意她的结论,即艺术都是"对于诠释控制欲的抵抗……在这种欲望中,诠释者在绘画作品中所看到的只是她/他从一开始就置入的内容而已"②。这种自我重复用劳伦斯的术语就是陈腐观念(clichés),是对于经验的封闭。而艺术正是要冲破这种封闭,所以在艺术创作中,所需要的首先并不是技法,而是与"陈腐"决裂的用心。基于此,安妮·弗尼豪格认为劳伦斯这种关于艺术的浪漫主义观点受到了尼采的影响。③对于那些习惯了苹果隐喻的人而言,的确无法接受如此生硬的苹果性:"六个苹果、一只罐子和一张桌布是无法让人联想到不合时宜的行为的,甚至无法让一个弗洛伊德主义者产生这种联想。反之,如果它们有这等启发力,倒会使普通俗众们更心安理得地对待它们。"④苹果因其脱离了世俗而获得了苹果性:对于世俗的批判越是严厉,苹果性所具有的冲击力也就越强烈。所以,在劳伦斯的苹果性和海德格尔的物性之间的确有一种平行性,对于海德格尔而言,物性的自持构成了真理作为"解蔽"而显现的前提;对于劳伦斯而言,苹果性的非道德则要求艺术拒绝习惯性的抽象理智,直接表达本能直觉。

---

① 海德格尔:《艺术作品的本源》,孙周兴译,《海德格尔选集》,孙周兴选编,上海三联书店1996年版,第237—308页。
② Anne Fernihough, *D. H. Lawrence: Aesthetics and Ideology*, New York: Oxford University Press, 1993, p. 56.
③ Anne Fernihough, *D. H. Lawrence: Aesthetics and Ideology*, New York: Oxford University Press, 1993, p. 155.
④ 劳伦斯:《直觉与绘画》,《世俗的肉身:劳伦斯的绘画世界》,黑马译,金城出版社2011年版,第138页。

在劳伦斯所承袭的英国经验主义传统中，肯定直觉内容鲜活丰富的同时，也强调其在理性规定面前的脆弱性。然而，作为由身体所感受到的力量，直觉因为身体的活动而不断地被感受到，由此持续地消解理性的同一性。所以，在劳伦斯对于苹果性的坚持中，充满了对于直觉的乐观。塞尚要求他的模特做一个苹果，他是要模特摆脱"人性"的俗套，成为"一个没什么思想要表达的世界，只需静坐一处，只做一个肉体，而没有精神"[①]。摆脱理性的支撑，抖落人格的俗套，让身体的本能和直觉生长和伸展，对于模特而言是如此，对于画家而言亦是如此。那么，并不是因为塞尚太过于羞涩而不能把人体画得成功，而是因为在他和模特两两相对时，一旦有任何一方不能摆脱俗套，事实上往往是被画的模特无法摆脱对于自我肖像的期待，无法摆脱自我对于自我的想象，那么绘画的任务就是艰难的，因为在开始之前就已然被平庸的精神投射所俘获了。

劳伦斯对于塞尚的评论更多是从绘画本体论的角度上进行的，并没有选取绘画史的角度，也从绘画技法的角度展开讨论，不仅如此，他还轻蔑地否定了以罗杰·弗莱（Roger Fry）和克莱夫·贝尔（Clive Bell）为代表的布鲁姆斯伯里（Bloomsbury）文化圈关于塞尚的评论："同样我也对诸如'意蕴形式'和'纯粹形式'之类的空洞词儿感到困惑，它们纯粹是些个呼神唤鬼的咒符，不会是别的了。"[②] "意蕴形式"和"纯粹形式"可以说是弗

[①] 劳伦斯:《直觉与绘画》,《世俗的肉身：劳伦斯的绘画世界》, 黑马译, 金城出版社2011年版, 第104页。
[②] 劳伦斯:《直觉与绘画》,《世俗的肉身：劳伦斯的绘画世界》, 黑马译, 金城出版社2011年版, 第91页。

莱和贝尔在书写塞尚绘画时的关键词。比如贝尔认为他所提出的"意蕴形式"要比其他的艺术定义更有优势。"'有意味的形式'是艺术作品的本质属性,这一假说至少有一个其他许多更为著名的、更为引人注目的假说所不具备的优点:它的确有助于解释许多问题。"①在贝尔看来,意味/意蕴本身既包含了创作角度下的艺术作品的可解释性,诸如独特的技巧或者造型,包含了欣赏角度下作品的理性分析,比如情感的暗示或者信息的传达方式。罗杰·弗莱对于塞尚的欣赏也和贝尔完全合拍,就是从其绘画的技巧学习和掌握开始逐渐铺展其成功原因的。所以,约翰·莱姆斯伯里(John Remsbury)指出,尽管弗莱和贝尔的名字并没有直接出现在文章中,但是对于此二人的批评正是劳伦斯写这篇文章的主要动机。②与此类似地,安妮·弗尼豪格也曾对比劳伦斯与弗莱、贝尔关于塞尚评论的相似之处,并且指出虽然劳伦斯对此二人的态度甚为轻视,然而在行文之中却多次使用了二人的观点。③透过约翰·莱姆斯伯里和安妮·弗尼豪格的角度,我们看到劳伦斯和布鲁姆斯伯里文化圈的亲密关系,但是也因此有必要指出,弗莱和贝尔在分析塞尚作品的过程中,往往太急切于把形式和理念嫁接在一起,比如在《塞尚夫人肖像》之前,弗莱如此评论:"它也表达了塞尚那种典型的情感——也许是这个时期最强烈的情感——那就是对纪念碑式庄严安详的信赖,对被再现对象

---

① 克莱夫·贝尔:《艺术》,薛华译,江苏教育出版社2005年版,第8页。
② John Remsbury, "'Real Thinking': Lawrence and Cezanne", *the Cambridge Quarterly*, Vol. 2, No. 2 (Spring, 1967). Oxford: Oxford University Press, 1967. pp. 117–147.
③ Anne Fernihough, *D. H. Lawrence: Aesthetics and Ideology*, New York: Oxford University Press, 1993, pp. 117–129.

的强烈持续性的关注。"① 劳伦斯所反对的正是这种理智对于直觉的粗暴干涉,在形式和理念之间的空隙如此之大,以至于在强行把二者连接在一起时,它们同时都成了空洞之物。这种生硬的嫁接只是在最平庸的意义上发挥了贫乏的想象力,然而,"那种想象力不过是一只杂货袋,里面装着成千上万陈旧而无用的素描和意象,全是俗套子"②。因此,劳伦斯批评形式主义以"意蕴形式"谈论塞尚的方法,认为这样只能导致更严重地误解其突破之处。在塞尚早期的作品中,我们可以看出他对于巴洛克风格的继承,以及在构图方面对于普桑的模仿,他也的确尝试过这种"意蕴形式"的技法。但是总体说来,塞尚早期作品中的形象是失败的,他始终无法以"意蕴形式"建立生命的肉体性,也无法像其他画家一样达到"审美的狂喜"。劳伦斯认为塞尚全懂也因此就看穿了这一套技法,而他所追求的已经超出了这种套路的负荷。为了表现苹果的苹果性,模特的身体性,塞尚在绘画技法上必须有所突破,而只有在他的苹果性绘画中,我们才看到了这种突破。塞尚对于绘画的觉悟,他通过绘画和陈腐套路所做的斗争,使得他在现代性绘画中占据了最重要的一席之地。

四、德勒兹:图像的生长

在德勒兹的写作中,塞尚的绘画被经常提起,但又从未以专

---

① 罗杰·弗莱:《塞尚及其画风的发展》,沈语冰译,广西师范大学出版社2009年版,第125页。
② 劳伦斯:《直觉与绘画》,《世俗的肉身:劳伦斯的绘画世界》,黑马译,金城出版社2011年版,第108页。

题的形式得到阐释。然而,几乎在他所有关于风景画的描述中,我们都能感到塞尚的在场。塞尚,在德勒兹看来并不仅仅是一位画家而已,也不仅仅是一位农民,虽然身为普罗旺斯人的他常常给人以淳朴之感,他还是一位受过良好教育、知识渊博的思考者,至少在他和加斯凯的对话中,塞尚显露出他关于康德的知识和理解:"曾有一天你向我谈起康德。下面的说法听起来像一派胡言,但是,我的确觉得自己是这幅风景的主体意识、我的画面是它的客体意识。画和风景存在于我之外,一个混沌无且稍纵即逝,乱糟糟的,缺乏逻辑或理性的连贯;而另一则是永恒的、可感的、可分类的,构成了大千世界的一部分,构成了伟大思想的一部分……"① 塞尚清晰地把握住了康德对于理性和感性之间的区别,并且还通过自己的创作自觉地实验康德的理论。塞尚通过自己的风景画表明了在所有的风景画中都隐藏着观看者,但是他又区别于19世纪所流行那种绝对主体式的观看方式,比如弗里德里希的《雾浪之上的流浪者》(*Der Wanderer über dem Nebelmeer*, Caspar David Friedrich, 1818)。塞尚是独特的,既是无法模仿的,但又是值得让人模仿的。在关于英国画家弗兰西斯·培根的专著中,德勒兹多次指出培根是塞尚式的②,并且在英文版的前言中,德勒兹又特别提到他对于培根作品的定位③,我们对于此书所隐藏的动机或许由此获得了更多的暗示。德勒兹通过讨论培根

---

① 约阿基姆·加斯凯:《画室:塞尚与加斯凯的对话》,章晓明、许菊译,浙江文艺出版社2007年版,第11页。
② 德勒兹:《弗兰西斯·培根:感觉的逻辑》,董强译,广西师范大学出版社2007年版,第71、141页。
③ Gilles Deleuze, *Francis Bacon: the Logic of sensation*, translated by Daniel W. Smith, London and New York: Continuum, 2003, p. XII.

而展示了塞尚绘画的方法,释放出这一方法所潜在的可能性,即绘画是关于身体形象的建立。形象(Figural)作为德勒兹解释培根绘画的关键词,的确是从利奥塔的著作中借鉴而来的。尽管利奥塔的概念将在下一章中被着重讨论,但这不妨碍我们在这里稍加预告。利奥塔在意义领域之中,用形象性的空间(l'espace figural)作为文本空性空间(l'espace textuel)的对立面①,并用保罗·克利(Paul Klee)的绘画作为示例证明形象性空间所具有的纯粹可视性,以及在可见的线条组合空间中被勾勒出的本不可见的欲望。利奥塔把克利的解构之法归为塞尚的影响:"塞尚教会他的不是用几何体积做成文字,而是对于表现的解构和对于一个不可见者的、可能者的空间的创造。"②利奥塔将塞尚作品中的拆解和构造确定为他对于现代绘画的启示:形象才是绘画所要建立的真实对象。在利奥塔看来,线条结构所组成的形象因其避开了"那些阅读上的预设、诠释、习惯"③,而具有了自身在场的确定性和感染力。

利奥塔关于形象的洞见给了德勒兹进一步阐释形象的空间,在德勒兹看来,形象就是穿透感觉的力量:"所谓形象,就是被拉到了感觉层面的、可感觉的形状;它直接对神经系统起作用,而神经系统是肉体的。"④形象是可感觉的形状,作为"可感觉的

---

① 利奥塔:《话语,图形》,谢晶译,上海人民出版社2012年版,第255页。在中译本中,l'espace figural 被译为"图形性的空间",本文为了保持德勒兹对于此概念的阐释一致性,将其改译为"形象性的空间"。
② 利奥塔:《话语,图形》,谢晶译,上海人民出版社2012年版,第281页。
③ 利奥塔:《话语,图形》,谢晶译,上海人民出版社2012年版,第262页。
④ 德勒兹:《弗兰西斯·培根:感觉的逻辑》,董强译,广西师范大学出版社2007年版,第42页。

形状",暗示着不可感的形状作为对立性的存在,同时也暗示出形状作为可感的困难。"不可感的形状"是指那些作用于大脑而抵挡感觉的抽象形式,这些使感觉变得迟钝和贫乏的形式大多来自陈腐观念(Clichés)。德勒兹大段地引用D. H. 劳伦斯关于绘画的文章,以此解释塞尚和俗套的搏斗。在德勒兹所引用的文字中,一方面我们看到了俗套对于绘画先入为主的占据力;而另一方面,促使塞尚对俗套愤怒,并与之搏斗的仍是感觉的力量。关于感觉,德勒兹同意梅洛-庞蒂和亨利·马尔迪尼(Henri Maldiney)的感觉现象学的观点,即感觉就是"现象学家们所说的'在世之在'"[①]。即在感觉之中,主客体相互粘连而获得的存在的整体性,尤其突出在这种整体性中身体在场的复杂性:其于物与心灵之间所发挥的联结性。不过,德勒兹并不满足于现象学以身体来描述生命的方法。身体固然使得人感觉到世界,但是身体"本身并不是感觉"[②]。身体必须要承受力量才能有感觉的产生。因此,绘画的功能就是要画出使感觉得以产生的力量。

画出力量——让看不见的力可以在身体的变形中得到显现,所以我们在培根的绘画中可以领悟到来自身体的力量:在头像系列中如孔洞一般的嘴所发出的喊叫的力量,或者在十字架系列中

[①] 德勒兹:《弗兰西斯·培根:感觉的逻辑》,董强译,广西师范大学出版社2007年版,第42页。此处的中文翻译"此在"稍有错误,原文是elle est être-au-monde, comme dissent les phénoménologes。être-au-monde就是海德格尔"在世之在"的法语翻译,而海德格尔的"此在"在法语中常常直接采用"Dasein"或者"être-le-là"。原文参见 *Francis Bacon: Logique de La sensation*, Paris: Éditions de la différene, 1981, p. 39。

[②] 德勒兹、迦塔利:《什么是哲学?》,张祖建译,湖南文艺出版社2007年版,第461页。

下垂的器官所显示的肉的重力。然而在塞尚的静物画中，力的可见性呢？身体之所以能够承受外在的力量，是因为身体内部所蕴含的生命力。这是一种主动的力，是通过生命的生长进行自我肯定的力。塞尚的绘画所显现正是此种生命力：他"让人可以看到山丘的褶皱的力量，苹果的萌芽的力量，一个风景的热力学力量"[①]。而德勒兹的这种描述是依据于塞尚本人关于风景画的理解："为了把一幅风景画好，我首先得弄明白那儿的地质结构。让我们回溯一下地球的历史，从最初的那一天开始……"[②]塞尚的风景首先并不是静观的对象，而是地壳运动的结果，是各种力相互较量最终凝固形成的结果。所以，他要通过画笔，重新表达凝聚在山脉之中的"种子"般的力量，这种力量是从山丘或者苹果自身生发的力量，它把山石树木堆积成为山丘本身，把阳光水土凝结为果实。画家的任务就是透过绘画的方式传递出这种内在的生命力。我们可以从色彩、构图和笔触三个方面呈现塞尚构造形象的自我生长路径。塞尚用画刀小心地在画布上一点点涂抹，又一点点堆砌，通过细微的色彩间的聚积而获得了具有质感的体积。这种上色的方式展现了色彩上的微积分，每一处色彩都被置于和相邻色块的既相互连接又相互补充的关系之中，画面就像是由上而下或者从中间到四周的不断生成色彩的绵延。注重色彩、突出光感——这是印象派普遍具有的自觉。德勒兹指出只有这些仍是不够的，"即便是可以产生色彩的，感觉也是暂时的、模糊的，它

[①] 德勒兹：《弗兰西斯·培根：感觉的逻辑》，董强译，广西师范大学出版社2007年版，第69页。
[②] 约阿基姆·加斯凯：《画室：塞尚与加斯凯的对话》，章晓明、许苪译，浙江文艺出版社2007年版，第22页。

第七章 重构绘画的内在性：交织在塞尚苹果上的哲学透视

缺乏时间长度与清晰度"[①]。因此塞尚需要借助巴洛克的构图，使得这些正在生长的色彩凝聚为苹果，排列成桌布，于是餐桌上的桌布被刻意画出褶皱以显出其本身质料的真实感，并且这些褶皱所形成的连续性还使得散落在各部分的苹果被贯穿在一起。塞尚的笔触既是涂抹色彩的过程，又是制造节奏的过程。他通过短促的连排笔触渲染了枝叶的摇曳，云朵的流淌，以及村落在阳光下的晃动。画家通过这种笔触方式解域了巴洛克的构图，他释放了巴洛克构图法设置在物体之上的确定性，显现出作为可见之物的内在生长力。或者说，他对于巴洛克构图法的使用已经远离了古典绘画的传统，物象在此的显现被保留在了自我生长、内在自足的画面之上。

从构图到色彩再到笔触，这是一个由宏大而逐渐具体的谋划行动，在这个过程中，细部在整体之中被决定；但是与此同时，还存在着一个由笔触到颜色再到构图的向度，这是一个由部分而至整体的静观目光。在此凝视之下，细微之处的变化既是在支撑同时又是在消解整体性的出现。笔触的痕迹破坏着色彩的连绵，色彩的蔓延又威胁着形象的分割。在一个看似冷静而稳定的画面之下，充满了局部的躁动难安。以至于如果继续凝视下去，苹果将从桌上掉落，如雕像般的人物也将倾倒在地，像急雨一般的树叶将淹没整个画面，山坡就要塌陷为平原。能够进入画中世界的这一刻是如此短暂，又是如此紧急。画面成了一个事件，一个正在发生，但转瞬即逝的纯粹显现。

绘画作为一件被生产出的作品，虽然作品最终的效果仍是相

[①] 德勒兹：《弗兰西斯·培根：感觉的逻辑》，董强译，广西师范大学出版社2007年版，第132页。

似性，然而相似性的发生不再是通过形象的模仿达到的，德勒兹在文中借用艺术史家李格尔（Alois Riegl）的触觉性视觉来说明塞尚画中之物所传递的相似性。李格尔以眼睛与对象之间的距离划分出视觉的三种状态，并认为在不同的距离之中，人对于所见之物的领悟也是不同的。在与物极为亲近的距离中，"观察者获得了纯粹的二维表面延展印象，如果观察者再稍后移动一下，眼睛便能观察到物体某些唤起触觉经验的方面"①。而随着距离拉远，观察者所见到的也就越来越依赖于物体表面光与色交融的视觉效果。在触觉中，我们因为其质感的变化感知一个物存在的边缘，而在纯粹的视觉中，物自身的质感被忽略，物与物之间在视觉的连续性中相互粘连，难以切割彼此。所以，在人与对象之间存在着一个恰当的距离，于此之中眼睛既可以抚触物体而获得其饱满的质感，同时又能领略其轮廓而获得物体的外形，以此赋予画中之物一种触觉般的视觉。那么，触觉般的视觉表明了人在凝视对象之时，因为切近它而得以获得其质感，仿佛在直接感触它，而不是在距离之中给予其定位。这种对于距离的抵抗体现了人和物之间的"无间性"（immediate），即不借助概念和判断而展开的纯粹感性经历。在《千高原》中，德勒兹以"平滑空间"来说明这种触觉般的视觉。"塞尚提到过，有必要不再注视麦田，以便极为接近它，失去一切方位标，迷失于平滑空间之中。"②平滑空间就是无法建立空间秩序、方向缺失、方位未定的空间。这种空

---

① Alois Riegl, *Historical Grammar of the Visual Arts*, translated by Jacqueline E. Jung, New York: Zone Books, 2004, p. 188.
② 德勒兹、加塔利：《资本主义与精神分裂（卷2）：千高原》，姜宇辉译，上海书店出版社2011年版，第711页。

间可以是一种均质的无限循环的空间，比如拜占庭建筑的内部空间，也可以是因其广延如此之大以至于难以建立方向和方位的空间，比如沙漠或海洋。无论是在怎样的情况之下，平滑空间所显现的正是一种理性于此处的无力以及情感在此刻的强烈，与此之中主体性破碎，生命随着感觉干漫延和伸展。人从俯视和眺望的理性之中退回到"单子"的状态。与其说人占据着一定的空间，不如说他被这个空间所占据，失重的生命随着空间而生成。

为了达到触觉般的视觉，塞尚要用"空间—色彩的触觉型视觉"对抗"光线—时间的视觉性视觉"。[①] 光线意味着画面中的时间性，其既包含了此事正进行的活动所具有的瞬间性，也包含了由此刻延展出的连续性，比如伦勃朗的《夜巡》："整个构图从前到后都遵循这个原则，即一种越来越快的运动，像崩塌的沙丘一般。最前排的人方迈开步，第二排已伸出了脚，最后方的则已经目测要走的路，边上的哲学家指出了方向。"[②] 当光从前方蔓延到后方时，运动的连续性被完整展现出来。而空间则是指占满画面的色彩，并且要由色彩所渲染出的情感性强度——在这方面塞尚的确是一个典型，他常常用色彩完全占满画面，最大程度地展开了空间感。这两种视觉都可以追求形象，但是前者追求眼睛所观察到的形象在视觉中的可把握性，而后者则追求研究切近对象时所获得的物质感，也就是实物作为其本身的存在性，以及在此观看过程中主体被激起的情感。所以塞尚脱离了"冷暖""明暗"

[①] 德勒兹：《弗兰西斯·培根：感觉的逻辑》，董强译，广西师范大学出版社2007年版，第164页。

[②] 保罗·克洛岱尔：《倾听之眼》，周皓译，华东师范大学出版社2018年版，第75页。

等光线对于色彩的定义方式,而转向"色彩系列的顺序"①,用手代替眼的方式一点点地添加色彩,以细微的丰富性阻挡视觉的一扫而过,并使眼睛陷入错综复杂的色彩旋涡之中。那么如何理解形象在瓦解之后,绘画所产生的相似性呢?德勒兹认为绘画所产生的相似性是一种更深层的相似性,或者说,是在感觉中达到的共振。感觉意味着外物作用在身体上并由此所引起的波动和感性触发。那么,绘画所引发的感觉越是强烈,其所引起的振幅也就越大,而在此振幅之内可能发生的共振就越多。所以,这种相似性首先是作为感觉结果突然出现的,而非来自和模仿对象的比照;其次,这种相似性不再停留在视觉形象上的相似,而是要到达概念、秩序尚未产生时的感觉和情感领域。在这个意义上,塞尚的画笔所要实现的乃是从感觉的原初性到不同层面叠加复合之后的综合性的最大幅度。这既是感觉的生成过程,也是感觉得以相互交流的基础。

通过不相似而实现更深的相似,在这一点上,德勒兹看起来与梅洛-庞蒂的确有共鸣之处:他们都要通过显露不相似的方面以突破曾经的相似性的限制。在这一方面,他们共同地抵制精神分析对于画面的侵蚀,正如在夏皮罗关于塞尚苹果的讲述中,塞尚的贡献最终落到了或者升华情欲,或者屈从情欲的平庸之境。德勒兹和梅洛-庞蒂在塞尚的作品中共同寻找着感性经验的发生方式。但是比较两者就会发现,梅洛-庞蒂突出的是光感视觉,视觉虽然被梅洛-庞蒂解释为对于对象的抚触,但是视觉也因此被赋予了优先性。在眼睛的扫视中,世界被给予主体,而主体也

---

① 德勒兹:《弗兰西斯·培根:感觉的逻辑》,董强译,广西师范大学出版社2007年版,第165页。

以此安居在世界之中。主体被物所包围并形成的整体性存在，不过在此整体中，只有主体才具有超越性和洞察力。德勒兹更强调触觉般的视觉，在此视觉中，敏锐的眼光退化为迟钝的光感，未曾被感受的力量变得敏感而尖锐。与此同时，和物的共存关系被建立：主体和对象共同的生成。这种生成远远超出了认识论上的辨别，而是在纯粹情感维度中的生成。在画布上让那一点颜料生成种子，让种子生长为苹果；或者让其中的一笔生长为岩石，让岩石显现出山川的过去和未来。理性的视觉在塞尚的作品之前终会无功而返，但是放弃理性判断，观者就会感受到塞尚所要传达的生命内在的力量。从画中苹果的生长力到新主体的生成，德勒兹以这种方式凝视着塞尚的作品。对他而言，塞尚绘画所代表的艺术作品都是以其中所蕴含的感觉和感情的强烈力度而使人从日常的绵延之中脱颖而出。它们以不可面对的多样性动摇着目光的凝视，以秩序的消退宣告沉思的开始。

第八章

象形和形象的竞争：
德勒兹论培根作品中的创造性

在上一章中，我们通过讨论塞尚在不同思想维度的阐释方式，而揭示了艺术作品所具有的内在性，以此抵挡商品交易中的抽象化和符号化的冲刷。这是现代艺术所面临的外在挑战。而就艺术本身而言，如果说曾经的艺术创造是对于人文精神的表达，对于人的尊严的捍卫，那么这些立场在面对"二战"的苦难时将难以为继，因为伟大的诗篇曾被用以点燃战斗激情，"战役中的士兵把荷尔德林的赞美诗与清洁用具一起放在背包里"①，贝多芬和瓦格纳的作品曾在柏林帝国总理府中响起。在艺术经历甚至参与了政治暴力的灾难之后，艺术的本质变得可疑，"自不待言，今日没有什么与艺术相关的东西是不言而喻的，更非不思而晓的。所有关涉艺术的东西，诸如艺术的内在生命，艺术与社会的关系，甚至艺术的存在权利等等，均已成了问题"②。阿多诺的这

---

① 海德格尔:《艺术作品的本源》，孙周兴译，《海德格尔选集》，孙周兴选编，上海三联书店1996年版，第239页。
② 阿多诺:《美学理论（修订译本）》，王柯平译，上海人民出版社2020年版，第1页。

一观点代表了"二战"之后对于艺术的批判和怀疑的态度，并且此态度延伸到艺术之外，文明和野蛮之间的关系变得可疑，甚至连人的存在价值本身在重重怀疑之后也需要论证。艺术必须面对苦难，也必须做出自我的反思和改变。

如何对于曾经的灾难进行表象？这是艺术在承受挑战时所首先要做出的回答。作为灾难的见证者和幸存者，诗人策兰通过《死亡赋格曲》提供了一种可能，死亡和暴力的恐怖，并置在生命和爱情的沉重之侧，在各种主体之间共同奏响了杀戮的乐章。策兰没有简单地区分受害者和迫害者，这首死亡赋格曲要唤起的是对于灾难和人性整体的反思，而不是推诿和指责。这是诗歌走过痛苦经验的方式，作为造型艺术，绘画也需要寻找自己的出路。本章所要讨论的弗兰西斯·培根，他在表象死亡和恐怖的同时，避免甚至抵制对此事件的主体性和个体性阐释，这一探索在某个程度上和策兰是相通的。于此之外，培根的绘画形象还隐含了对于人的乐观和期待，对于人本身的信心使得人们在放弃文明和野蛮的区别之后，仍然可以获得生存的价值。

我们在前一部分中已经提到了德勒兹的先验经验论，看到了他如何在知识论中使用这一论点克服经验论所导致的怀疑主义，与此同时超越理性主义所内含的决定论。那么在这一章中，我们将看到德勒兹在经验实存的层面所给予艺术创作的重要地位，将其视为解构日常经验陈腐程式的感性方式——艺术作品冲击并更新了生活平面的情感状态；将其视为承载生命不断生成的基体——艺术形象所表达的敏感性打开了新的感受力和感知力，最终汇聚为新的生存能力。本章以德勒兹关于绘画的反思为例，试以探讨他通过分析培根的作品而呈现出的对于艺术的新定义在何意义上颠覆了对于艺术的传统观点，且艺术创作所表达的丰富感情如何成为抗拒理性主义的先锋。德勒兹以对于艺术创作的思考为基础,在生命论的层面重新构造先验经验论,突出了艺术如何在经验的断裂之处,创造出新的生命形式,迎接新的经验。那么,我们将看到,德勒兹关于艺术创作的理论尝试,最终再次显明了他对于反思和关怀生命的人文主义立场,尽管在此立场之中充满了反理性主义的基调。

《弗兰西斯·培根》出版于1981年,在德勒兹的这本著作之前,福柯就已经完成了《这不是一只烟斗》[1],他以超现实主义画家马格利特的作品为依托,提出关于绘画内在指涉的思考,而利奥塔关于后现代主义的澄清性回答也即将问世[2],他将用康德的崇高感为前卫艺术施洗。在对于当代艺术的体验中,每一位哲学家都在他的写作中表达了他对于艺术家的创作的欣赏。《什么是哲学?》中通过对于哲学和艺术的平等并置,在更深层上说明了独立的艺术创作重新引入感觉的无限性,并且会更进一步地刺激思想的抽象运动,启发哲学性的思考。但是需要强调的是,哲学并不因此而高于艺术。艺术和哲学相互参照,共同抵抗着生命向混沌和僵化的两极滑落。而在众多激发哲学思考的艺术家中,德勒兹选择了爱尔兰裔的英国画家弗兰西斯·培根,以此展开他对于当代艺术的理解。不过既然德勒兹将培根视为塞尚的继承者,而塞尚则是作为开创者被接受,那么培根以及他所代表的当代性就不仅仅是时间意义上的当代,他们都暗含了转折和继续的双重性。

---

[1] Michel Foucault, *Ceci n'est pas une pipe*, Montpellier: Éditions fata morgana, 1973.

[2] Jean-François Lyotard, "Réponse à la question: qu'est-ce que le postmoderne?", *Critique*, Vol. 37, No. 419, April 1982.

一、利奥塔：形象空间和文本空间

德勒兹以形象的绘画定义培根在绘画上的创新。然而，形象（Figure）的概念却是德勒兹从利奥塔借鉴而来。出于理解的充分性，我们有必要先讨论利奥塔对此概念所提出的讨论。利奥塔在《话语，形象》一书中，主要的目的在于反驳结构主义对于世界过于泛滥的构造，并提出所见的内容中包含了不能被符号和常规关系所道尽言明的领域。换言之，在所见的世界和意义世界之间存在着错位，前者包含了比后者更多的内容。在意义的领域之内，所含的是话语编码以及这些编码之间形成的各种关系，尽管话语本身自成体系，然而，话语却必须通过指向外在世界才能发挥作用。那么，在一般所见的领域内，既包含了由话语中的格式塔结构所翻译编码过的层面，还应当有纯粹的视觉对象，即未被编码翻译过的直接视觉经验。就话语意义和纯粹的视觉经验之间的关系而言，它们并非并列的，因为纯粹的视觉经验拥有比话语编码更根本的地位。作为格式塔式的话语需要以它所要指向的外部世界为前提；然而，所谓的外部世界只能够经由视觉成为对象。简单地说，物在视觉经验中得以确立；而词却要通过指向物以实现对于外部世界的意义化。

在理解利奥塔《话语，形象》一书的写作主旨的基础上，我们可以进一步地讨论书中所建立的两个概念，即文本空间（l'espace textuel）和形象空间（l'espace figural）。所谓文本空间，即意义世界，是结构主义所力图呈现的景象：意义稳定并因此而可被反复认读的编码，这些编码之间以可被理解的方式相互关联，最终，编码和编码之间的联结组成了一个可以解读的空间。①若是举例而论，文本空间就像是一部被剧情塞得满满当当的叙述性电影：每一个情节都在恰当的位置上推动故事的进展。不存在任何无意义的发生，就连一句台词都有深厚或广泛的背景。这种电影拥有紧凑的节奏，因为每一个事件都占据着两种角色：是前一事件的结果，同时又是即将发生的事件的原因。如果导演的手法高明，那么观众在欣赏电影时，就会为其中环环相扣的节奏而吸引；倘若不然，这种电影就会暴露出其致命的弱点——乏味。即便是电影情节紧凑、险象环生，在这些一时的紧张情绪结束之后，观众仍然会发现这种重复雷同的电影实在只能是消磨时间的手段而已。没有意外发生的电影不过是在重复生活之中的陈腐而已。在利奥塔看来，文本空间的不足之处正在于其中格式塔的结构、程式化的解读模式。

所谓的形象空间，则是未被格式塔结构所编码的世界：散乱的事件四处漂游，尚未有任何常规的结构将其固定下来。所以，在形象空间中，所发生的事件只是碎片，还没有被组织成意义的景象。相对于影片式的文本空间，形象空间则更接近于摄影：某个时刻，某个处所的定格——从而割断与事件相关的背景，包括事件衍生出的结果的关联。这种碎片式的记录却彰显了情结电影中所缺乏的偶然性，因为就抓拍本身而言就是随机而动的。不假思索地摁下快门往往能够捕捉到意想不到的画面；其次，就静止的画面而言，它脱离原有的背景反而会向更多联想的可能性开放。正如我们常做的拼图游戏，对于片段式的画面，用不同拼接方式将会呈现出完全不同的效果，这一过程也是无法预定故此充

---

① Jean-François Lyotard, *Discours, Figure*, Paris: Klincksieck, 1971, p. 211. 中文译本参见《话语，图形》，谢晶译，上海人民出版社2012年版，第255页。

满意外的。

　　文本空间和形象空间也不是两种并列并行的视觉方式，两者的区别是本质上的：有序和无序。若我们仍以电影为文本空间的代表，以摄影比喻形象空间，那么我们会看到文本空间和形象空间所形成的关系。电影，尤其是胶片电影是直接建立于每张独立的底片之上，是对于各个时刻的拼接和连接。[①]在这个意义上，摄影提供了拼接编辑所需要的基本元素。如此看来，利奥塔在文本空间和形象空间之间给予了后者本体的地位。然而，若形象空间的作用在于提供元素，那么，它对于真实的生活有何意义呢？利奥塔在书中提到，通过对梦幻或者疯狂的分析，我们能找到无意义的碎片。我们可以更进一步地追问，在这些无意识的状态之外，形象空间如何向我们开放？要回答这个问题，我们必须进入关于形象空间的第二层理解，即形象不仅在于无序，也并非还原的工作（réduction），而是在于对于已有秩序的变形（déformation）。现象学所提出的还原固然能在一定程度上呈现原初的碎片，尽管这些如砂粒一样细小的碎片也是脱离了意义的结构，然而，就其本身而言也是缺乏张力和毫无生机的。更进一步地说，这种分解的工作本身仍然认同了已有的秩序，只不过是对于秩序的逆行而已。那么，在根本上，这种工作不会为我们展开更为丰富的可能性。所以，变形的工作已经超越了分解还原，因为它是要建立新的视角。所谓的"新"就在于其"不同"（différence），以更多的视角突破文本空间的有序结构，从而打开被湮没的偶然性，并且由此使我们看到原初发生时的生动以及

[①] 当下流行的数码电影不仅是技术上的革新，也从根本上抹除了每个时刻的独立存在。数码技术实现了对于时间的自动整合。所发生的事件向着预定的方向发展延续，直至故事结束。

其中丰富的可能性。

引导利奥塔思考形象的是艺术家克利。在利奥塔看来，克利对于形式的处理是值得注意的：克利是要通过绘画在客观的外在世界和主观的臆想世界之间创造出一个交互世界（zwischenwelt），使得被日常经验所忽略的内容在这个交互世界中成为可见的。这些内容在日常经验中之所以是不可见的是因为后者过多地依赖于格式塔式的话语结构而遗漏掉不能被意义化的"不同"。关于艺术家的创造和日常经验的关系，克利曾这样说："艺术家正像是树干，树液经由它而上升，不过树上所结的果实却是从未有人见过的。"[①] 经验就像树液一样为艺术提供了创造的能量；而艺术家则要把经验中潜在的可能性表达出来。所不足的是，尽管克利的艺术作品推动了利奥塔关于形象的思考，这位哲学家却花费了大量的精力在形象和弗洛伊德的无意识之间建立关系。所以，在《话语，形象》一书中，我们并不能充分地理解形象在现代艺术中以至于在切身的经验中如何确立。那么，德勒兹关于形象的阐释一方面借鉴了利奥塔的基本观点，从而使我们看到了形象这一概念所涉及的哲学问题；另一方面，他又将关于形象的讨论引申到美学的领域，又得以呈现艺术创造对于生活经验的革新力量。

二、德勒兹：独立的形象

和利奥塔相似的是，德勒兹也以现代艺术家的创作为参照讨

---

① Jean-François Lyotard, *Discours, Figure*, Paris: Klincksieck, 1971, p. 238. 中文译本参见《话语，图形》，谢晶译，上海人民出版社2012年版，第281页。

论"形象"的问题。若我们纵览德勒兹的著作，就会发现其一大特点就是抽象的哲学概念和具体的艺术表达相结合——这种结合并非简单地将艺术表达哲学化，而是出于德勒兹对于哲学和艺术的关系的理解。在他看来，哲学和艺术的任务都不是去理解或者再现日常生活，而在于革新甚至创造生活的新的可能性。在革新和创造的方面，现代艺术家敢于打破常规，尝试新的表达方式，因而他们的创作往往具有实验的意味，引人深思。哲学家可以借鉴于艺术创作从而进行哲学概念的创造，并进一步为反思生活建立新的视角。可以说，在一定程度上，现代艺术创作启发了现代哲学的思考方向。艺术对于哲学不再是如同在古典哲学时代的被批判的对象，而成为了借鉴的对象甚至是新概念创造的来源。本章在探讨德勒兹"形象"概念的同时，也以此说明艺术创作对于现代哲学，尤其是美学的重要意义。

在《弗兰西斯·培根：情感的逻辑》一书中，德勒兹把形象（Figure）和象形（Figuration）作为一对相对立的概念进行定义。① 形象是独立自足的，而象形却要依存于和其他对象的关联：象形"意味着一个图像和一个它所需要表现的对象之间的关系，但它同时意味着一个图像和其他图像之间、在一个组合整体中的

---

① 以构词学上而论，Figure是独立的名词，而Figuration是动名词，后者有表示一定的动作过程之义。德勒兹用Figure表示形象，在于形象的独立性；而Figuration表示象形则是在于象形的产生是间接的，需要比照一定的对象以及一定的产生模式。还需要指明的是，在书中所出现的Figural是Figure的形容词性形式，而Figuratif/figurative则是Figuration的形容词形式。本书在翻译Figuratif时，并没有采用中译本中"形象化"的翻译，而是依据德勒兹所强调的"再现和模仿"的内涵，将其译为"象形"。特此说明。

关系，正是这一组合整体赋予了每个图像它的对象"[①]。

象形作为关联性的绘画，所表达的内容往往并非直观所能达到的，而是需要诉之于阐释。比如文艺复兴中常见的主题，正义、勇敢、爱欲等等，在绘画中常常通过几位标志性的女神来表现。在这些绘画中，其构图、线条以及色彩的运用要以所表现的抽象主题为基础。结果是，象形绘画通过这些超验性的主题而得到升华，变得深刻而神秘。观看者对绘画的经验只有经过重重解释才能触及绘画之中的真理。所以，象形绘画向观看者提出的要求不仅有视觉活动的参与，更重要的是要有理性认识的指引，并且后者的作用大于前者。那么，在这个意义上，象形绘画作为艺术表达，本质上却属于理性主义的传统。关于象形绘画的审美经验，尤其是所引发和产生的情感仍是要从属于理性的管理。

更进一步地说，象形之所以被否定是因为其所要求的阐释或叙述性，事实上是以一套既成的模式规定绘画，并使绘画落入陈腐的俗套（clichés）之中。俗套的恶劣，也不仅仅在于其将经验中的丰富性拒之门外，还在于它所形成的先在的眼光，诱导我们对于各种形象的观察：看到大卫的雕像就要想到文艺复兴，见到唐三彩就要联想到丝绸之路。这种俗套的关联，作为一种统摄性的眼光，使我们只能看到我们应该看到的，并且在所看到的和并未看到的之间做出想当然的关联。打开报纸，我们随处可见充满陈腐之气的各种图像：新闻图片、手绘漫画，尤其是大部分广告中所采用的图片更是一般模式、千篇一律。这种毫无创造可言的

[①] Gilles Deleuze, *Francis Bacon: Logique de la sensation*, Paris: Éditions du Seuil, 2002, pp. 11–12. 中文译本参见《弗兰西斯·培根：感觉逻辑》，董强译，广西师范大学出版社2007年版，第7页，译文略有改动。

俗套式的绘画方式从原因上看是忽视或者无力表达情感的丰富多样性，而从其效果上看，则又是以贫瘠的模式塑造情感，甚至是把虚假的情感强加于人。在众多恶俗的宣传画中，我们常常能感到这种俗套的表达方式所勉强于人的虚假情感。德勒兹对于象形绘画批判的重心正在于其对于情感的简单化和模式化，以至于失去了情感的真实和生动。

那么，如何突破象形绘画的模式，使绘画直接触及观看者的感官和情绪，是每一位画家都面临的任务。在培根之前的塞尚以细微的色彩和确定的线条建造牢固的画中世界，又有凡·高以晃动的笔触渲染奔放的感情，那么对于培根而言，避开象形的首要举措就是对于画中形象的"隔离"。几乎在培根所有的作品中，我们都能发现画家采用了很多技巧以实现孤立形象的目的：圆形场地、立方体、平行的玻璃、分割的板块。以《根据委拉兹开兹的教皇英诺森十世的肖像的习作》（1953）（以下简称《教皇习作》）为例，由上垂下的纱帘，以及由左至右或者由右至左穿插而过的围栏就是培根用以"孤立"教皇的形象，从而排除了画外故事对于画面的干扰。在这幅画中，隔断给教皇创造了一个完全独立的场地，任何情节性的场景都显得不合适。观察者的目光不得不落在教皇之上，与此同时，却不能找到任何故事性的线索。教皇的形象得以保存于绘画之内，而不是被延伸到模式化的关联之中。从这个角度上讲，培根所用的隔离形象的手段是保护形象的独立性的基本技巧。当然，就这些起隔离作用的圆形场地或立方体而言，它们本身也为其中的形象创造了一定的情感氛围，或者说为形象提供了活动的场地。这些隔断更加鲜明地标出了画中

第八章　象形和形象的竞争：德勒兹论培根作品中的创造性

世界的存在性，同时也是不同于日常生活的另一个世界的入口。

独立的形象使绘画从各种繁芜的阐释和叙述性的累赘中解脱出来，并且实现了绘画作品的直接的观赏性。在此基础上，我们可以更进一步地讨论德勒兹在提出形象的独立性时，他要引导我们去思考的两点：其一，绘画，作为艺术表达方式，是自足的；其二，如何以新的方式建立绘画和生活的关系。

以第一点而论，德勒兹用绘画的自足性作为立场，批判理性主义传统对于绘画的定义，即再现论。在理性主义的眼光中，绘画作为再现，从来不是简单地再现生活中的视觉对象而已，再现的完成要经历选择对象、确立形态、把握光色等一系列主观性的过程。那么，在这个过程中，是什么在引导画家的取舍，是谁在真正地支配画笔？正是那些理性主义传统中最至高无上的理念：永恒的真理、不朽的美德以及合乎比例的美姿。这些理念在控制画笔的同时，也在左右画家的创造力。所以，再现论不仅在绘画表面蒙上了一层隔膜，使观赏者无法看到画面本身，而只是"阅读"到画中所叙述的故事以及理念；同时，再现论也在画布上添设障碍，引诱甚至完全控制着画笔在画布上的运动。再现论阻挡了画家的创造和表达的自由。而承认绘画的自足就是承认画家对于画布以及画笔的自由支配权，就是拒绝再现论对于绘画的规定性。对于理性的自觉反思是培根尝试各种习作时的动机。他将自己模仿委拉兹开兹的习作当作是对于前辈的致敬之作，他一直痴迷于委氏的《教皇英诺森十世》，尤其欣赏该画华丽的色彩。不过正如我们所见的，委氏画中细腻的颜色在培根的习作中却化成了粗犷的紫色和白色，教皇高贵的长袍变成了几个色块的拼接物。通过种种类似的手段,以严厉著称的尊贵教皇被培根化解得只剩下模糊的身影。那么,这幅习作在什么意义上可以被视为"对委拉兹开兹的模仿"?对此培根曾做出解释:"这就是诱惑所在:我如何能以最非理性的方式去制作这件东西?这样你不仅仅是在复制这个形象的外表,也在复制你自己所理解的所有情感区域。"① 培根的回答包含了他对于绘画自足性的理解。当然,这里的自足性并不同于阿多诺的艺术自律性,尽管在培根的教皇和委拉兹开兹的教皇之间的确存在着某种主体或者技法的继承关系。然而这种关系的重要性远远低于培根在这里所要复制的对象:情感,所有情感的区域。

培根之所要模仿前辈的作品,乃是因为此作品之中他欣赏该画华丽的色彩②,尤其是在此色彩效果中所营造的强烈的情感。情感才是艺术的本质所在。当然为了表现出此内在本质,艺术作为作品,要将多种元素混合在一起构成"感觉的聚块"(bloc de sensation)③,也就是有强度的感知对象,超出了日常经验接收范围的对象。艺术的感知物不是模仿,尽管作品之中的形象可能是现实之物的重复,然而在这种重复之中所传达的是另类的情感。"感知物可说是望远镜式的,或者显微镜式的,因为它们使人物和景物变得规模巨大,仿佛充满了任何已体验过的知觉所无法企

---

① David Sylvester, *Interviews with Francis Bacon*, London: Thames & Hudson, 2002, pp. 26-27.
② David Sylvester, *Interviews with Francis Bacon*, London: Thames & Hudson, 2002, p. 25.
③ 德勒兹、迦塔利:《什么是哲学?》,张祖建译,湖南文艺出版社2007年版,第434页。

及的生命力。"① 所以，尽管有些作品之中所显现的生命时刻十分平庸无奇，比如培根《三联画》中呆坐的男人，但是艺术家所有的成就都在于将隐藏在平庸之下的微妙和神奇显现出来，比如呆坐的身体中内在力量的波动。

　　越是强调艺术的创造性，越是给予其创造以完全的自由，也就越容易陷入"为艺术而艺术"的否定神学之中。德勒兹对于艺术的理解充满了浪漫主义精神，但是他却从来都不认为艺术应当或者可以脱离生活。如果艺术不去再现日常经验，也不去再现理性概念的话，是否就意味着艺术会脱离现实？或者说，自由的绘画创作于生活而言有何意义？艺术创作以什么样的角色融入生活世界当中？这正是我们上文所提到的关于形象的独立性的第二点思考。有一种对于绘画独立性的理解必须被背叛，那就是视绘画为纯粹的色彩和线条的游戏——这种看似给画家以绝对自由的观点事实上否定了，或者至少是过低地评价了绘画以至于艺术对于生活的作用。那么，如何在生活的世界内安置绘画的独立性呢？德勒兹将艺术的独立性置放在俗套和生活之间。一方面，发生在生命活动的最初的生动和丰富被生活中各样的俗套、陈腐的思考模式所隔绝。而艺术创造正是要打破惯有的思考和情感模式，向人重新打开鲜活而生动的生活世界，展示无拘无束并在不停变化的生命活动。艺术家通过其创作向人们提供了新的思考方式和情感方式。在生活层次上，也提供了新的可能性，即从已有的模式中跳出来的可能性。那么，如果说再现论中的象形绘画是在向人发出"应当如何"的命令的话，非再现的形象则是对人提出"可

---

① 德勒兹、迦塔利:《什么是哲学?》，张祖建译，湖南文艺出版社2007年版，第448页。

以尝试这样或那样"的建议。而另一方面,艺术所创造的新感性在进入生活层面后,也会生产出新的节奏和秩序。《千高原》中曾经举例,在黑暗中行走的孩子如何凭着自己的歌声所建造的节奏感,驱逐黑暗包围的恐惧感和混沌感。①正如所有的艺术作品都要构造情感,在其"构造"方式之中就已经包含了对于情感的组织方式和表达方式。即使我们不再如幼年那样陷入黑暗的恐惧之中,但是在很多时刻仍然需要音乐的节奏获得时间性和秩序性。这一点在关于习惯的部分中已经讨论过了。在这里所要强调的不仅仅是艺术对于新的情感方式的生成,并且在艺术所打开的丰富的情感之中,我们获得了多样的情感方式,生命因此会变得更敏锐,更能洞悉外在的力量,也由此可以和其建立连接,延展自己的生命力。以斯宾诺莎的伦理学看来,这就是对于生命力的提高,也就是善。

三、培根:生成动物

我们已经反复提到艺术家的创造。那么,具体而言,培根的艺术创作体现在哪里?这个问题可以从两个方面进行探讨:其一是技法,其二是所表现的主题。

首先,培根的绘画方式是独特的:他在具象和抽象之间开凿出新的道路。具象绘画深受再现论的影响,在处理画中各个元素之时容易受制于外在的理念。故而以具象绘画而论,这种绘画难以实现绘画的独立性。而抽象绘画正是出于对具象绘画的完全

---

① 德勒兹、加塔利:《资本主义与精神分裂(卷2):千高原》,姜宇辉译,上海书店出版社2011年版,第441页。

反抗，完全抛弃了具体的形象。更确切地说，具体的形象不再是绘画的目的，取而代之的是绘画本身各元素之间的紧张和平衡。在色彩、线条和几何形体的和谐配搭下，我们可以从蒙德利安的作品《胜利布吉—沃吉》中感到轻快的音乐节奏。然而，这种节奏感在培根看来却是缺乏张力的，尽管不停变换色彩的几何形体像是跳动的舞步，不过，这仍然只是悦人眼目的视觉游戏而已，并没有真正地触及发生在身体表面的感觉以及感情，即情感（sensation）。表达情感，这才是绘画的本质所在。如果一幅作品缺失了情感，那么，它只能是空洞乏味的。故而，培根也没有选择抽象绘画作为表达方式。培根必须找到一条出路以解决具象和绘画的独立性，以及抽象和情感表达之间的矛盾。他所采用的方法就是变形（déformation）。我们仍以《教皇习作》为例说明培根的独特方法。

　　培根曾在一段时间内反复地画教皇主题的作品。而所选择的这幅作品则向我们展示了培根在人物造型上的突破之处。首先，在这幅画中，培根用了一些透视线条，比如教皇身后的椅背，以及身下的透明立方体，使作品获得了轻微的空间感。作品对于深度的勾勒是极为谨慎的，培根用了大面积平涂的单色作为背景削弱了画面的纵深感。画中的形象被向前拉近的这种手法在传统的人物肖像画中常被采用，因为它能使画中的人物有呼之欲出的亲近感。然而，培根对于前景的处理却扰乱了原本应是明确清晰的画面：从上而下的垂帘将人物形象的细节变得模糊，同时，也打破了肖像画的传统——要以人物的外貌为依托再现人物的身份、地位以及性格品德。这幅以教皇为主题的肖像画却通过教皇极力张大的嘴向人传达出恐惧的情感。其次，培根在这幅画中，也运用了不少抽象的线条，比如从上而下的垂帘其实是由若干统一的粗线条组成；还有教皇身后及身下的几处线条。就单个的线条而言，其本身是抽象的，甚至是空洞无物的。培根却充分利用了线条之间的呼应效果，使画面有了立体的空间感，给其中的人物形象提供了活动的场所。在这一点上，培根把线条的表达力充分地发挥了出来。最后，培根用色彩强调绘画作为纯粹的视觉对象——绘画的本质属性。色彩是完全属于视觉世界的，在绘画中色彩有着自己的独立性。在传统的具象绘画中，色彩的运用不得不受限于明暗关系、色阶价值之间的关系等诸多顾虑。色彩要服从于形体。然而，在培根的作品中，色彩本身就暗含了体积。教皇身后的椅子完全由明亮的黄色表现出来。培根很少使用轮廓线，而是直接将色彩涂抹在画布上。椅子是一例，教皇的衣裙又是一例。灰色到亮白的过渡、迅急的笔触使裙子不像是一件衣服，而是要溢出的流水一般。以生动的色彩，培根突破了具体形象的拘泥；与此同时，有了形象作为依托，色彩又不会落入抽象主义的空洞乏味之境地。

在培根所活跃的年代，即从20世纪50年代以来，颇有一批艺术家选择处于恐怖效果之中的人物作为绘画题材，比如英国画家格拉汉姆·萨瑟兰（Granham Sutherland）也曾以变形的人体、兽类和怪物表达恐怖的情感。那么，同是在处理人体形象的题材，除了技法上的创新之外，培根独特的观察力和表达方式体现在何处呢？或许我们可以在他的作品中找到线索。

纵观培根的作品，我们会发现，尽管培根是以人体为题材，然而他画中的人体在极度扭曲变形的情况下，只是保持了可以辨认的基本要素而已，甚至难以称得上是"人体"：被极力张开张

第八章 象形和形象的竞争：德勒兹论培根作品中的创造性

大的嘴巴（《头部习作》，1949），有头却无脸的人体，有些人体的头部变得和动物的头部无法区分，比如猪脸（《自画像三习作》，1974），或者狗脸（《吕西卢·弗洛伊德三习作》，1965）。在他早期的作品中，培根更直接把人体变形为动物的身体，比如鸟身（《一幅〈十字刑架〉下的三习作》，1944），再如公牛的身体（《绘画》，1946）。为何培根要以这种方式表现人体？每个人看了培根的绘画之后，都难免如此询问。按照培根自己的解释，这些变形扭曲的身体呈现了生命之中最为根本的事实，即我们是血肉之躯，身体是我们在这个世界的存在方式。

很多人尝试着以极端的境遇来解释这些扭曲翻转的身体："猪脸"是一拳击在脸上的效果，而"鸟身"是因为被迫几小时就坐在板凳上不堪忍受的疼痛而导致抽搐蜷缩的身体形象。在暴力之下，人体的本能反应就像是动物一样抽搐痉挛。这种说法在某种程度上有相当的解释力。因为培根本人也亲身经历了战争的暴力。所以，以战争的角度，将培根画中的形象解释为集中营中的恐惧，这也可以言之成理。不过，相比于德勒兹对培根画中形象所提出的观点，这种人物传记式的解释就显得过于表面了。在画中那张开的大嘴前所感受到的，应当不仅有因叫喊而变形的身体，还有维持叫喊这一行动的力量。力量本是不可见的，但是却通过情感的形象变得可见。在这幅画中，我们看到，生命的力量是如此强烈以至于超出了身体的承受力，最终迸发在歇斯底里的叫喊中。"那些引发了叫喊，并使得身体痉挛，让叫喊一直到达嘴巴、到达被清理的区域的力量"[①]，透过扭曲的身体，让我们感

---

① 德勒兹：《弗兰西斯·培根：感觉的逻辑》，董强译，广西师范大学出版社2007年版，第72页。

到顽强不屈的生命力。这在德勒兹看来才是生命的崇高时刻，突破了理性限制的时刻。而在这些时刻背后，并不是一个个悲惨的个人故事，而是最为平常，换言之，最自然的身体罢了（这些身体的变形），是人的身体根据作用在它身上的简单力量而重新汇聚在一起的各种自然而然的姿势。①

之所以说是身体自然而然的姿势，是因为和那些如仪式般高雅优美的姿态相比，这些看似扭曲、丑陋的身体更接近于人本能的反应，更接近于人的血肉之躯。所以，这些作品所表现的的确是发生在身体上最平常不过的事而已：受太阳炙烤的头部恨不能变成遮阳伞（《三联画》，1974—1977），将身体完全地遮盖起来；挂在十字架上失去骨骼支撑的肉软塌塌地垂下（《三联画，十字刑架》，1965）——这才是真正的垂死的肉身，失去精神的力量、道义支撑的生命，释放出了身体本身的力量。这种情况的发生未必一定要以极端的暴力为条件，正如画中所表现的，在平常的生活中，我们表露出动物本能的生命形态时时出现在睡眠、摔跤、叫喊，甚至是打哈欠等不由自主的动作中。

德勒兹将培根的绘画目标理解为："破坏面容，重新找回脑袋，或者说在面容之下，让脑袋呈现出来。"（défaire le visage, retrouver ou faire surgir la tête sous le visage.）②我们在前文中已经

---

① Gilles Deleuze, *Francis Bacon: Logique de la sensation*, Paris: Éditions du Seuil, 2002, p. 60. 中文译本参见《弗兰西斯·培根：感觉的逻辑》，董强译，广西师范大学出版社2007年版，第72页，译文略有改动。
② 德勒兹：《弗兰西斯·培根：感觉的逻辑》，董强译，广西师范大学出版社2007年版，第26页。为了保持行文的一致，这里将中文翻译中的"脸部"调整为"面容"。Gilles Deleuze, *Francis Bacon: Logique de la sensation*, Paris: Éditions du Seuil, 2002, p. 27.

第八章　象形和形象的竞争：德勒兹论培根作品中的创造性

讨论到关于面容（le visage）的问题，面容专属于人，列维纳斯将其区别于动物的脸孔（la face），但是德勒兹却要在艺术造型中抹平这种区别，将面容和脸孔都归于脑袋（la tête），换言之他要为人的存在寻找动物性的维度，探求生成动物的可能性。

在《千高原》中，"生成动物"的内涵被解释为生命在不同的关系和配置中的流变。比如女人进入婚姻就如同男人进入战争，他们在新的存在关系之中释放出不同的生命能量，但这并不是进化，更不能将其理解为新秩序的形成，而是要看到生命对于新的外部关系做出反应时，其内在潜能的变化。再比如说，如何生成狗："如果我的双手被套上鞋子，那么，它们的元素就会进入到一种新的关系之中，由此产生出我孜孜以求的情状或生成。不过，当第一只手腾不出空的时候，我怎样才能将鞋子套在我的第二只手上呢？用我的嘴，它自身转而接受了配置之中的一种投入，并生成为狗的嘴，条件就是狗嘴现在用来穿鞋子。"[①] 生成，并不是要模仿，也不是要在形式相似性的刺激下所产生的联想。生成狗是要让自身进入狗和其他物的关系之中，获得狗的生命情态和能力。从根本上来说，我们无法模仿狗，因为我们的世界和狗的世界完全异质，尽管在各种影视动画中，到处都是会思考能表达的动物，但是这些动物不过是人化的动物，是经过人驯化和改造的宠物，是对于人的模仿，且充满了人的自恋。生成动物，绝不是要生成人造物，反而是要逃离人性的世界。

那么生成动物的意义何在呢？德勒兹对于生命的理解始终是斯宾诺莎式的，也就是说生命会在不同的关系之中获得不同的能

---

① 德勒兹、加塔利：《资本主义与精神分裂（卷2）：千高原》，姜宇辉译，上海书店出版社2011年版，第364页。

力和观念。如果说现有的生命观念不再能够为我们的生存提供支持，那么我们就要努力获得新的关系，生产新的观念。正是在这个意义上，德勒兹提出了生成的观念，通过生命的流变实现对于现有存在状况的突破，从而将已有的判断和价值置于无效之地。在这一意义上，面对"二战"的人性灾难，列维纳斯的策略是捍卫人性的尊严，让人性成为更加人性的，而德勒兹则选择了从动物存在的角度怜悯人性的脆弱，也从动物生成的角度指出了生命的坚韧。相比于《千高原》中对于生命生成所要求的外在关系和配置，培根的绘画则是在更纯粹的境地呈现出生命的赤裸状态：既包括失去了道德保护，暴露在强力之下的身体；同时也包括抛弃了道德约束，筹划杀戮的身体；更有非道德时刻，被生命本能所催动的身体。塞尚所不能完成的身体形象，最终在培根这里得到了成全。当然二者的时代全然不同。在培根所处的年代，也就是"二战"之后，对理性尤其是道德发生怀疑的时代背景之下，培根的作品当然可以被视为对于道德的抨击，表达出道德面对发生在生命中的暴力的无能为力。不过，这却不是培根作品的真正题材。回归身体，避开理性、道德对于身体的约束和塑造，这些才是培根所要创造的形象，也是使培根从这个时代脱颖而出的关键所在。培根通过画中的形象表达了他对于生命的理解：生命的存在受限于这副血肉之躯，身体才是我们在世界中的最基本的存在方式。

无论是利奥塔对于结构主义的批判，还是德勒兹对于再现论的批判，他们在建立"形象"这一概念时，其目的都是对"是谁在说话"（who speaks）这一问题的超越。而他们对此问题的回答将自身区别于结构主义。尽管结构主义在回答这一问题时退后了一步,将这个问题置换为是什么使我们的思想方式/话语表达成为可能,并且在此问题的引导下,结构主义者们要在思想的平面上揭示我们共同所属的表意系统。在这一意义上,结构主义的方法是再现的,它是要在已经被定格的思想肖像画中,识别出某些重复性意义元素,进行放大、强化和再现。"结构主义与一种新的先验论哲学密不可分,场域在这种哲学中压倒了那些填充它们的人。"① 在结构主义的方法所默认的前提中,首先是意义的有序性,在语义分析中所表现出的思想结构;其次,意义和思想的结构性先于主体的表达,并且决定了主体的表达。所以,当结构主义者用表意系统作为支配主体表达的前提条件时,那么就不再是主体在表达,而是这些先验性条件在表达。那么作为对于"是谁在说话"这一问题的回答,结构主义认为是话语在自说自话。然而,这种回答对于思想主体性的彻底拆解,正是利奥塔和德勒兹批评结构主义的根本原因。我们在第一章中,通过胡塞尔和德勒兹关于先验论不同理解的辨析,已经看到德勒兹反对绝对的主体性。那么在这里,德勒兹反对结构主义的理由是什么呢?结构主义宣布了人的死亡,然而这一宣布本身是否已经暗示出一种新的思想形态的出现和取代呢?德勒兹的主体既不是占绝对地位的主体,也不是消极被动的主体,而是介于二者之间。"既不

---

① 德勒兹:《〈荒岛〉及其他文本》,大卫·拉普雅德编,董树宝、胡新宇、曹伟嘉译,南京大学出版社2018年版,第260页。中译本将原文中的"lieu"翻译为"地点",考虑到结构主义所继承的先验哲学,也参照"lieu"在法语现象学中的内涵和翻译,这里将其改译为"场域",以突出结构主义所构造的语义系统。原文参见 Gilles Deleuze, *L'Île déserte et autres textes (1953–1974)*, édition préparée par David Lapoujade, Paris: Minuit, 2002, p. 244。

是上帝，也不是人，既不是个人的，也不是普遍的，他不具有同一性，由种种不具人格的个体化与种种尚未个体化的奇异性构建。"① 或者说，德勒兹既承认理性主义传统所给予主体性的能动性，又接受结构主义所呈现的主体思想和话语的前设条件，但是他将两个方面总合在一起，期待主体能够突破先验性结构，表达出自身的创造性。创造性的主体就是反抗的主体，他的创造就是反抗本身。正如培根要在布满确定性的画面上主动引入灾变，德勒兹也期待着每个主体在思想的运动中接受偶然性的挑战，充分利用那些偶然间敞开的新的可能性，超越甚至完全改变了已有的思想定势，最终实现思想自由的运动以及思想间的差异所呈现的多样性。

在对于思想自由和多样性的实现中，德勒兹多次强调要在策略上引入灾变（catastrophe）②的必要性。对于艺术创作而言，就是要在一开始就引入偶然性，使用那些无意义、非理性的错乱感打破已有的结构性，从而让艺术家摆脱对于已经创作程式的依赖。为了在画布上引入偶然性，每位画家都有自己的策略：培根选择随意画出随机的划痕，擦抹某些局部画面，或者以不同的角度和速度向画面喷剂颜料③，凡·高的策略是那些由直线和曲线

---

① 德勒兹：《〈荒岛〉及其他文本》，大卫·拉普雅德编，董树宝、胡新宇、曹伟嘉译，南京大学出版社2018年版，第287页。
② 德勒兹：《弗兰西斯·培根：感觉的逻辑》，董强译，广西师范大学出版社2007年版，第117页。原文参见 Francis Bacon: Logique de la sensation, Paris: Éditions du Seuil, 2002, p. 94.
③ 德勒兹：《弗兰西斯·培根：感觉的逻辑》，董强译，广西师范大学出版社2007年版，第116页。

第八章　象形和形象的竞争：德勒兹论培根作品中的创造性

所构成的晕线（hachure）[①]，甚至有些画家将灾变铺展在整个画面上，比如波洛克的线条，当然也有画家将灾变压制到极点，比如蒙德里安的几何方块。换言之，创作者盼望着借助偶然性打破必然性对于画面的支配，也就是实现对于画面的解构。这种解构本身带着风险，因为很有可能在此偶然性的扰乱之下，完全地落入偶然性的动荡和混乱之中，而导致创作最终一无所成。所以在和既有程式争夺画面的过程中，无论结果怎样，每个画家都是英雄，都体验到了在表达的冲动和阻碍表达的陈规之间的交锋。只有穿过偶然性所辟开的裂缝，实现新秩序的构造、呈现出新的形象，才算是获得了胜利的英雄。

　　由象形到形象，这不仅仅是发生在绘画史上的转变，也是发生在具体的每一次绘画创作中的转变。象形，在绘画动作之前（avant-coup）已经在画布上了；形象，却是事后（après-coup）来临。绘画是驱走象形、清理场地、新建形象的过程，是在"之前"和"之后"之间的摇摆。[②]这种摇摆并不单单属于绘画创作，它会出现在所有的思想运动之中：竭力摆脱"之前"的，然而，所到达的目标却总是"之后"才来临。思想必须经历摇摆不定、混乱无序的过程。"之后"的目标不过是表明了思想运动轨迹的里程碑而已。在这个意义上，思想的发生不是为了证明理性的伟大，而是表明思想的自由：对之前的超越，对之后的创造。这正

[①] 德勒兹：《弗兰西斯·培根：感觉的逻辑》，董强译，广西师范大学出版社2007年版，第119页。原文参见 Francis Bacon: Logique de la sensation, Paris: Éditions du Seuil, 2002, p. 95。

[②] 德勒兹：《弗兰西斯·培根：感觉的逻辑》，董强译，广西师范大学出版社2007年版，第115页。原文参见 Francis Bacon: Logique de la sensation, Paris: Éditions du Seuil, 2002, p. 92。

是先验经验论的意义所在：每一思想的发生都成为既定的思想界限的超越。

德勒兹通过培根的绘画，论证了灾难之后艺术仍要被持续的意义，以及艺术发展的新方向，而他的论证本身又远远超出了艺术本身。德勒兹在培根作品中的变形的身体中看到了生命生成的无限性，这种无限性最终也会支撑着人们越过苦难以及苦难之后的阴影。在德勒兹将灾变视为艺术创作的策略时，我们再一次感受到他对于生命本身的信念，接受灾变，接受摧毁性的打击，因为在灰烬和废墟之上，将会有新的文明建立起来。在新文明的探索之中，艺术将会是最善的开始。

第九章

欲望褶皱与机器生产：
德勒兹对于现代个体的反思和批判

每个哲学家都为自己的时代贡献了关键的概念。在诸如"差异""配置""生成"等概念中，德勒兹最具有代表性的概念应当非"欲望"莫属。为了使欲望成为独立的概念，德勒兹一方面和精神分析派论辩，反对后者将欲望理解为"欠缺"，反对对于欲望的物化；另一方面也向福柯言明，欲望比快感更根本，快感只表达出了欲望过程中主体的某些情态，但欲望在对于行为的解释深度上远远超越了快感。在这一意义上，德勒兹的确堪称那个时代的"欲望哲学家"。作为德勒兹哲学中的关键词，"欲望"贯穿了他所有的著作。无论是在其思辨的哲学理论中，还是在文艺理论中，抑或是在其社会批判理论中，关于欲望的思考无处不在。本章借助于德勒兹所描绘的莱布尼茨和福柯的思想肖像，尝试探讨欲望作为生产机器的运转原理，包括在作为个体性的欲望中，身体和灵魂的关系；在作为生产机器的欲望中，意识和无意识的关系；作为主体性的欲望中，快感和欲望的关系；并最终在心灵不可测度的深度之中，呈现以德勒兹为代表的当代法国左派思想家所描绘的生命图景。

一、褶皱和欲望

为了描述欲望在生命之中的发生状态，德勒兹创造了褶皱这个概念。欲望的褶皱既是抽象的概念，也充满了实际经验的各个维度。从打开的折扇，到水面上的涟漪，再到熔化又凝固的蜡块；从树林中大小不一的年轮，到面容上堆积的各种表情，再至大脑中有深有浅的沟回。欲望如同褶皱一般地形成、展开，复又折叠；褶皱和褶皱重叠、交叉。褶皱产生折痕，既是连续性，折叠并非断裂；又是分裂，把原本的整体划分成更小的部分。连续和分裂是欲望褶皱的两个重要表征。

在《褶子：莱布尼茨和巴洛克》中，德勒兹以巴洛克艺术中繁杂的线条生成作为莱布尼茨单子论和微积分的图像性说明；而透过单子的封闭性和微积分的极限性，我们观察到生命作为一个有机的整体，其在不同环境之中的收缩和延展，即褶皱。"一个自然的机器，它最小的部分也还是机器，而且它曾经是什么机器就永远是那样的机器，只是由于受不同的折叠，而改变形式，时而展开，时而收敛。当我们认为它消失了的时候，它是收缩集中到了一点。"[1]出自神的创造的自然生命是一个有机的整体。这种有机性体现在自然生命即使在某一部分受到损害，这一部分只是暂时性地收缩在整体之中，为将来重新展开积蓄可能性。但是人

---

[1] 莱布尼茨：《新系统及其说明》，陈修斋译，商务印书馆1999年版，第7页。

第九章　欲望褶皱与机器生产：德勒兹对于现代个体的反思和批判　　243

为的机器则不同，其没有能力进行整体性的调整和变化，所以一旦有所损毁，就不能自行修复。自然生命所具有的这种有机性，是一种不可再分的整体性。只有不可再分故而没有部分的纯粹整体才是最终的元素，这就是单子。

　　在德勒兹看来，莱布尼茨创造出微积分的方法就是为了精确描述单子的运动变化。通过把不规则因而无法直接计算的对象分割为尽可能多的可以计算的图形再加以求和，以此逼近原初对象的面积，这是作为微积分中积分的一方面。在这一方面中，对象被分割得愈是无限地多，其求和的结果也就愈接近于精确。这种无限分裂性恰恰反映了充斥在对象内部的连续性，因为被分割的部分只能作为整体之中的部分而被计算。那么，所被分割出的线段总是和整体保持着某种关系$1/2$、$1/4$、$1/8$……并且最终和其他的部分一起回归到整体之中，共同地呈现出整体的大小。作为微积分中微分的一方面，则是要通过计算曲线在某一点上所受切线的斜率。切线是割线的极限，若割线和曲线相交于两点，那么通过移动切线，相交的两点会逐渐会合至一点，所以切点不过是割点的极限，而切线是割线的极限罢了。当切线的斜率为零，也就是切线呈水平方向时，曲线在此处要么处于极高之处，否则就是极低之处。而当斜率为正，表示曲线正在上升；相应地，为负则是在下降。在斜率的一阶导数的基础上推出的二阶导数则反映了曲线此时的变化速度。所以，在微积分中，莱布尼茨表现了曲线在某个点上，更为准确地说，如果考虑到曲线的连续性，是在某个时刻的变化，以及变化的加速度。那么，如果直线表示一种纯粹理想环境中的运动状态，曲线才能反映出在现实环境中的运动复杂状况，不同的引力所导致的方向和速度的变化。若是把直线看作曲线的极限,那么莱布尼茨就用他所发明的微积分不仅代替了此前的笛卡尔数学体系,还能比后者拥有更大的可适用性。

微积分为莱布尼茨解释灵魂的运动变化提供了方法。莱布尼茨认为灵魂的本质就是单子,单子的首要特征就是内在的单纯性。这种单纯性也表示单子本身既无广延,也不可再分。那么,这样的单子必然要包含某种抽象的属性,否则就成了完全的虚无,并且这些属性是一经创造,则不再改变。所以,单子不需要窗口。不过,对灵魂这样的理解还有一个困难,就是如何解释灵魂/单子的变化。莱布尼茨认为单子从一种状态到另一种状态的变化是连续的,并且变化是完全内在的,其始于内在,也只限于灵魂内部。这也是为何莱布尼茨在多个文本中都不断地证明灵魂的变化并不是由于受到了外在形体的影响,而是完全出于灵魂自身。至于为何身体和灵魂能保持一致,他诉诸"前定和谐",并由此拒绝了笛卡尔的"救急神"(Deus ex machina)。[①]在和谐的两端,灵魂和形体之间,莱布尼茨显然给予了灵魂内部以极大的丰富性,甚至包括了那些如此微弱以至于难以觉察的细小知觉;而形体是充满惰性的,因为它缺少"行动的源泉"。[②]莱布尼茨反对形体对于灵魂的影响正是要保证灵魂本身的连续性不会受到外在的干扰。但对此观点最大的挑战莫过于以死亡来证明形体对于灵魂的决定性。莱布尼茨为此提出死亡的新定义。死亡在形体上意味着分解、变形,在灵魂上则表示其知觉状态到了零度,达到了极限,是被折叠成了一个点,而非消亡,这也就是为何单子

[①] 莱布尼茨:《新系统及其说明》,陈修斋译,商务印书馆1999年版,第51页。
[②] 莱布尼茨:《新系统及其说明》,陈修斋译,商务印书馆1999年版,第93页。

除非是被造物主所毁灭，否则绝不会消失。在灵魂的状态上，莱布尼茨认为灵魂的感觉包括欲望在被创造时，就完全被上帝给予了，但是这些感觉和欲望随着灵魂的变化，就像曲线变化一样，在某个时刻被展开，变得明晰；或者被折叠，变得微弱模糊。

感觉的清晰或者模糊，欲望的强烈或者微弱，并不取决于外在，而是在于灵魂本身。莱布尼茨指出，当上帝创造灵魂时，他就在其中安放了对于宇宙的表象。没有两个单子是相同的，也不可能有两个相同的关于宇宙的表象。这就是莱布尼茨著名的观相主义（perspectivism），即一个城市在不同的视角下呈现出不同的形象。街道的秩序、建筑物的空间关系因视角的不同而不同。在这种理解之中，我们不自觉地就把视角当作了主体占据的空间，而被占据的空间是后于主体的，是被主体构建、供主体选择的。但是从莱布尼茨所坚持的灵魂被造说来看，视角的不同，正是上帝安置的宇宙表现的独特性决定了个体，而不是相反。因为无论是视角还是个体性都并非空间性的存在，而是对于所呈现的各种表现的组合、关联和秩序化。并且，虽然整个世界都被上帝安放在灵魂中，但每一个灵魂内能清晰地显现某一个部分的表象，因为心灵本身的有限性，它只能更清楚地认识一部分观念，而不是全部。

在认识论中，莱布尼茨排除了身体对于灵魂的影响；在实践论中，他再次证明了灵魂的独立性。身体与灵魂的"前定和谐"实质上就是一种并列存在。莱布尼茨承认身体上的痛苦和快乐可以同步于灵魂的痛苦和快乐，不过坚决反对两者之间的因果关系。故而他必须给予灵魂的快乐和痛苦以新的意义。"一个人由于一件东西不在——如果它在是会给他快乐——而在自身中感到不安（inquiétude）[英文为uneasiness]，就叫做欲望。"① 不安，不能安适，不能安顿，所以欲望是躁动的，它催促着行动，去追寻并攫取那缺失之物，倘若得到了，则应可以平息欲望的躁动。平静是欲望的满足，即欲望的极限状态。莱布尼茨反复解释欲望之中的痛苦，虽然不是知觉的痛苦（痛感、饥饿感），因为欲望之中的不安并不如知觉那样清晰。但这种微小的、难以辨识的不安混合在知觉之中，悄无声息地调整灵魂使其回归平衡，使其免于在单一性之中失衡。相对地，"愉快（joie）是当灵魂考虑到占有一种当前的或将来而靠得住的善时，它所感到的一种快乐；而当一种善是在我们的权利范围之内，以至我们只要愿意就可以享用它时，我们就是占有了这种善"②。善是可靠的，它被享用、被占有。这种善并不同于道德层面上的美德，而是被理解为对于生命尽可能的保存和延伸。此时灵魂未必就是不欠缺什么，也可以是虽然当前有欠缺，但有希望得到满足而感到愉悦。所以愉悦并不是欲望的目的，而应是在欲望过程中，灵魂的一种情态。愉悦就像是微积分中上升的曲线线段，表现了生命力的上升。在愉悦之中，欲望仍在持续，直至其被完全满足，灵魂得到安歇。

德勒兹在《褶子》中曾以巴洛克建筑中外部和内部的相互独立、"没有外在的内部"和"没有内在的外在"③来比喻单子与世界、灵魂和身体的关系，并且最终这种内与外的各自独立性被折叠为单子内部上与下的关系：下层不断地延伸，不停地感受和接

---

① 莱布尼茨：《人类理智新论》，陈修斋译，商务印书馆1982年版，第149页。
② 莱布尼茨：《人类理智新论》，陈修斋译，商务印书馆1982年版，第153页。
③ Gilles Deleuze, *Le Pli: Leibniz et le Baroque*, Paris: Minuit, 1988, p. 39. 中文译本参见《福柯—褶子》，于奇智、杨洁译，湖南文艺出版社2001年版，第189页。

收；而上层则是我完全封闭的，充满了精神的褶皱。①莱布尼茨也有类似的表述，认为灵魂之中的许多褶皱，"就代表着各种天赋知识"②。德勒兹要延续莱布尼茨的系列，他接受灵魂与身体的分裂，但无法继续通过上帝缝合这一裂隙；他接受了各种先天的观念、知识，但是却需要将其折叠为主体的内在理念。所以，在德勒兹的理论中，身体和灵魂、个体与世界之间存在着更大的分裂性，并且在同行并列的双方中，德勒兹给予了灵魂摆脱身体的疯狂，赋予了个体断裂于世界的自由，而使身体与灵魂相关联、个体与世界能扣合的是德勒兹式的欲望。

二、欲望的生产力

与心理学家菲力克斯·迦塔利所合著的《反俄狄浦斯：资本主义与精神分裂》为德勒兹赢得了巨大的学术声望。这本书虽然完成于1968年之后，但是却真实地折射出68风暴的思想本质：对于各种机制的权力性解读，以及建立在个体反抗基础上的微观政治态度。在整本书的写作中，作者采用了马克思的理论概念，但是同时又重新论述了资本主义社会的运转原理。关于欲望，他们提出了这样的定义："欲望是基础设施的一部分。"③德勒兹和迦塔利对基础设施（infrastructure）这个术语的使用参考了马克思主

---

① Gilles Deleuze, *Le Pli: Leibniz et le Baroque*, Paris: Minuit, 1988, p. 41. 中文译本参见《福柯—褶子》，于奇智、杨洁译，湖南文艺出版社2001年版，第190页。
② 莱布尼茨：《人类理智新论》，陈修斋译，商务印书馆1982年版，第124页。
③ G. Deleuze and F. Guattari, *Anti-Oedipus: Capitalism and Schizophrenia*, translated by Robert Hurley, Mark Seem, and Helen R. Lane, Minneapolis: University of Minnesota Press, 1983, p. 104.

义经济学中的经济基础（economic base/infrastructure），不过他们为物质的生产找到了更根本的动力，即欲望的生产，通过欲望的生产推动生产关系以至于上层建筑（superstructure）的改变。

之所以欲望是"生产型"的，首先是因为它不是对于欠缺的满足，不是出于缺乏才有欲望。这也是在书中，德勒兹和迦塔利多次要反驳弗洛伊德和拉康的原因，因为后者均认为欲望是出自欠缺，是出自自身的不完整（被阉割），故而需要获取相关的对象来填补。对于欲望作为欠缺的理解并不是从心理学理论开始的，早在康德那里，我们就已经读到了出于需求的欲望："欲望能力是这个存在者通过他的表象而成为这些表象的对象现实性原因的能力。"[①] 将欠缺作为欲望动机的理解是如此根深蒂固，以至于我们在某些广告中时不时就会听到"你值得拥有"，或者类似的表达。不过也正是在广告中，我们发现虽然所欠缺的对象看似只是某一种商品，但画面中各种耀眼的造型指向的是"你应当并且可以如此地辉煌"。商品从来都不是独立出现的，而是带着其所指涉的生存状态。在这个意义上，表面上是对于某物的欲望，本质上却是由此物所展开的存在整体的欲望。德勒兹曾经在访谈中多次提到普鲁斯特的爱情欲望："我不欲望一个女人，我欲望包裹在这个女人身上的风景。一个我不知道但我感觉到的风景，在我展开她所包裹的风景之前，我的欲望不会实现。"那么普鲁斯特的爱欲是如何打开了包裹在那个对象之上的风景呢，《在少女花影下》中曾这么勾勒所爱之人在爱情中所打开的风景：

---

① 康德：《实践理性批判》，韩水法译，商务印书馆2021年版，第7页。为了保持行文一致，将中译本中的"欲求能力"（Begehrungsvermögen）调整为"欲望能力"。

第九章 欲望褶皱与机器生产：德勒兹对于现代个体的反思和批判

倘若我们把这样一个少女的眼睛，想象成两片发亮的云母片，我们就不会急切地想了解她的身世，要把她的生活和自己联系在一起了。但是我们感觉到，在这两个反光小圆片里炯炯发亮的东西，并不仅仅是其中的物质成分：那是这位少女关于她所熟悉的人和地方——赛车场的绿草地和铺着细沙的跑道哟，她会蹬着车穿越田野和树林，就像那个比波斯天堂的精灵对我更有诱惑力的小佩丽，把我带到那儿去吗——的思考（种种我们无从知晓的思考）的黑色投影，也是她即将返回的家园，以及她自己作出或人家为她作出的计划的投影；那就是她，就是她的欲望，她的喜好，她的厌恶，她萦绕脑际，不曾吐露的意愿。我知道，要是我不能占有她目光中所包含的这些东西，我就不能占有这个推自行车的姑娘。因而，我胸中涌起了想要了解她全部生活的欲望；这种欲望折磨着我，因为我感觉到它是无法实现的，却又令人心醉的，因为我迄今为止的生活，突然不再是我的全部生活，而只是伸展在我面前，由这些少女生活所组成的空间的一部分，我迫不及待想拥有这个空间，这个愿望给了我自我延伸、自我扩展的可能性，这就是幸福。可能我们之间没有任何共同的生活习惯——正如没有任何共同的观念——我会难以和她们结交，难以讨得她们的欢心。但或许正是由于这些差异，由于我意识到这些少女的个性、举止中，没有我所熟悉、所拥有的任何东西，我心中的餍足才变成了干渴，我的心渴望着——犹如干枯的大地渴望雨水——另一种生活，而正因为它至今为止从未尝过一滴这样的甘露，所以一旦可能，它就会整个儿浸润其间，贪婪地饮个痛快。[1]

欲望不是为了一个对象，而是为了一个集合，或者说在欲望中，构造了一个集合。在爱情欲望的集合中，不仅仅包括了她作为身体的实存，还包括了由她而领略的风景，她的谈吐，她的相遇，甚至包括了她的伙伴。所以真正欠缺的是由此所打开的存在，而商品不过是填补欠缺、满足欲望的替代之物。换言之，对于商品欠缺的是在切割欲望之后伪造出的欠缺，只有将欲望替代为确切的商品，才能将广告中的幻觉嫁接在个人生活之上，让消费者以为获得了此商品就获得了其所暗示的生命格调。一方面，我们看到在广告和消费中所发生的替代和置换，但是另一方面，我们也仍然要追问在广告对于虚假欲望的生产动机。为何要制造欠缺？为何要引发欲望？欠缺之所以成为欠缺正是在于欲望的生成。最关键的是：通过欲望的生产才能实现资本的生产。

当欲望被解释为生产时，并不像表现主义认为的那样，即把已有的内在表现成外在。欲望就是生产，这种生产并没有明确的目的。在《反俄狄浦斯》中，德勒兹和迦塔利用克洛德·列维－斯特劳斯关于修补术（Bricolage）的定义来解释生产，但他们对于修补术的诠释和列维－斯特劳斯在《野性的思维》中所提到的修补术又略有不同。对于列维－斯特劳斯而言，修补术和专业技术相比，具有一定的随机性。专业技术在生产时依据于一定的方

---

[1] 普鲁斯特：《追寻逝去的时光（第二卷）：在少女花影下》，周克希译，人民文学出版社2010年版，第367—368页。中文本中将原文中的"désir"译为"愿望"，这里恢复为"欲望"，并以着重标识出来，原文参见 À l'ombre des jeunes filles en fleur (Troisième partie), La Bibliothèque électronique du Québec, pp. 59-60。

案以及和此方案相配套的技术与工具，但是修补匠并不会计划他即将遇到的需要修补的东西，其次他所准备的工具也不精确，只要觉得可以上手就会拿来用应付一时之需："在当代，'修补匠'（bricoleur）仍然是指用手干活的人，与掌握专门技艺的人相比，他总运用一些拐弯抹角的手段。神话思想的特征是，它借助一套参差不齐的元素表列来表达自己，这套元素表列即使包罗广泛也是有限的；然而不管面对什么任务，它都必须使用这套元素（或成分），因为它没有任何其他可供支配的东西。所以我们可以说，神话思想就是一种理智的'修补术'——它说明了人们可以在两个平面之间观察到的那种关系。"① 德勒兹和迦塔利正是在列维-斯特劳斯的修补术中看到了工具的偶然性，并且他们更进一步地释放了这种偶然，不仅这些工具的用法是偶然的，就连工具本身也可以是偶然形成的。

修补术，做点零活，修修补补，敲敲打打。临时起意地把一些零碎拾掇一番，这也不是打发闲暇，若是为了消遣，大有其他的娱乐方式。在卓别林电影中常常会出现发生在物品上的临时性，巴赞曾经以"暂时作用"说明这些物品在生活世界中是要解决问题，无论问题的出现方式是临时还是常规："比如在《朝觐者》中，他用一瓶牛奶卡住了架子上的擀面杖，可他一会儿就要用到这瓶牛奶，擀面杖自然滚落在了他头上。不过，如果他永远可以满足于'暂时'，那他在第一时间内展现出的机智实在令人惊叹。他在任何局面下都不会束手无策。对他而言，一切问题都有解，尽管这个世界——或许尤其是物品和人的世界——对他并

---

① 列维-斯特劳斯:《野性的思维》，李幼蒸译，中国人民大学出版社2006年版，第17页。

不友好。"①这种器具的暂时性已经开始摆脱海德格尔对于器具使用的稳定框架,没有固定的用处,也没有固定的使用场域,都是随时准备变成另一个物件的"材料"。在工具缺乏的年代,我们做家里的零活时,从不挑剔工具和材料,当然也是无法挑剔。信手拈来,就地取材,生产出一些也许临时但很能满足需求的小玩意儿。十多年前香港电影的《麦兜》中,曾经再现了中式家庭里的"小能手"——麦兜眼中的"居居侠"可以把衣架变成阅读架、帽架。②在这些家居生活中,物品总是溢出本身的用处之外,在和其他物的连接中每件物品都突破自身的"产品说明书",在新的安排之中再次被投入生产的链条之中。

生产的关键不在于产品,而是生产本身,当把现成的衣架再次变成阅读架时,就是对于生产的继续。这种继续在另一个角度上讲也是一种重新折叠,中断了衣架惯常的支撑衣物的功能。所以生产既是中断又是继续,只有先行中断,才能继续生产。这一描述同样适用于工业化的流水线作业。每一道工序都是把正在传送带上行进的产品拦截下来,对其进行加工,又使其重新流动起来。安排物品,让它们相互配搭;再拆解这些配搭,重新组合——物品在不同的安置之中,不停地生成。在它们生成的背后,是欲望在流动,是欲望之流将不同的物品卷入进来。德勒兹和迦塔利指出欲望-机器就是机器,而不是把欲望生产比喻成机器。机器之所以为机器在于它的功能,在于其对于材料的加工和改变。欲望的本质特征正在于此:捕获、改变和生产。那么,欲

---

① 安德烈·巴赞:《巴赞论卓别林》,吴蕙仪译,上海人民出版社2008年版,第10—11页。
② 参见谢立文导演:《麦兜:我和我妈妈》,香港,2004年。

第九章 欲望褶皱与机器生产:德勒兹对于现代个体的反思和批判

望本身就会像生产一样绵延无尽,没有固定的对象;同时又如具体工序中的机器一样,占据着此时此刻的对象。欲望的极限就是什么都不欲望(desire nothing),就是莱布尼茨微积分中的"顶点"。当其运动的变化率为零时,德勒兹和迦塔利称此时的欲望为"无器官的身体":"无器官的身体是非生产性的,尽管它是在某时某地的联结性综合之中被作为生产和产品的同一性而产生出来。"[1] 如此,"无器官的身体"(Corps-sans-organes,常常被缩写为CsO)与身体并不相关。在《反俄狄浦斯》中,身体作为质料性的存在并没有得到阐释。身体的力量要到后来德勒兹论及绘画、电影时才会被充分地呈现出来,而在感性层面去理解身体的生成这是我们在之前的两章中已经完成的任务。

"无器官的身体"是欲望的极限,具有和欲望生产相反的作用。欲望生产要调动一切资源,转动尽可能多的零件,持续到尽可能多的工序,而无器官的身体则是一种惰性,呈现出一种无法分辨的模糊性。无器官的身体,并不是没有身体,而是没有器官。而器官本身则是功能性的象征,只要在和外物的联结中,这些习惯的功能就能发挥出来。眼睛的常用功能是观看,胃的常用功能是消化,但是这些功能会在不同物的联结中发生更进一步的分化,比如眼睛透过锁眼的观看会是偷窥,在素食主义者那里胃的消化功能会受到控制。而无器官的身体就是让这些功能从身体之上脱落下来,放弃器官,或者说是让器官折叠起来,中断器官和外在的连接。生活之中也偶然会发生局部和短暂的"无器官"

---

[1] G. Deleuze and F. Guattari, *Anti-Oedipus: Capitalism and Schizophrenia*, translated by Robert Hurley, Mark Seem, and Helen R. Lane, Minneapolis: University of Minnesota Press, 1983, p. 8.

体验,比如对于节食者而言,和食物相关的器官功能都被暂时抑制。在这些抑制功能之下,乃是更强的欲望。"CsO就是欲望,人们所欲望的正是它,也正是通过它,人们才能进行欲望。"①在具体的欲望被层层剥离之后,所显露出的"无器官的身体"就是欲望,其在纯粹的身体层面显示为身体生成的内在冲动,在纯粹经验的层面显示为意义的建构,在生存论的层面通过强力意志显示为主体性。"无器官的身体"表示了摆脱外在的欲望生产后,个体的纯粹存在状态,在此意义上,作为欲望的顶点,"无器官的身体"和欲望机器正好形成了欲望的两个极点。

欲望为生命提供了动力机制,它让生命流动,也让生命停滞。所以,"为了抵抗关联的、相接的和断断续续的流动,它[无器官的身体]建立了无定形、未分化的逆流"②。正是由于这股逆流的影响,欲望在运动中表现出积极和消极、上升和下降的复杂状态。当欲望被平息,转动的欲望机器停止下来,原本被附在欲望机器上的各种产品脱落下来,无器官的身体显露出来,显露为与欲望流动的不协调,以至于完全相悖。这个时刻就是精神分裂(schizophrenia)发作的时刻。需要指出的是,在《反俄狄浦斯》中,"精神分裂"虽然在具体的病例中的确表示一种精神分析学意义上的病症,但在此之外,这一概念还有更丰富的广延,即作为欲望机器的生产和反生产的无器官身体之间的分裂。此种分裂在个体生命层面是发生在作为理性(充满着各种理念、观

---

① 德勒兹、加塔利:《资本主义与精神分裂(卷2):千高原》,姜宇辉译,上海书店出版社2011年版,第229页。

② G. Deleuze and F. Guattari, *Anti-Oedipus: Capitalism and Schizophrenia*, translated by Robert Hurley, Mark Seem, and Helen R. Lane, Minneapolis: University of Minnesota Press, 1983, p. 9.

点)的上层建筑(superstructure)和作为感性(相互粘连、无法辨识的经验)的基础设施(infrastructure)之间的分裂;在社会层面是稳定而明确的意识形态和晦暗而流动的无意识的分裂;在经济领域内是发生在连续不绝的商品之流和总是趋向于静止的资本之间的分裂。分裂不是病症,而是症状。分裂是欲望机器的生产过程,是欲望机器得以运转的动力原理。

既然只是分裂,那么德勒兹和迦塔利为何以精神分裂来解释欲望,而很少言及分裂(rupture)?精神分裂分析法(schizoanalysis)的提出首先是针对精神分析法(psychoanalysis)。以弗洛伊德为代表的精神分析法在解释各种不正常的行为时,总将这种反常追溯到性方面的错乱,并且这种错乱的根源来自幼时的家庭生活,来自妈妈—爸爸—我(mommy-daddy-me)的关系行为,而家庭却是脱离于社会的自然状态。这些观点均是德勒兹和迦塔利不能接受的。"我们很难理解精神分析在维持其欲望概念时所用的原则,当它坚持于力比多必须是去性征的,甚至是被净化的,故而其先行于社会铸造,并且相反在病例回溯分析的过程中,力比多只是重新赋予了这些铸造以性征性。"[1]精神分析法一方面以性征特点解释日常行为:性征无处不在,哪怕是一个简单的"插插销的动作"[2];但在另一方面,精神分析既然要以性征作为最初始的起点,这种行为必须成为生理性本能。然而,困难

---

[1] G. Deleuze and F. Guattari, *Anti-Oedipus: Capitalism and Schizophrenia*, translated by Robert Hurley, Mark Seem, and Helen R. Lane, Minneapolis: University of Minnesota Press, 1983, p. 293.

[2] G. Deleuze and F. Guattari, *Anti-Oedipus: Capitalism and Schizophrenia*, translated by Robert Hurley, Mark Seem, and Helen R. Lane, Minneapolis: University of Minnesota Press, 1983, p. 7.

正在于此。动物性远远不足以解释出现在性行为中的各种编码。没有什么可以摆脱社会性,力比多如此,欲望更是如此。而分裂就发生在欲望被捆绑在具体的对象之上的境况中,体现出作为现实中机器生产的欠缺性欲望和作为无器官的身体的充溢性欲望之间的对抗。尽管《反俄狄浦斯》并没有对于"分裂"本身加以强调,但是整本著作都是在分析资本社会中的种种病症从根本上都源自欲望内在的矛盾:欲望的压抑和释放只有在商品的流通环节中不停地循环,才能保证资本不断地投入生产之中,才能保证社会内部物的流动的畅通性和持久性。在这个意义上,欲望的生产原理既是资本社会的生产原理,也是其自我崩溃的内在危机。

其次,以精神分裂症谈论欲望还因为德勒兹和迦塔利要重新调整欲望和欠缺的关系。精神分析学,尤其以拉康为代表,以欠缺解释欲望顺延了柏拉图式的欲望。"在一定程度上,关于欲望的传统逻辑在外部上是完全错误的。关于欲望的柏拉图式的逻辑迫使我们做出的第一步,即在生成和获取之间做出选择。从那个时刻开始,我们能就把欲望放在了获取的一边。我们使欲望成为观念的(辩证的、虚无的)概念,并使我们将其先视为缺乏,对于对象的缺乏,对于真实对象的缺乏。"[1] 著名的《会饮篇》中,柏拉图发明了"爱的秘仪",爱由丰富神和贫乏神结合而生,并由此成为了追求丰富包括各方面丰富的动力。进而美之所以成为爱/欲望/Eros的对象,不仅是由于人仍未拥有因而缺乏美,并且还因为美之中那令人不能拒绝的各种美好是人所需要的。但是德

---

[1] G. Deleuze and F. Guattari, *Anti-Oedipus: Capitalism and Schizophrenia*, translated by Robert Hurley, Mark Seem, and Helen R. Lane, Minneapolis: University of Minnesota Press, 1983, p. 25.

勒兹和迦塔利要证明的是，需求也是被制造出来的。在经过苏格拉底精心的辩证和激动人心的讴歌下，听众心中投射出这样的缺乏和需求。这种需求会成为心理上的实在，成为搅动人心的真理，故而阿尔基比德会抱怨，苏格拉底的真理就像蛇一样咬住了他的灵魂。[①]在这一点上，德勒兹和迦塔利指出需求和种种美妙的幻想一样，都是出于欲望的生产，都从属于处在首位的欲望。但是精神分析理论却要通过"欠缺"概念，让欲望停滞和凝固下来，在这一点上，精神分析学派忽视了对于某物的欲望乃是源自此物所敞开的存在状态。或者说这种忽视对于精神分析方法来说是策略性的，否则如果重新将欲望投放在存在整体之中，那么由此就会产生无法停止的欲望链条，无边无际的欲望生产将会淹没分析的起点和终点。

尽管德勒兹和迦塔利在多处指出精神分析的不彻底性，但这并不意味着他们可以完全否定或者超越后者。事实上，恰恰相反，他们的很多概念都是在批判后者的基础上建立起来的，比如"社会性压抑""心理性压抑"，再如"无意识"——德勒兹、迦塔利和弗洛伊德都强调无意识的重要性，但他们对于无意识的建构却是截然相反的。对于弗洛伊德而言，无意识是被压抑所以沉默的对象，是在净化升华心灵过程中被排斥的对象。所以无意识与意识之间是互斥的、断裂的。对于德勒兹和迦塔利而言，无意识和意识的关系是连续的。在这一点上，德勒兹毫无疑问借鉴了莱布尼茨的理论。莱布尼茨曾以对于一滴水的听觉和对于整体海

---

① 柏拉图：《会饮篇》，《柏拉图全集（第二卷）》，王晓朝译，人民出版社2003年版，第263页。

浪的听觉关系来比喻无意识的感觉和被意识到的感觉。[①]海浪是无数水滴的组合,若没有无数水滴的声音,怎么会有涛声?[②]但这些水滴是相互融合成一个整体,以至于无法分别的。所以意识是无意识相互积累的结果,在意识与无意识之间是连续的。意识就像是曲线变化中的"奇点"(singular point),而无意识则是"常点"(regular point)。意识是无意识的包裹,有时是对其的显现,是对其的折叠,又是对其的展开。当然,莱布尼茨以"天赋观念"灌注了无意识。为此他又以磨坊或瀑布的运动对于附近居民的"不察觉"[③]来比喻作为背景,也就是包括着经验的无意识,虽然甚至都不为人所觉察,却拥有巨大的效力,支配着知觉。莱布尼茨的无意识概念仍然是不过时的,如果我们稍加注意,就会发现在这种不知不觉状态中所发生的影响是难以抵御的。网页上被巧妙嵌入的广告,通过形象或文字的手段制造出的需求与价值,比如把"双十一"装扮成购物的盛事,不容错过的机遇,在无形之中诱导着我们去做出某种决定。所以,一切秘密都在无意识之中。正是在此,欲望成了一台自动的生产机器,不停地制造出比物质存在更真实的心理实在(psychic real)。

对于德勒兹而言,欲望的生产显示出在社会生产层面资本运转的根本动力。在这股动力所及之处,引发了关于对象的解码和重新编码。从这个角度上说,德勒兹和迦塔利在《反俄狄浦斯》中的重要贡献的确是将精神分析的理论和马克思的社会生

[①] 莱布尼茨称后者为统觉s'appercevoir,而这一概念毫无疑问又启发了康德的先验经验论,不过在康德的体系中,我们更清晰地看到了统觉中的理性成分。
[②] 莱布尼茨:《人类理智新论》,陈修斋译,商务印书馆1982年版,第9页。
[③] 莱布尼茨:《人类理智新论》,陈修斋译,商务印书馆1982年版,第9页。

产理论结合在一起，构造了一个从看不见的微知觉，到同样看不见的意识形态和时代特征的全备图景。这也揭示了福柯在此书的英文版序言中，为何要称这本书是一本生活手册，指导每天的生活，使我们对于自身之中的"法西斯主义"倾向，保持反思，以此远离法西斯。《反俄狄浦斯》并没有满足于将法西斯定义为历史上的事件，而是发掘了法西斯的根基：不是纯粹的外部的政治性谋划，而是通过各种非政治性的途径，使无意识被塑造，使欲望生产出同一的产品。故而福柯在《序言》中发出警告："不要迷恋权力"，"使政治行动摆脱一切一元性、总体化的偏执"，"更注意肯定的、多样的、差异的而非统一的，流动的而非一体性的"。[①]以这本手册的警告来反思自身，我们就会发现法西斯主义并不遥远，不仅仅在于各种外部的欲望机器之中，更在于这些外在机器和个体生命的连接之中，通过连接让个体成为集体，让每人共同产生出单一性、同质性的欲望，实现对于欲望本身的组织或控制。在这个意义上，对于欲望的反思是必要的，不仅仅是出于个体的自由，也是出于集体的权力。假设集体的欲望是如此强烈，以至于个体的欲望被抑制甚至否定，那么"作为可能世界的他者"将不复可能。因此，相比于其他哲学家焦虑于如何论证自我和他者交流的可能性，德勒兹则更忧虑在当下集体生活的社会现实下，保持个体之间差异的必要性，保持存在多样性的重要性。

[①] 福柯：《反俄狄浦斯的生活艺术》(《反俄狄浦斯序言》)，李猛译，《天涯》2000年第1期。

三、快感和欲望

德勒兹不仅在莱布尼茨中发现了褶皱，同样在福柯之中，也发现了褶皱，甚至是更多不同的褶皱。正是通过不同层面的褶皱，主体性被塑造。"仅仅有四个褶皱，主体化的四个褶皱，就像是阴间的河流。①第一个关涉于环绕包裹着我们自身的肉身性部分：对于希腊人而言，就是身体及其快感，即性欲（aphrodisia）②，但于基督教而言，则是肉体及其欲望，欲望本身，完全不同的肉身形态。第二个，可以说是各种力之间关系的褶皱……第三个是知识的褶皱，或者说是真理的褶皱，既然它构成了正确与我们的存在的关系……第四个是外部自身的褶皱，最终的褶皱……主体对它所寄予的希望。"③正如德勒兹接着这段话所论述的，这四个褶皱正好对应于亚里士多德的四因说，质料因对应于来自身体的褶皱，动力因对应于社会领域各种权利的驱使，形式因对应于作为真理的知识对于存在状态的构造，目的因则对应于外部的"不朽，永恒，救赎，自由，或者死亡或者超脱"④对于内在性生命的投射、暗示和引导。这四种褶皱，反映出自我折

---

① 在希腊神话中，地府有五条河流：悔恨之河 Styx，苦难之河 Acheron，悲叹之河 Cocytus，遗忘之河 Lethe，以及奔腾着火焰、消融着灵魂的 Phlegethon。这些河流从层层消退，乃至死亡的角度揭示了主体性的各个方面。
② 在这里，德勒兹毫无疑问直接引用了福柯的概念 aphrodisia，指各种性活动以及相关的快感。这个词和"美与爱的女神阿弗洛狄特（Aphrodite）"是同一个词源。
③ Gilles Deleuze, *Foucault*, translated by Seán Hand, London: The Athlone Press, 1988, p. 104.
④ Gilles Deleuze, *Foucault*, translated by Seán Hand, London: The Athlone Press, 1988, p. 104.

第九章　欲望褶皱与机器生产：德勒兹对于现代个体的反思和批判

叠的不同方向和层次。所有的向度和方式都综合在一起最终指向了被形成的主体。而福柯哲学的意义也因此就展现在他在历史考古之中，在知识谱系之中所打开的褶皱，以及在此褶皱这种所释放出的新的主体化方式。

身体、知识和权力以及自我期待是包裹在主体之上，使之具有某一种形态——主体性——的表面皮肤，是使"无器官的身体"孵育出器官的欲望，是生命对于自身的关注、作用和折叠。在《褶子：莱布尼茨和巴洛克》中，德勒兹用褶皱这一概念大大扩展了巴洛克艺术的内涵，使其不再是艺术史上的一个时期，而是成为了一种风格，这种风格的特点就是褶皱。褶皱描述了艺术作品的内在，图像之间的自我折叠和自我生长。并且这种风格并不限于历史上的巴洛克，还延伸到当下的艺术造型。德勒兹就曾用若干当代艺术家的作品来解释褶皱的形成。其中令人印象深刻的是瑞士女艺术家赫尔嘉·海因岑（Helga Heinzen，又作Elga Heinzen），在她的自述中就表达了对于褶皱的迷恋："我对褶皱感到的真切的魅力。"[1]而她的作品通过各种日常织物的褶皱，见证了发生在生命上的印迹；以布料的褶皱和颜色条纹所产生的造型暗示出不同的主体性。比如以国旗为主题的作品中，国旗不像平常那样铺展开来，成为民族荣耀或国家主权的象征，反而被反复折叠，甚至有时要和其他的布料配搭在一起，形成了服装的样式，虽然在折叠的布料之下没有身体，但是完全可以想象将会是怎样的身体穿上它，具有怎样的身体形态。以痕迹为主题的作品则是见证了存在的各种事件，包括出生、睡眠、梦、爱情、疾病

---

[1] 参见www.elgaheizen.net。

以及死亡在床单上留下的印迹。当我们从福柯的折叠跳跃进入赫尔嘉·海因岑的褶皱之中时，我们就发现了在德勒兹两部褶皱著作（莱布尼茨和福柯）之间的联系，使我们看到了发生在最遥远的外部和最深邃的内部之间的共振。①

对于主体而言，这些外在的力量在冲洗着人之存在的唯一性，从内到外的掏空，与由外而内的净化。所以，主体化的褶皱还意味着在每一个层面上的抗争，在每一个层面上制造外在与内在的断裂。也正是在这一点上，德勒兹指出福柯对于现象学的发现和使用，把现象学转变成知识论，因为他拒绝接受现象学通过意向性所建立的世界与意义的同一性，以及在主体意义上的外在和内在的一致性。在现象学对于世界的观察中，某种出于理性的光线自然而然地就照亮了目光所及之处，故而我们得以道说物的存在、人的存在，并在道说中充满了关于对象的意义化。根据德勒兹的解释，福柯发现在所见和所说之前，主体已经被折叠，而这些折叠中最重要的就是知识的力量。"因为看见和述说意味着知道，但是我们既看不到我们所说的，也从不讲述我们所看到的。"②比如在著名的《形象的叛逆》（通常所谓的《这不是一只烟斗》）的画中，"所见"和"所言"的矛盾引出了意向性内所发生的自我否定。在知识的作用下，从来就没有"本真"的说与看，也不会有所谓的理性的自然之光。知识才是关键。福柯通过现象学发现了意向性以及语言，但又在其之后定义了知识的辐射力。

---

① Gilles Deleuze, *Foucault*, translated by Seán Hand, London: The Athlone Press, 1988, p. 110.
② Gilles Deleuze, *Foucault*, translated by Seán Hand, London: The Athlone Press, 1988, p. 109.

第九章　欲望褶皱与机器生产：德勒兹对于现代个体的反思和批判　263

在知识的放大镜、望远镜中，我们拒绝了自然光线。在知识的真相中，我们拒绝了惯常的语言。外部被折叠为内部，更为准确地说，外部被再现、复制、包裹在主体之中。知识指引着视线，编织着语句，因为知识诱惑着、驯化着意向性。但是刺激知识产生的则是来自知识之外的力量，对于权力的意志。在这里，我们再一次看到了主体性的褶皱：主体通过知识，实现对于力量关系的改变。"它们不再满足于形成知识，而是真理（权力真理）构成者。"[1]

真理在福柯的"主体性"中显然不是所谓的"真实""真相"——后者与"虚假""幻象"相伴而生。福柯的真理包括了我们在分辨真假时所持有的价值判断，"去伪存真"的根本性依据。所以，这种真理是一种权力真理，是主体对于自身的审视、考察，以此塑造自我。那么，在这种自我对自我的工作中，主体分裂为主动行为者和被动承受者。主体把知识折叠为内在的理性原则，以此控制、指挥自己。但是这种方式，正如福柯所指出的，"不是旨在把行为规范化，也不是形成一种主体的解释学，而是达到一种态度的风格化和一种生存美学"[2]。在这种态度中，自我成为被欣赏的对象，道德成了审美鉴赏的参考，具体的行为规范则成了自己管教自己的工具手册。所以，自我的约束、规劝并不是为了达到一个外在的目的，而完全是生命内在的欲望，是对于生命本身的享受。福柯在《快感的享用》中不断地重复身体在古希腊思想中的"非道德性"，以此证明了古希腊人对身体的

---

[1] 德勒兹：《欲望与快感》，于奇智译，《世界哲学》2005年第1期，第3点。
[2] 福柯：《快感的享用》，《性经验史（增订版）》，佘碧平译，上海人民出版社2005年版，第170页。

种种克制不是为了克服恶,对于身体的快感的克制是为了更大的快感。如果我们连最具有诱惑力的快感——来自身体的快感都能克制,那么我们就可以使自己真正地成为自己的作品,可以不为快感所左右,反而可以自主地支配自己的生命。相反,不加限制地放纵,则会从根本上取消快感、封锁快感的可能性。"它[放纵]甚至在身体感受到快感需要之前,就给身体提供了一切可能的快感;同时不让身体有时间体验饥饿、口渴、性爱欲望和熬夜,甚至压抑一切快感感受。"[1]需求越强烈,在满足需求时所获得的快感也就会越强烈;而如果需求还未显现出来,就已经被满足,那么快感也就无从发生。当然,对于快感以及其欲望的克制也要保持在一定程度之内,否则也无法真正地享用快感。正是在这个角度上,知识是必要的,它不仅指导着主体恰到好处地拿捏分寸,也说服主体自愿选择克制的态度。为此,福柯区别了抵制快感的节欲(enkrateia)与适度因而也可以主动享用快感的节制(Sôphrosunê)。[2]所以,如苏格拉底那般坚强、刚毅又有智慧之徒,对于身体快感的享用恰恰不是通过满足,而是通过克制;而以第欧根尼为代表的犬儒主义者,他们的放纵行为不仅不能得到满足,反而错过了享受身体的机会,以及培育快感的过程。

如此看来,在福柯关于主体性的描绘中,完全排除了"无意识"。并且他对于欲望(désir, desire)的解读也是依附在快感之上的。欲望在福柯的理解中并不是最根本的概念,而是现代人被

---

[1] 福柯:《快感的享用》,《性经验史(增订版)》,佘碧平译,上海人民出版社2005年版,第143页。

[2] 福柯:《快感的享用》,《性经验史(增订版)》,佘碧平译,上海人民出版社2005年版,第149页。

引导而认识自我时所使用的概念,所以在分析欲望之前,应当是对于欲望认识方式的分析,只有在后者所提供的知识的历史形态中,某些行为才被理解为欲望或者欲望的表象。关于欲望认知方式的分析最终仍然归回了自我关注的主题之下:"使得它们可能从欲望中窥见自己存在的真相,而且无论自己的存在是自然的,还是堕落的。"[①] 福柯拒绝欲望的概念,也许正是出于德勒兹和精神分析在欲望概念之中置放了无意识的要素,使得对于欲望的反思是层层叠叠,最终关于自我的认识散落在和各层欲望对象的联结中,而无法达到关于自我反思的目的。因为此概念对于自我关怀的扰乱,福柯抵触德勒兹的欲望概念。尽管在关于现代性的认识上福柯和德勒兹同样都认为处处都是控制,权力无所不在。但是福柯,尤其是晚年的福柯却对权力压抑下的自由有了乐观的态度:"如果权力关系存在于社会每一个领域,恰恰是因为自由无处不在的缘故。毫无疑问,宰制状态确实存在。在许多情形中,权力关系是以某种方式固定下来的,以至于它们永远是不对称的,并且只允许一种非常有限的自由……问题的关键在于认识到反抗活动会从何处发展起来。"[②] 福柯重置了权力和抵抗的关系,并不是由于权力的约束和压制才有抵抗,恰恰是通过抵抗,在对于抵抗的控制中,权力关系才形成,权力才表现为权力本身,与此同时也显露出自身的界限。自由是权力关系形成的前提,而自由来自主体的自我关注,来自主体进行自我管理的能力。

[①] 福柯:《快感的享用》,《性经验史(增订版)》,佘碧平译,上海人民出版社2005年版,第109页。
[②] 福柯:《自我关注的伦理学是一种自由实践》,刘耀辉译,《自我技术》,北京大学出版社2016年版,第268—269页。

晚期的福柯提出自我的关注和管理,并将其阐释为可以操练的技术——"自我技术:它使个体能够通过自己的力量,或者他人的帮助,进行一系列对他们自身的身体及灵魂、思想、行为、存在方式的操控,以此达成自我的转变,以求获得某种幸福、纯洁、智慧、完美或不朽的状态"[①]。在这些自我的操控之中,最根本的方式还是对于身体的操控,而灵魂、思想、行为包括存在方式的操控都要基于身体,并且最终往往通过身体的实践来实现自我的转变。福柯回到古希腊的世界,从他们对于享用快感(aphrodisia)的追求中,观察到他们从身体养生,到家庭关系,再到爱欲对象,展开了对于自我的被动性节欲(enkrateia)和主动性节制(Sôphrosunê)。尽管在各个层面上都有权力控制,但是福柯所要实现的目标是:在重重权力形式中,思考通向自我认知和自由的可能性。"'关注你自己',换句话说就是,'通过掌握自己,让自由成为你的基本原则'。"[②]福柯在晚年的哲学思考中最终还是回归到了德尔斐神庙所给出的训谕:认识你自己。在这种自我的认知中,福柯确定了自由的前提,在快感的技艺之中,他寻到了自由的路径。

相对应于福柯所提出的于快感的反思中认识自我的方法,德勒兹却认为这种自我认识就是对于自我的确定和再确定,从根本上将会阻碍欲望的流动:"快感是一个人或一个主体的情感;对于人们来说,它是唯一一种能够在(超越着他们的)欲望过程

[①] 福柯:《自我技术》,吴蓉译,《自我技术》,北京大学出版社2016年版,第54页。
[②] 福柯:《自我关注的伦理学是一种自由实践》,刘耀辉译,《自我技术》,北京大学出版社2016年版,第283页。

之中'发现自身'的途径；快感——即便是那些最不自然的快感——都是再结域［reterritorialisations］。"[①]通过快感的分析，我们的确能够发现自身，能够确定自我在各个层面所发生的折叠，但是这些折叠方式不应该成为对于自我的界定。这是德勒兹对于福柯快感的第一重反驳。其次，快感也不足以丈量欲望，并非有多强的快感就会激发多强烈的欲望。《千高原》中曾以受虐狂来说明快感和欲望之间不仅没有直接的联系，并且二者的指向也完全不同[②]：快感让人驻留此刻，但欲望却是在流动之中实现自我的超越。所以，快感既不是欲望的原因，也不足以成为欲望的结果。最后，尽管福柯因为无意识的笼罩而尽可能地疏远了欲望理论，但无意识对于德勒兹而言，则是十分重要的，不仅仅是出于他和迦塔利对于精神分析的批判立场，更是由于德勒兹要通过无意识解释欲望机器的生产机制。"无意识是在微观感知之中被给予；欲望直接投入感知的场域之中，在其中，难以感知者显现为被欲望自身所感知的对象"[③]，在微观的感知层面，无意识被诱导、被塑造，最终相互累积在感知层面将欲望导向了某一对象。为了在社会生产层面解释欲望的形成过程，德勒兹必须借助于无意识所打开的微观感知层面，也必须在一定程度上借鉴精神分析的方法，呈现这一层面各种元素之间的相互作用效果，最后才能说明

[①] 德勒兹、加塔利：《资本主义与精神分裂（卷2）：千高原》，姜宇辉译，上海书店出版社2011年版，第216—217页。为了行文的一致性，将plaisir在译文中所对应的"快乐"改为"快感"，原文参见 *Mille plateaux: Capitalisme et Schizophrénie II*, Paris: Minuit, 1980, p. 193。

[②] 德勒兹、加塔利：《资本主义与精神分裂（卷2）：千高原》，姜宇辉译，上海书店出版社2011年版，第215页。

[③] 德勒兹、加塔利：《资本主义与精神分裂（卷2）：千高原》，姜宇辉译，上海书店出版社2011年版，第402页，在译文的基础上语序略有调整。

欲望如何在社会生产中被嫁接在个体生活之中。德勒兹在外在权力和个人自由的关系中，更倾向于突出二者之间的联结性是如何发生的，也就是权力机制如何在个体生命中产生作用，让个体成为权力关系中的个体。而由此个体自由的前提也就在于对此权力关系的反抗。反抗既有积极的，比如像艺术家那样进行创造，制造更多的欲望，以外溢的方式使得权力关系失效；与此同时也有消极的，比如生成"无器官的身体"，从各种联结关系中脱落下来，不干涉社会机器的运转，但同时也不再与之合作，甘地正是这一取向的典范。但无论是哪个方式，欲望都是必然要反思的环节，也是促进行动的根本动力。在这一点上，德勒兹仍然要坚持欲望作为哲学概念的重要价值。

到了晚年，德勒兹允许发表一些解释他和福柯差别的论文，其中最重要的就是《欲望与快感》。通过这篇论文，我们看到福柯认为德勒兹所言的欲望就是快感，而德勒兹几乎不能容忍快感这个词。从这一点上说，导致德勒兹和福柯失和的除了他们政治诉求不同之外，还有他们对于这两个概念，以及由此而产生的生命方式——马佐赫式或者萨德式的分歧。① 对于福柯而言，知识或真理之所以重要，是因为真理塑造着生命，"我们必须生产真理

---

① 德勒兹：《欲望与快感》，于奇智译，《世界哲学》2005年第1期，第7点。马佐赫和萨德往往被用以象征性虐待的关系中的受虐者和施虐者。原文参见 "Désir et Plaisir", *Magazine littéraire*, n. 325, octobre 1994, pp. 59-65。后被收入 *Deux régimes de fous: textes et entretiens 1975-1995*, edited by David Lapoujade, Paris: Minuit, 2003, pp. 112-122。这是1977年德勒兹在《性经验史（第一卷）：认知的意志》（*La Volonté de savoir*）出版后写给米歇尔·福柯的信。这些笔记按照从A到H分类，德勒兹通过弗朗索瓦·埃瓦尔德（François Ewald）给了福柯。根据埃瓦尔德在发表这些笔记时的证词，德勒兹想表达他对刚刚完成了《认知的意志》、正处于危机的福柯的友谊支持。

第九章　欲望褶皱与机器生产：德勒兹对于现代个体的反思和批判　　269

以便于生产财富","我们通过权力而屈服于真理的生产之下，并且除非经由真理的生产，我们不能运用权力"。[1]权力与真理支配着身体，支配着一切物质性的生产，包括生产方式；而快感则弥漫在这个支配和使用的过程中，自我通过对于欲望的运用和控制而获得自由。但是对于德勒兹而言，欲望之所以重要，是因为欲望不仅生产真理，也拆除真理，所以它也形成和消解权力，并最终也将拆解主体。德勒兹要通过欲望本身的不可控制而实现对于控制本身的抵抗，以抵抗显现自由。欲望正如德勒兹所指出的，不是漂浮在表层的上层建筑，而是在下的"'个体性'（一天、一季、一生的特征），与主体性相反"[2]。流动的欲望、不定的欲望于福柯式的"主体性"是无益的，甚至是危险的，但于权力装置而言却是重要的，因为正是在欲望的逃逸之中，发生了对于权力的解域运动。这一运动既非意识形态，亦非反压迫[3]，而是欲望相对于权力装置限度的过剩。这种过剩就像是资本主义生产中的剩余价值一样，刺激着新的权力装置（包括真理与知识，以及对于身体的管制体系）的产生。德勒兹在《欲望与快感》一开始就指明：权力是宏观的，但是在这种宏观之下，有扩散的、异质的多样性的微观装置作为基础。[4]所以，福柯要通过真理把握权力，继而使其作用在生命之上（萨德式），德勒兹却要以欲望消解权

---

[1] Michel Foucault, "Two Lectures", *Power/Knowledge: selected interviews and other writings, 1972—1977*, translated by Colin Gordon et al., edited by Colin Gordon, New York: Pantheon, 1980, pp. 93—94.
[2] 德勒兹:《欲望与快感》，于奇智译，《世界哲学》2005年第1期，第7点。
[3] 德勒兹:《欲望与快感》，于奇智译，《世界哲学》2005年第1期，第6点。
[4] 德勒兹:《欲望与快感》，于奇智译，《世界哲学》2005年第1期，第2点。

力的遏制，使其失去权力的效用，以抵抗的方式释放生命（马佐赫式）。

从莱布尼茨灵魂之中的褶皱，到《反俄狄浦斯》中欲望的生产，再到福柯的快感的折叠，德勒兹分别考察了欲望得以产生的原因。通过从无意识到意识的微积分图解，我们看到了心灵所具有的不可测度的深度，涌动在这个深渊之中的无意识聚集、交叉而形成各种欲望，进而催动着行为；当行为可以恰当地实现欲望之时，快感升起。主体可以克制快感，但无法克制欲望，因为对于欲望的克制，也是出于欲望，并且是最强烈的欲望。正如德勒兹和迦塔利在书中提到的："令人难以置信的并不是一些人偷盗，或者另一些人偶尔出门罢工，而是所有挨饿的人并不会把偷盗作为惯常之事，而所有被剥削的人也不会持续地罢工。"[1]阻碍一双双手伸向食物的不是外在的惩罚，驱赶着罢工的人们回到工厂的亦非社会的谴责。令人们甘于挨饿、承受剥削的是自身的欲望。我们抱怨说不得不如此，德勒兹却坚称是出于欲望，并且此种欲望背离了生命甚至要灭绝生存的积极性，即欲望对于欲望的压抑。相对于福柯在主体性中所创造出的自由概念，德勒兹并没有在他的理论中给予自由以耀眼的光彩。自由意味着对于当下欲望的抗争，但这种抗争并不同于克制，因为克制仍是为了更好地投入和享受生命，但抗争是为了逃离，是"不要迷恋权力"，是通过欲望机器生产出多样性的产品，而多样性一方面是被创造的产

---

[1] G. Deleuze and F. Guattari, *Anti-Oedipus: Capitalism and Schizophrenia*, translated by Robert Hurley, Mark Seem, and Helen R. Lane, Minneapolis: University of Minnesota Press, 1983, p. 29.

品,另一方面却又深藏于幽暗的无意识之中。由此,德勒兹构造了欲望的外在和内在、延续与断裂——生命的褶皱。

在德勒兹对于欲望本体论的建构过程中,主体被悄无声息地消解,取而代之的是各种欲望能量的聚集、流动或者飘散。德勒兹采用了马克思的理论框架,但是在今天这样的时代背景下,他以一种微观的个体的反抗取代了宏观的集体的阶级斗争。虽然德勒兹饱受脱离文化、漠视政治的批评,但在他看来,文化、政治等各种话语交织所产生的权力最终仍要落实到个体之上。所以,关键仍是打造崭新的个体,既对于凌驾于生命之上的各种力量保持警醒,又在自身之中消解这些力量的决定作用,也就是在认识自己的同时实现自我新的生成。通过以反思和创造为抵抗的方式,德勒兹奠定了他作为法国左派学者的理论基调,同时也用自己的方式回应了"认识你自己"的古老哲学训谕。

结　论

德勒兹的思想肖像

　　在结论部分提出的思想肖像，很容易被期待为德勒兹哲学理论的总结式速写。不过这种速写的要求中却包含着一种逻辑上的悖论：如果能够以简洁的方式呈现其思想要素，那么之前为呈现哲学剧场的复杂和丰富而做的努力，其意义何在呢？所以速写恐怕难以充分地表达出思想肖像的核心。既然如此，关于思想肖像的意义何在？对于此问题的回答，我们可以参考德勒兹为福柯所做的最后的工作。德勒兹曾于福柯逝世后，在巴黎八大为他连续做了25场专题讲座，之后又在《福柯》专著中完成了对于福柯方法和思想的分析性总结。但德勒兹拒绝将此书视作那种为了告别而作的思想纪念而已，在他看来福柯的哲学肖像之所以必要，乃是为了通过这本书让福柯所开启的理论世界继续持留在我们之间："当我们所敬爱、所钦佩的人故去时，我们有时感到需要为他画一张像。不是为了颂扬他，更不是为了维护他，也不是为了纪念他，而是为了绘出一幅只能随其死亡而至的最终的肖像。"①生命的有限性带来了收拢思想篇幅的可能性，这的确是完成思想肖像任务的前提条件。此任务之所以必要的根源却在于福柯理论本身，在于其中复杂的概念褶皱，在于其中潜在的思想活力。所以说这幅肖像并不是为了福柯而作，而是为了福柯的读者而作，为他们点亮探索福柯思想世界的路标，树立起福柯的思想风格。在观看德勒兹哲学剧场之后，我们同样也需要构造某些概括性的论点，展现他剧目的个人特征，揭示其理论中隐藏的现实关怀，将其从书页之间移植到生活之中。

一、主体：从黑格尔、胡塞尔和海德格尔到马克思、弗洛伊德和尼采

任何形象的突显，都离不开背景的衬托。德勒兹的思想素描也因此首先就要求对于他所处的时代精神进行粗略勾画。尽管我们在文中已经多次触及德勒兹各个概念所对应的理论论域和思想背景，但这些理论和思想本身又相互交汇构成了"二战"后法国哲学的思想动向。文森特·德贡布曾以1945年和1960年的划分来描述此思想的发展。"在哲学于法国的新近演化中，我们可以从1945年后被称作'三H'的一代过渡到自1960年起三个'怀疑大师'闻名的一代：三H是黑格尔（Hegel）、胡塞尔（Husserl）和海德格尔（Heidegger），三个怀疑大师是马克思、尼采和弗洛伊德。"②在德贡布的代际划分中，属于"三H"一代的哲学家出

---

① 德勒兹：《在哲学与艺术之间：德勒兹访谈录》，刘汉全译，上海人民出版社2020年版，第137页。
② 德贡布：《当代法国哲学》，王寅丽译，新星出版社2007年版，第3页。

生在20世纪初,他们的思想在"二战"之前就已经具有了一定的影响力,这一代人中以萨特和梅洛-庞蒂为代表。而属于三个怀疑大师的一代人多于幼年时期经历了"二战"的爆发,在20世纪60年代开始展露出思想的独特性,他们对于政治事件保持了集体性的敏感,并借助于理论话语做出迅捷而深刻的反应,这一点尤其突显于1968年五月风暴中知识分子的参与行动之中。德贡布所呈现的思想时代特征为我们理解德勒兹哲学观点提供了背景性底色。从年龄代际到理论倾向,德勒兹都呈现出典型的20世纪60年代的特征。不过他并不是直接转向马克思、尼采和弗洛伊德,而是在"三H"的理论中找到其阐释的歧义之处,以此作为嫁接口,在理性的根源处发展出非理性的思想样式。或者说,德勒兹是从"三H"理论内部的缝隙中培育出了马克思、尼采和弗洛伊德的综合理论方案。

正如我们在"主体性与先验性的间距"的剧场中所看到的,盘旋于无意识的话语之上,德勒兹要从现象学对于心理学的抵制中找到了现象学所要守护的理论界限,也就是他们对于主体绝对性的信念,继而选择从个体经验和意义逻辑两个向度,重新改造意识的发生结构,改造主体的产生方式。一旦走入德勒兹所构造的无意识的剧场,胡塞尔所维护的理性主体,在普罗提诺和休谟的静观中被转变为自我对于自我的建构。自我始终处于晦暗而模糊的经验流动中,主体则是当自我需要建构意义、把握事件时才表现出的组织能力和决定能力的统一体。主体并不先天地拥有任何属性,所谓的本性都是在自我的建构中逐渐获得的。主体也没有先天的能力,其能力来自在经验的重复中所养成的习惯。德勒兹抽空了主体的先天内在性,使其成为虚空的形式,以便为承载新的内容做好准备。于是，在以本性和习惯填补意识结构内在的空无的前提下，主体重新获得超越经验自我的能力，凭着所获得的观念显示出自身对于经验的组织和把握能力。而既然本质和习惯形成于经验之中，那么也因此会随着经验的流动而发生改变，进而主体，包括其所拥有的观念也必然处于流动变化之中，更确切地说是主体和观念都是在经验的沉积中不断地凝聚成形，又在经验的冲刷中松垮消散。这是德勒兹所设计的生命的流动状态，全然无目的的游牧运动。或者说，此游牧生命所坚持的唯一原则就在于越界，也就是摧毁所有压抑生命的外在限定。在德勒兹看来，没有任何力量能够阻挡生命的自由伸展，但在真实的生活世界中，生命却不断地遭遇到外在阻力，其生成的潜能也时时被折叠。外在的否定之所以能够在生命之上发生作用，其根源仍在于生命内在的自我否定。为此德勒兹提醒我们要警惕从生命内部所升起的"超验性错觉""普世原则的错觉""永恒的错觉"和"推论性的错觉"[①]，在这些错觉的误导下，人们陶醉地陷入那些未经反思的"至上价值""普遍标准""绝对命令"等空洞观念的狂喜之中，而放弃了潜在于"无意识"之中的创造契机，也放弃了对于自身生命的主宰能力。为了重新获得生命的主权，为了进行彻底的自我反省，德勒兹将无意识的理论收回哲学的思考领域之内，而这一目标正是通过拆解胡塞尔的意识结构，在其界限之处导入弗洛伊德精神分析而完成的。

"斯宾诺莎的当代遗产"的剧场则是围绕着斯宾诺莎的哲学解释方法而展开。柏格森早就明言，"每个哲学家都有两种哲学：

---

① 德勒兹、迦塔利：《什么是哲学？》，张祖建译，湖南文艺出版社2007年版，第268页。

他自己的和斯宾诺莎的"①,重新阐释斯宾诺莎为开辟新的哲学论域和重构体系提供了最直接的思想资源。而法国哲学界正是在20世纪60年代前后兴起了"斯宾诺莎复兴"的思想运动。法国学者重新诠释斯宾诺莎的兴趣一方面是通过回到以斯宾诺莎和笛卡尔为代表的早期现代哲学中,恢复法国知识论中的理性主义,对抗长久以来德国观念论的影响;而从另一角度看,此时期关于斯宾诺莎的讨论总体上已经显露出解构主义的特点,强调语言对于行为的影响,构造知识与历史、宗教等诸要素之间的复杂关联,取消主体在本体论上的超越性。德勒兹关于斯宾诺莎的著作充分反映了此思潮的特点。他通过批判黑格尔的辩证法,取消了主体在本体论上的超越性;与此同时又引入了邓·司各脱的单义性理论,以思想和存在的强度重新构造主体,从而将斯宾诺莎从理念论传统的阐释之中释放出来。对于斯宾诺莎理论的释放,同时也是对于哲学的释放,更确切地说是将哲学从各种超验性幻觉中释放,与此相伴的是将伦理学从道德原则中释放,让思想对于自己所做出的生命判断保持一种健康的怀疑。所谓健康就是力量的持续充满,而健康的怀疑则是在肯定生命本身的前提下,思想对于自身的反省,对于理论幻象的警惕。而从另一个角度上讲,理论的解放导向了对于生命仅仅作为存在本身的完全肯定。生命作为存在本身,并不是海德格尔意义上那被动地等待澄明之光的存在物而已,存在必须实现自我的表达,才能显现为存在。德勒兹用"表现主义"作为斯宾诺莎哲学的风格,就是因为其对于生命所提出的"表现的要求"。在表现之中,生命实现了内在和外在的

---

① Henri Bergson, "letter to Léon Brunschvicg", February 22, 1927, *Journal des Débats*, February 28, 1927.

统一，而此和马克思哲学中所提出的实践和理论的统一性要求发生了思想上的共振。通过校正斯宾诺莎，德勒兹实现了以马克思的实践哲学取代黑格尔的辩证法的理论置换。

"意志与强力之间的选择"是由尼采所打开的理论剧场，在这个剧场中回荡着"意志"和"强力"的争论声。如果说海德格尔为"强力"而代言，主张以"超人"的姿态居高临下地俯视众人，以真理的创造者引导世界；相应地德勒兹则是要为"意志"代言，让内在的欲望成为生命的驱动力，让创造成为个体自我表达的必然行动。德勒兹并没有赋予"超人"以救赎世界的责任，而是主张如果每个人都能肯定自己生命的价值，那么每个人都可以成为"超人"，都可以在内在的超越中实现自我拯救。战争时期对于尼采理论的褫夺性使用，完全淹没了其中所包含的批评精神。如何解释尼采？如何将尼采从政治暴力的劫持之中挽救出来？这也是20世纪60年代法国哲学所关注的重要问题之一。德勒兹以对于尼采的阐释在学界崭露头角，他的《尼采与哲学》和《尼采》分别在1962年和1965年出版，而与此同时所进行的是《尼采全集》法语版的编辑和出版，这项工作主要由福柯和德勒兹主导，他们拒绝接受尼采的妹妹伊丽莎白所收集和控制的尼采手稿，尝试着重新识别、阅读和整理、翻译手稿，希望读者在法文全集中能够回到尼采的世界。与此同时，海德格尔的《尼采》，确切地说是他在1936年至1940年间所进行尼采的讲座文稿，也被科罗索夫斯基翻译为法文并于1971年出版。在这一意义上，海德格尔的《尼采》文本对于法国知识界而言并不是陌生的，然而熟知哲学史的德勒兹在自己的写作中却几乎没有提及海德格尔。尽管对其沉默的原因不再可考，但两个文本已经显明了二人对于尼采理解的巨大分歧：海德格尔的尼采徘徊在林中路上，是成就形而上学的守护者；而德勒兹的尼采则是在解域化的变迁中，不为思想筑居的游牧者。不过我们也应当承认在两者之间也发生着强烈的共鸣，尤其是关于尼采对于感性经验的肯定，以及他对于艺术创造的期待方面，海德格尔和德勒兹都将感性和艺术设立为重新塑造生命，呼唤"未来人"的新开端，尽管他们在艺术作品的鉴赏中的表现天差地别：海德格尔所赞赏的仍然是凡·高作品中的形象性再现，且将真理悬置在艺术之上；而德勒兹所欣赏的却是围绕在形象四周的情感氛围，希望艺术能够穿透形象启动感性的生发力，以可见的形象暗示其内在那本不可见的意志，最终完成呈现生命力的任务。尼采的理论成为了镜像性的资源，在不同的文本编织中成为诠释者所需要的样式。但不能否认的是尼采理论中所蕴藏的对于理性的批判维度，也正因此它可以成为理性自我修复的开端，或者是成为颠覆理性的支点。但无论是开端，还是更新的开端，绵延于其中的都是生命的意志。德勒兹将尼采理论内在强大的张力浇灌在海德格尔存在论单薄的表层之上，期待着游牧生命的茁壮成长。

从经由无意识心理学而重建的经验结构，通过斯宾诺莎而产生的认识论，到借助于尼采而产生的欲望本体，这些剧场的线索交织在一起显露出德勒兹的主体理论，更确切地说是去主体化的理论倾向。主体作为现代哲学的关键词，从笛卡尔开始就矗立在思想的起点之上。进入20世纪之后，经过现象学的意识结构和解构主义的消解，主体所具有的绝对性和奠基性，连带着相关的认识论和本体论都逐渐被松动，乃至被放弃。这些重要的基础理论的变化，从根本上体现出在大陆哲学的思考方式方面所发生的迁移和转变。学界习惯以民族性的差异描述此思想转向，也就是从德国现象学到法国现象学的转折。随着此思想的转变的持续和深入，已有不少学者选择从国家政治和社会运动的角度对此思想动向进行切合和观察，并得出结论。理查德·沃林（Richard Wolin）就认为法国知识分子的亲身经历使得他们丧失了对于理性的信心。"对法国知识分子而言，纷至沓来的事件令他们难以消受，因此不约而同对语言、文化和理性等观念产生极端的不信任感，甚至是全盘推翻。法国知识分子声称，近来的历史灾难都与这些观念脱不了关系。"[①] 尽管立足于外在社会剧变的阐释在穿透思想内在发展的逻辑方面是远远不够的，但这种阐释的内在逻辑反而完全映照出德勒兹以生命经验激发思想运动、创造意义的根本立场，或者至少是用新理论承担起思想对于现实的反省责任。在德勒兹理论中所呈现出的从"三H"到三个怀疑大师的转变，并不是以后者取代前者的简单逻辑，而是在坚持理性和质疑理性的双重性中，展开关于思想开端和根源的在此探索，为理论寻求与生命更本真的关系。

二、时间：从经验条件到无限生命

在以时间为主旨的哲学剧场中，核心概念的奠定者是康德，海德格尔和德勒兹都是在自己的方向上继续推进康德时间理论的思考者。正如我们在前文中所提及的，德勒兹曾将康德视作敌人，但同样不可否认的是德勒兹对于康德的迷恋。就理论风格和

[①] 理查德·沃林：《非理性的诱惑》，阎纪宇译，上海社会科学院出版社2017年版，第52页。

问题论域而言,康德和斯宾诺莎、尼采都没有什么亲缘性,但是德勒兹却在康德这里找到了诸多思想的转折点,所以他多次借用哈姆雷特的台词"时间脱了轨"[1]来描述康德哲学所具有的革命性。在康德诸多的成就中,最典型的就是他所建立的理性法庭,这一理论创举使得我们的判断摆脱了长久以来对于神的依赖,而将审判的原则建立于人的理性之上。德勒兹从康德哲学中所继承的使命也正在于如何终止此理性法庭的审判,如何消除此法庭内部各功能之间的结构性关系。康德理论发展的过程中就已经隐隐透露出对于心灵功能理解的颠覆性转变:在《纯粹理性批判》和《实践理性批判》中,康德确立了各心灵功能的界限,而在晚年的《判断力批判》中,各个心灵功能之间相互竞争,想象力和知性之间的自由游戏同时也是二者的竞争,而当想象力跨过知性直接而与理性相合,就意味着它实现了对界限的超越。从这一点上,德勒兹认为康德理论体系中内含着自我拆解的可能性,而拆解的工作就是从最底层的感性经验开始。也是在这一前提下,我们理解德勒兹对于康德时间理论的改造。

德勒兹对于康德的批判以"时间"为开端,在相当大的程度上是受到了现象学的启发,而现象学对于时间的构造则又是来自康德,尤其是源自康德对于时间的内在化处理,对于时间的分析不再基于空间的变化,而基于感觉片段的秩序化以及在此基础上所获得的意义。时间脱离了原本所依附的运转轨迹,自身成为一

---

[1] Gilles Deleuze, *Essays Critical and Clinical*, translated by Daniel W. Smith and Michael A. Greco, Minneapolis: University of Minnesota Press, 1997, Minneapolis, p. 27. 中文译本参见《批评与临床》,刘云虹、曹丹红译,南京大学出版社2012年版,第52页。

切行动的内在动力之源——这是德勒兹在康德概念中所观察到的时间的解放，并将其作为第一纲领应用于自己对于时间的重新构造中。在此时间结构的底层，正如我们在"主体性与先验性的间距"中已经看到的，秩序和意义从经验的积累中获得稳定性（习惯），又反过来成为经验的条件（期待）。对于经验底层的构造，德勒兹并没有超越康德的时间模式，经验的流动仍然是在习惯和记忆的作用下保持了前后相继的连续性。而德勒兹对于时间理论的贡献却在于他所提出的"空白的时间"，即无法期待的时间，是经验流动的停顿之处，也是意义链条的断裂点。德勒兹要用这种时间的空洞形式将经验的异质性因素纳入生命的内涵之中，为其稳定的栖居生活引入下陷崩塌的风险。

在德勒兹对于康德时间概念的继承和发展中，时时显露出海德格尔的思想痕迹。尽管《存在与时间》的法文译本在学者们的争执中直到20世纪80年代才完成和出版，但这本书所提出的时间观念却早已在法国散播开来。海德格尔通过时间的具体环节来描述主体生命不同层面的展开状态，包括领会、现身情态、沉沦和话语，继而以各时间环节的连接来担保人存在的统一性整体。[①]他在时间之中所构造的生命层次给了法国哲学家很多启发，也鼓励着他们在时间概念上做出更深层的阐释。德勒兹在吸收海德格尔所展开的时间和存在的关系的同时，又通过柏格森的记忆理论推导出时间流动的杂多，理念和感性在其中的相互交织和共同绵延。在借鉴柏格森的同时，德勒兹也从文学之中，尤其是普鲁斯

---

① 海德格尔:《存在与时间》，陈嘉映、王庆节合译，生活·读书·新知三联书店2012年版，第382页。

特的作品之中发掘出物质对于记忆的影响力，正如玛德莱娜蛋糕所召唤的"非自愿性记忆"一般，而这些又和"无意识"的研究联系紧密。从这一角度上看，德勒兹的时间概念十分综合，从康德到现象学，从柏格森到心理学和文学，甚至还包括了科学研究中的时态逻辑，如果我们考虑到柏格森和爱因斯坦之间曾发生的交流的话。

透过如此丰富的时间理论资源，德勒兹从中提炼出时间与意义的本质性关联，不同的事件阐释会导向不同的意义生成方式：康德以经验的先验形式定义事件，从而将对象的构造、经验的意义都收归于主体的作为之内；而海德格尔则是以时间性来描述此在对于存在包括自身揭示和谋划的境遇性。无论是康德还是海德格尔都在时间的阐释中，以不同的方式给予了主体相对于经验的主动性和控制力，然而德勒兹却主张意义和经验、时间和存在之间并不能构成相互贴合的关系，因为二者在根本上是异质的，且是无法弥补的异质性分离。"看和说都是知识，但人们看不见他们所说，不述说他们所看。"[1] 在经验和意义之间不可弥合的裂隙中，德勒兹所看到的并不是对于意义的悲观放弃，而是关于意义创造的彻底解放。以德勒兹和迦塔利合著的《千高原》为例，此书中的每一章都围绕着某一时间点上所发生的事件，都是历史中的一座纪念碑，然而各个章节之间的序列安排却是完全放弃了编年史的线性关联，代之以并置性的平行排布。这些"高原"就是生命体验的高峰时刻，或者说是经验流动发生方向改变的旋涡时

---

[1] Gilles Deleuze, *Foucault*, translated by Seán Hand, London: The Athlone Press, 1988, p. 109. 中文译本见《德勒兹论福柯》，杨凯麟译，江苏教育出版社2006年版，第114页。

刻，而在各个高原之间并不直接构成因果或者持续的关系，它们共同扎根于人类生活之中，遥遥相望，但并不以整体为前提，或者更确切地说如果在它们之间发生着任何一致性的话，那就是它们各自以自身的生成对于整体性的瓦解和抵抗。

对于时间的讨论最终动摇了我们所寄托在真理上的信念，毕竟真理的力量在长久以来就显现于其在时间中的永恒性，而这种时间本身又是空间化的时间，真理故而得以在空间之中表现为普遍性。然而，当空间的秩序被置于时间的秩序之下，而时间的秩序又被置于意义的生产之下，曾经以超越空间和时间为表征的真理就失去了永恒和绝对的显现形式，同时也失去了使之成为真理的逻辑基础，真理成为了问题本身。真理危机的发生，在德勒兹看来就始于康德对于时间的重新定义。当康德以经验片段之间的秩序提出时间的定义时，永恒性和普遍性被转变为时间的一种模态，那么真理所追求的就不再是在"真假对立"意义上的真，而是对于经验组织的有效性，在其所呈现的经验秩序之中所产生的意义，而所谓的真假区别都是在意义给定的前提之下所做出的更进一步的判断。在这个意义上，康德通过时间概念，将真理从内外符合的判断标准中释放出来，而给予其以主体的权威，这正是"立法者"的权威①，也是立法者给予真理的自由。然而任何从真理之中升起的超越性和绝对性的幻觉都会导致真理固守自身，坚持自身所产生的经验秩序的有效性，而遗忘了其有效性的缘起和边界，所以相比于真理的自由，德勒兹更赞成让自由本身成为真

---

① Gilles Deleuze, *Kant's critical philosophy: the doctrine of the faculties*, translated by Hugh Tomlinson and Barbara Habberjam, Minneapolis: University of Minnesota Press, 1984, p. 14.

理的内核，这样才能消解真理堕落为成见（opinion）的危机。

在这里，德勒兹显露出他理解真理的立场：真理从来不是给定之物，且思考发动自身的冲动也不在于寻回真理的善意。思考本身都是源自怀疑和痛苦，发生于意义和现象之间所暴露出的缺口，故而思考要从习以为常的意义世界中起身，通过缺口反省生活世界的有限性，由此展开对于新的意义建构逻辑的创造。由此可见，思想所追求的是真理，并且思想要通过对于真理的追求，实现对于经验的意义建构，乃至对于生活世界的更新。故而，德勒兹对于真理抱着实践的期待和自由的理想。更进一步地，这里也揭示出德勒兹和海德格尔对于真理的不同理解。海德格尔要求真理必须是对于整体的把握，也必由此开创出新的历史的起源，引领时代精神的方向；而德勒兹所拥有的真理却是基于个体经验的局部，且保留在局部。即使借助于斯宾诺莎的集体性主体，抑或是莱布尼茨关于个体的巴洛克式的褶皱，我们允许众多个体在某一事件中聚集成为同一个体，就像是由无数的水滴自然地汇聚成大海，在此前提下真理也可以是属于群体的，但是此中的关键仍是真理相对于个体生命、集体生活的内在性和自发性。或者说，德勒兹并没有分享海德格尔意义上的民族英雄，而是推动个体的自我反省，鼓励个体不断地展开被折叠在时间之中的经验内容，从而自主地构造对于生命的理解。而至于这种生命领悟在多大程度上具有集体性，或者具有海德格尔所说的"民族性"和"历史性"，这却不是德勒兹所关心的，甚至是他极力要摆脱的，毕竟出于自由的真理只有在无限的思想行动中才能显示出自由的勇气和真理的意志。

既然第一部分是以"主体"为核心，并且主要讨论的是德勒兹如何瓦解主体的绝对性，使其成为生命表达意志时的情态，那么本部分所完成的是通过时间概念的分析呈现出德勒兹对于生命的内在性的充实和构造。一如我们已经讨论到的，康德以经验的先验形式定义时间，从此扭转了我们对于经验的构造，也扭转了我们对于时间的理解。康德时间概念作为内在虚空的形式，在海德格尔的存在主义理论中被充之以主体的日常情态和真理领会，而在德勒兹的生机论中却被充之以绵延直觉和运动变化，并且突出经验流动中的混杂和偶然，接受意义链条的断裂——以日常秩序的危机而强迫思想离开栖居之所，追寻意义的创造。相比于康德和海德格尔对于时间秩序性和统一性的要求，德勒兹则是要将决定经验发生的时间推出时间的序列链条之外，将意义的形成，包括真理创造的根源移植在意义和真理的效用领地之外。如果我们以德勒兹对于真理的思考透视哲学传统中的真理形态的话，就会发现自柏拉图的回忆说以来，真理就是某种丧失之物的寻回，也就是被损毁之物的修复，那么这就导致真理被界定在我们所已经把握、已经了解的知识范围之内，而德勒兹则是要提倡另一种哲学的思考方式，于此之中真理是关于未被思考之事、未被认识之物的奥秘，是对于思想世界的拓展和开发。这和上一部分中的"游牧"思想再次发生了共鸣。值得注意的是，以德勒兹的方式而开始追求真理的思想运动，并没有因为有"真理"保证它的价值就会充满幸福，恰恰相反，真理发生于怀疑和痛苦，源自意义的困乏而产生在对于生命本身的怀疑之中。在这个意义上，真理始于质问，并向思考者提出无法回避亦无法直接作答的问题。对于所有的思考者而言，都处于日常秩序的有效性开始出现裂口，也就是"时间脱了轨"的时刻。从生活世界上脱落的思考者，以

"苦行"(ascétique)[①]的方式拒绝现有意义的赠予,无法接受被给予的实在,只能奋力从自己的经验之中重新产生某种秩序性。那么这就再一次表明任何意义的生产都绝非普遍和绝对的,也因此每个个体对于自己的生命都有意义构造的必要性。并且每个人的构造就其本质而言都是同义的。没有本质上的差别,并不表示没有差别。他们的差别就表现在强度之中。在德勒兹看来,最直接地作用在生命经验之上,最有强度的创造就来自艺术。

三、创造:从艺术形象到政治微观

在哲学和艺术的关系中,法国哲学家们交付给艺术的信心,远远超出了认识层面的艺术"错觉论"。对于艺术的倚重在法国哲学的发展中一向都发挥了重要的作用,尤其是到了20世纪,艺术评论更是成为哲学家的第二职业:利奥塔围绕保罗·克利所展开的"话语与图像",拉库-拉巴特对于策兰诗歌的投入,德里达唤醒了读者对于让·热内(Jean Genet)小说的关注,而福柯则想在马奈的绘画中为现代性的观看寻找图像史的依据。然而也正是在同一个时代,艺术以前所未有的程度向公众开放,也以前所未有的速度被市场吸收和消费。德勒兹在《什么是哲学?》中谈论到的哲学概念面临着百科全书和商业市场的双重危险,相比之下,艺术作品也处于同样的处境,尤其是来自商业资本的操作,让艺术作品的价值陷入重重的外在包装,以及由此升起的怀

[①] 巴迪欧:《德勒兹:存在的喧嚣》,杨凯麟译,南京大学出版社2018年版,第16页。原文参见 Alain Badiou, *Deleuze: La clameur de l'Être*, Librairie Arthème Fayard/Pluriel, 2010, p. 23。

疑迷雾之中。那么相应地，哲学对于艺术的责任首先就是要将其从外在介质的侵蚀之中打捞上来，重新打开其中的内在性。

在这个世纪之中频频被法国哲学思想聚焦的艺术家非塞尚莫属，现象学的直观、结构主义的解构、精神分析中的欲望、艺术评论中的技法溯源等方法在塞尚的作品上方交织争执。这些观点虽然互有借鉴，又各有立场，但是它们并不是线性的继承和发展关系，而是平行和相互溢出的状态。总体来看在以塞尚为中心的剧场中，相比于其他观点，德勒兹选择在微观的感觉层面论证色彩的堆积和形象的建构，以巴洛克的线条自主的延伸揭示塞尚绘画结构中的内在生长力。德勒兹以人格比喻的修辞方式揭示其作品内部各种元素最终所形成的整体性，以及它们共同追求的在观者之中所引发的效果。每一件作品都具有了其内在的意志，每一件作品都要对自身的独立性进行证明。推动艺术创造的动机首先在于创作者对于所继承之物的扬弃，或者说是他所继承的技法无法恰当地表达出其自身的感受，故而他必须另寻他路。但此创造冲动的满足绝不会止步于技法上的更新，更要求在此基础上展现作品在感受者经验之中的作为。塞尚的作品在德勒兹看来就是出于个人的感觉冲动所激发的方法上的突破，并且他所发明的新技法成功地捕捉、呈现了感觉的丰富性，能够以最大的振幅引起欣赏者的共振。由此我们认为，他的作品具有了德勒兹所构造的事件的效果，即在最大程度上实现了对于感觉和情感的吸收和释放，或者说是"解域"（deterritorialization）、"再域"（reterritorialization）。这就是艺术的力量所在。塞尚对于作品需要传递感觉的坚实性和情感的持久性的追求，使他区别于印象派对于转瞬即逝的体验的追求；而德勒兹在塞尚作品中所领受到的生命的涌动和生成，也使其区别于现象学在塞尚作品中所透视到的主体性的经验结构。

然而从文艺复兴以来艺术所继承的对于人性的肯定和对于生命的赞美，并不能直接跨越"二战"的沟壑，对于历史的痛苦保持无动于衷。或者说战争的劫难把艺术抛入自我怀疑的处境之中：艺术是为了什么而作？带着这个问题，德勒兹将我们引领到英国籍的爱尔兰画家弗兰西斯·培根的剧场之中。培根的名声开始于"二战"前后，在20世纪70年代初的巴黎大皇宫举办回顾展，影响力达到顶峰。如果我们将其置于"二战"后的艺术家群体内，就会发现和他同时代的艺术家，尤其是北美的艺术家在抽象主义包括抽象表现主义领域中所实现的技法突破。关于这些新的绘画技法，德勒兹认为尽管抽象绘画为了实现对具象绘画的完全反抗，而完全抛弃了具体的形象，但是这种突破的代价却是牺牲了人的形象，也牺牲了依附在人的形象之上的情感维度。更确切地说，抽象艺术的策略是通过抑制形象，从而压制绘画在情感层面上所引起的触动，以此避开对于画面的追问和怀疑。然而这也将导致绘画落入纯粹的视觉层面，仅仅是为技法而炫耀技法的视觉游戏而已。相比之下，德勒兹选择了培根的作品，选择了其中扭动不安的原始性身体。他认为只有保留了对于人的形象的呈现，艺术才能仍然拥有对于生命的感受和表达的能力。

那么，培根是如何越过"二战"的苦难重新获得艺术的正当性呢？"形象"（Figure），这是德勒兹对其作品的阐释，也是他为艺术构造的出路。形象的对立面既有抽象，也有具象。追求形象的过程中既要保持对于生命的丰富的感受性，又要提防这种感受性会落入俗套之中。培根在作品中既恰当地引入了抽象的线条卸去了细节上的负担,又借鉴了具象的色彩制造出情感的强度,最后他呈现出了扭曲翻转的身体,"猪脸""鸟身""肉架上的躯干",这些像动物一样抽搐痉挛的身体。曾经有观点指出这些身体是刑讯之中被折磨的身体,不过德勒兹却认为作品中的痛苦形象并不是要指责施暴者,二元对立的指责并不带来对于人本身的反省。培根所追求的是让形象去掉曾经附加在身体上的种种定义,从而使其呈现出生命在失去了精神的力量、道义支撑后所暴露出的形态——无器官的身体。这些形象在痛苦的挣扎中逼近了生命的原始状态,其中所爆发的纯粹物质性的生命之力超越了道德判断和人性同情,向着无限的生命形态而不断地生成。回归身体,避开理性、道德对于身体的先行塑造和定义,这是培根所要创造的形象,也是他对于生命本身的强烈信念。德勒兹通过培根作品中的形象克服奥斯维辛所留下的残酷和恐怖,以对于血肉之躯的怜悯终止一群人对于另一群人的伦理丈量和道德审判,又以身体的生成潜力重新点燃对于生命的期待。在这个意义上,德勒兹通过培根表明了当代艺术所实现的突破不仅仅是技法上的创造,同时也完成了对于艺术本质的重新推导,让艺术在生命的场域之中再获创造的现代性依据,让生命在艺术的形象生成中实现自我救赎。

德勒兹对于痛苦的艺术表现的论证绝不是要将苦难景观化,也不要以政治反省的理由为艺术增加价值砝码。面对如此沉重的历史事件,一种态度是法庭式的,在调查并澄清犯罪事实的前提下,使一群人对于另一群人获得宣判的权力。于是总有一些人是受害者,另一些人是迫害者,也总需要正义的衡量和补偿。这种自我对他人的否定和历史上已经被使用过的屠杀的逻辑没有什么本质的改变,都是通过构造权力关系的正当性,获得凌驾于他者之上的裁决权。福柯在《反俄狄浦斯》的英文版序言中提醒大家,"不要迷恋权力",并且要对我们的头脑和我们日常行为中的法西斯主义倾向保持反思①,才能真正地避免惨剧的再次发生,否则的话,我们身边将会处处充斥类似的恐怖。德勒兹和福柯都把法西斯视为发生在人类整体上的普遍危机,因为此危机就根植于我们对于权力的崇拜之中。《反俄狄浦斯》的主要任务正是对于现代社会中的权力机制的综合解剖。德勒兹和迦塔利指出现代社会的运转原理就是欲望的生产。无论是在社会生产环节中商品生产的完成,还是在上层建筑中权力关系的维系,都首先需要欲望作为根本的动力,启动商品的流动和权力的运转。在这一意义上,现代社会机制就被揭示为欲望的生产机制,它们通过各种通道到达个体,将其生命消耗在各种欲望的流动之中。德勒兹和迦塔利提出,以生命的可收缩性为个体保留摆脱外在欲望的可能性,"为了抵抗关联的、相接的和断断续续的流动,它[无器官的身体]建立了无定形、未分化的逆流"②,无器官的身体,可以是放弃器官,放弃身体与外在欲望的连接口,放弃在身体之上所升起的种种幻象——无论此幻象是多么苗条而优雅,抑或是健壮而强悍——让身体处于模糊而凝滞的状态,以生命的惰性让外部的欲望生产在个体经验中失去关联点。除了收缩生命,消敛欲望,还可以尽可能主动地生产自身的欲望,创造出更多的欲望对

---

① 福柯:《反俄狄浦斯的生活艺术》(《反俄狄浦斯序言》),李猛译,《天涯》2000年第1期。

② G. Deleuze and F. Guattari, *Anti-Oedipus: Capitalism and Schizophrenia*, translated by Robert Hurley, Mark Seem, and Helen R. Lane, Minneapolis: University of Minnesota Press, 1983, p. 9.

象以此逃逸外部对于个体生命的捕捉。无论是欲望更少还是欲望更多，德勒兹始终是透过欲望完成对于个体的无意识分析。也正是在这一点上，德勒兹和福柯产生了分歧。对于福柯而言，欲望应当在最终的快感中得到满足和平息，所以相比于欲望，快感更能够激发主体，而主体也在通达快感的过程中不断地实现自我肯定和自我超越。而德勒兹却认为快感不过是欲望得到满足的主体情态，是一种生命表征，其本身并不产生任何动力，而欲望之所以重要，是因为欲望不仅生产关于真理的信念，也拆解真理的编码，所以它能形成也能消解权力，能够折叠也能展开主体。快感和欲望在表明福柯和德勒兹构造个体生命的不同立足点的同时，也显示了二者的共通处：面对宏观政治，他们都选择了从微观生命的角度展开对于外界的抵抗，以经验层面的不确定性消解外在的统摄和压制。快感的升起是不确定的，所以福柯追求极端的体验；欲望的凝聚也是不确定的，所以德勒兹要拆解无意识的哲学界限，以欲望的充溢重新灌注哲学。

时间概念所揭示的生命的无限维度最终在艺术创造中得到了具身化的实践。德勒兹对于艺术的审视从来都是以创作者的角度：艺术史的回顾、技法的突破，包括操作中的风险。但是德勒兹从来没有见过画家弗兰西斯·培根，尽管这对他并非不可实现。当德勒兹将培根解释为塞尚的继承者的时候，培根也表示并不同意这个定位。那么德勒兹作为培根作品的阐释者和培根之间的关系到底是怎样呢？或者说艺术的阐释者和创作者之间是否允许间距？这个问题甚至还可以再以此引起哲学阐释和艺术评论之间的争锋，一旦有人提出类似夏皮罗围绕着凡·高的作品，对于海德格尔的抱怨和责备的那些理由。罗兰·巴特已经在《作者之死》①中说明作者只有步入自己的死亡才能开始写作，作品就是对于所有前设主体的销声匿迹，而作品阐释就成了续写。巴特的结构主义消解了对于作者的崇拜，也排除了封闭的文本。面对巴特所构造的作者和读者所共享的存在场域，德勒兹更倾向于坚持对于艺术的阐释角度并不能只是基于作品解读的无限开放性，而是要基于作品在创造过程中所赋予的生命的强度。所以，德勒兹自觉地选择艺术家的角度，也就是主动创造的立场，来展开生命体验中的密集时刻。甚至在某些细节之中，德勒兹为了说明创作者的独到之处，会深入专业技术的辨析之中，比如在绘画之中的形象、轮廓、底色，音乐之中的叠歌、母题、音值，电影中的镜头、取景、分镜等等，以至于让人误以为"哲学家在进行转行的写作"②。德勒兹对于各类艺术的深度理解一方面固然有哲学思维作为参照，但更重要的是，我们必须认识到艺术作品中的各项要素相互配合形成了某种装置。当然在社会性空间之中已经布满了各种捕捉欲望的装置，那么艺术作品就是对于现有装置的复杂化，让各种线索、通道之间的链接变得愈加复杂，愈加不可预测。更进一步地，德勒兹对于艺术怀抱着浪漫主义的期待，他希望艺术所提供的情感装置成为生命逃脱社会机器的出口，他更希望每个人都能像艺术家那样主动地创造跨越外在的界限。在这个意义上，每一件作品都担负了生命解放的使命，而每一个人都有艺术家的潜能和责任。

---

① Roland Barthes, "La mort de l'auteur", *Le bruissement de la langue*, Paris: Éditions du Seuil, 1984, pp. 61–65.
② 阿兰·巴迪欧:《哲学宣言》，蓝江译，南京大学出版社2014年版，第4页。

四、界定和反思

界定作为对于对象的有限性的呈现，本身就带着受制于自身有限性的风险。而这里对德勒兹哲学思想的界定所面临的风险会更高，一是因为德勒兹的思想篇幅宽广，且在不同的领域纵横跨越，使得任何将其框定在某个标签下的尝试要么因为过于宽泛而不够明确，要么由于过于狭隘而失去了应有的视野。其二是在于德勒兹哲学文本的边界不断地拓展，尽管他主要的哲学著作大都在其生前就已经出版，可是近几年来，随着新的资料被整理出版，包括他的课堂记录、电台采访以及和朋友的通信，为我们了解他的思想提供了更多的细节信息，但同时也加重了总结的负担。然而，风险和困难所变成的理由都不足以抹去界定的责任。即使还不能精确地给出关于德勒兹哲学的最终定义，但界定思想这项工作本身仍是必要的，否则对于德勒兹的理解将会被退化至流行的思潮，他所创造的概念也会作为名词被文化快餐消耗殆尽，而他的贡献也会淹没在错位性的误解和批评之中。

在所展开的多个哲学剧场中，我们开始于主体理论中德勒兹所实现的从"三H"到三个怀疑大师的转变，随着理性失去了超越性，主体也从理性的基座上滑落，生命由此于存在之中绽放出无限的可能。继而在时间理论中，德勒兹则向我们展示了不同层面的经验之流相互交织，在它们的凝聚之处产生了具有稳定性的观念、意义，由此生命被赋予组织经验、超越偶然的能力。但是德勒兹格外强调要赋予人以承受断裂、迎接偶然的能力，保持生命对于未知之物乃至未知将来接纳和探索的能力。最后在创造的场域内，生命的潜能，那些超越于秩序和组织的潜能最终以艺术的方式实现出来，尽管在艺术作品中被表达的感觉仍然只是虚拟的，然而它实现了艺术的承诺并向我们做出邀请，邀请我们体验新的情感方式，走进新的生命形态。概括而论，德勒兹从主体内部驱逐理性的装置，取而代之生命的本能和冲动，以生命本体论的崇拜占领了形而上学的祭坛，最终在艺术的创造之中，被打开的生命褶皱获得了虚拟的具象，艺术实践在其情感的解放中绽放出生命政治的目光。从无所不包的形式性主体，到内部涌动的时间，再到生命自发的创造，在德勒兹的哲学理论中，始终表现出对于理性的排斥，以及在此排斥之后仍然持守的信心，尽管此信心除了对于生命本身的完全信赖之外不再具有任何的可解释性。

德勒兹通过将哲学理论中的各个层面相互连接，以不可确定的整体性生命表现出对于理性的批判和摆脱，对于人的现代性分化和分工的抗拒和弃绝。而也正是在这一点上，德勒兹所代表的"现代性哲学话语"遭受到来自理性传统的激烈反驳，在这一点上，哈贝马斯的批评可以说是道尽了理性主义的心声："[理性的] 批判把握住了一些概念，也毁坏了这些概念……启蒙与操纵、意识与无意识、创造力与破坏力、表现的自我实现与压抑的非升华、真理与意识形态，以及对自由的保障与对自由的剥夺等，所有这些环节都混淆到了一起。它们不是在一种灾难性的功能语境中，一边相互冲突，一边又相互联系——即在一个充满冲突的矛盾过程中不自觉的共谋关系。现在，差异和对立已经遭到暗中消解和破坏，以至于批判再也无法在一个完全被管制、充满计算和权力的世界中辨别出反差、明暗和不同的声调。"[①] 尽管哈

---

① 哈贝马斯:《现代性的哲学话语》，曹卫东等译，译林出版社2002年版，第382页。

贝马斯的批评并不专门针对德勒兹而发，但是他所勾勒出的现代性话语的种种特征在德勒兹的哲学理论中都可以找到对应点，所以对此批评回应的必要性不仅仅是为了澄清德勒兹的哲学立场，同时也能显明其理论在现代生活中的着陆方式，换言之对其理论有效性的界定。

　　首先，哈贝马斯的批评来自他对于现代社会生活的观察视角，也就是说哈贝马斯对于总体性、普遍性、社会各层面的分化及各阶层之间的和谐所持有坚定的信念，他不可能接受主体论、知识论和美学理论的混合，更不能忍受社会实践和自我实现的互换。哈贝马斯坚持理性主义的传统，坚持对于人的不同活动，不同属性的划分，并坚持在划分中层次分明地实现共识、制定规则。他的角度也是从宏观出发去观察主体性之间的交往行为，提出构造共同生活的基本原则。但是德勒兹对于现代社会的识别是："我们今天生活在由片面体、破砖烂瓦和残余物所组成的时代。我们不再相信碎片存在的神话，就像是说这些碎片宛若古董雕像的碎片一样，只待最后一片被翻出来，它们就可以全部被粘在一起，创造一个与原初统一体完全相同的统一体。我们不再相信曾经存在的原始整体，也不再相信在未来某个时间会有等待我们的最终整体。"[①]德勒兹回望历史不能发现曾经存在过整体，展望未来依然不能相信会有整体的降临。既然从来没有整体的发生，那么也不会有在整体的角度下被俯视、被组织的个体。而这

[①] G. Deleuze and F. Guattari, *Anti-Oedipus: Capitalism and Schizophrenia*, translated by Robert Hurley, Mark Seem, and Helen R. Lane, Minneapolis: University of Minnesota Press, 1983, p. 42.

种碎片化的生存状况在现代生活之中,随着各种技术的迅捷发展和日常化使用,变得更加严重。但德勒兹的立场正在于借助于这种碎片化的生活方式,从个体的角度出发拆除人们对于统一性、阶层划分、身份一贯的心理依赖。他的角度是立足于微观,为个体的欲望辩护,甚至要激发个体欲望的生产,以生命的充溢越过外在的规范,促使社会层面的变革,以此保持共同体的不断进化。至于在哪个局部或者在哪些规定之中,应当进行怎样的调整或者更改,这并不是德勒兹真正关注的对象,对他而言所有的规则都是有局限的,所有的存在也都是局部的,因此我们需要对最切近的社会现象展开细节的描述和结构的诊断,揭示其中发生作用的装置原理,由此打开逃逸装置的出口,这才是理论的价值:"理论不会总体化,它不断增殖、自我增殖。就其本质来说,进行总体化操作的是权力……理论本质上是反权力的。"[①]用理论将细节变得复杂而幽深,拒绝权力以总体性的名义对生命的透视和捕获。

其次,哈贝马斯对于现代性哲学话语,其实就是当代法国哲学的抱怨,主要是因为后者对于概念的模糊阐释,丢失了判别明晰、层次确定的论证传统,更确切地说丢失了哲学的规范性本质。如此对照着审视德勒兹的理论方法,就不仅会发现在概念层面中的确发生了对立面的相互翻转,而且会感到哲学和其他领域之间的区隔正在沿着被取消的趋势越来越弱化。《什么是哲学?》的结论处特别强调,"每一门不同的学科都以自身的方式跟一个

[①] 德勒兹:《〈荒岛〉及其他文本》,大卫·拉普雅德编,董树宝、胡新宇、曹伟嘉译,南京大学出版社2018年版,第310页。

负面发生关系"①，那么哲学与非哲学的联系就首先体现于哲学对于自身基础的反省。这种反省精神的确来自理性的传统，比如让"真实"和"真理"在现象学中被区别开来，并且使真理作为真实的条件而被思考——这就体现出哲学的追问最终必然指向思想的根基。然而，德勒兹并不满足于停留于理性的自我指涉，他要打破哲学理论内部循环，要为哲学追问构造非哲学性的前提，在这个意义上，德勒兹的确致力于缝合哲学和非哲学之间的裂隙，包括思想和实践之间的裂隙。思考的出发点绝不可能基于分明的概念和清晰的界限，而是始于模糊和歧义，只不过哲学的目标不再是澄清和校正，而是要汇聚各种异质元素，以新的思想配置预备概念的创造。

最后，如果哈贝马斯所提出的总体化的要求，可以被理解为从宏观的角度出发考虑社会规范的操作空间的话，那么相应地德勒兹的所提出的理论增殖，就应当被理解为从微观的角度出发探索自我主宰的可能途径。所谓理论的增殖，既可以表现为新的概念的提出，也可以表现为以新的角度更改已有概念的内涵，理论作为概念展开自身的场域，总是包括了比概念更多的前提性因素。在一开篇我们就已经提到，德勒兹出于论证的需要采用了剧场的方式赋予理论以人格化的属性，但是他期待自己的理论不是表演给人看的剧场，而是能够成为一套工具箱。"理论必须能被使用，它必须能够发挥作用。"②各个概念的使用方式在剧场之中

---

① 德勒兹, 迦塔利:《什么是哲学?》, 张祖建译, 湖南文艺出版社2007年版, 第522页。
② 德勒兹:《〈荒岛〉及其他文本》, 大卫·拉普雅德编, 董树宝、胡新宇、曹伟嘉译, 南京大学出版社2018年版, 第310页。

已经得到了预演式的说明，然而这份书面说明的作用还只是思想启发而已，它在实践之中的价值还没有实现。所以，德勒兹在他的哲学文本中以写作生产的方式只完成了理论任务的一半。他把余下的一半交给读者，让他们凭着各自所能的理解在实践中测试其运转的效果。那么在这个意义上，德勒兹的哲学剧场就远远没有落幕，只要我们之中还有人在坚持着思想中的自由创造和行动中的自我意愿。

德勒兹生平年表*

（一）1925—1944年　童年及青少年

——1925

1月18日2时45分，吉尔·德勒兹出生于巴黎十七区。父亲路易·德勒兹（Louis Deleuze）为工程师。母亲奥黛特·卡穆尔（Odette Camaüer）为家庭主妇。父系来自法国南部的普罗旺斯省。"德勒兹"是一个奥克西语名称，代表"De'yeuse"的缩写，相当于法语"Du chesne"。德勒兹在家中排行第二。其兄长乔治·德勒兹（George Deleuze）原准备入学法国圣西尔（Saint-Cyr）军校，后因从事抗德运动被捕，在移送奥斯维辛集中营的死亡列车中去世。

童年：德勒兹的童年在巴黎十七区度过。（除了到外省任教外，他从此一直住在同一公寓。）

---

* 这份生平年表的时间划分主要依据于Philippe Mengue, "Chronologie de Gilles Deleuze", *Gilles Deleuze ou le système du multiple*, Paris: Éditions Kimé, 1994, pp. 289–300. 并在比照关于德勒兹的其他记录中，有所修改和补充。所涉及的引文也都尽量找到了原文或者译文出处。

——1932

入小学，在卡诺中学（Lycée Carnot）就读至高中毕业会考。

——1941

他在这一年认识米歇尔·图尼埃（Michel Tournier）①。图尼埃比德勒兹年长一岁，当时在巴斯德中学就学。后来图尼埃成为文学家。图尼埃回忆说德勒兹是一群朋友中的灵魂人物。1968年后，两人停止见面，但仍惺惺相惜。德勒兹曾为图尼埃小说《礼拜五或太平洋上的虚无飘渺境》作跋。

——1943

高三时，德勒兹的哲学老师为韦埃尔。作家让-皮埃尔·费伊（Jean-Pierre Faye）回忆说德勒兹曾在准备高师入学班（Khagne）中报告《胡塞尔论我思》（"Cogito chez Husserl"）。

在高三这一年，对德勒兹震撼最大的事件是1944年6月10日，奥拉杜尔（Oradour）村民被纳粹集体屠杀事件，一共有643名平民，其中包括非战斗的妇女和儿童。

（二）1944—1948年　索邦大学求学时期

——1944

德勒兹入巴黎索邦大学哲学系。和他同年的人一样，德勒兹因经历过战争而被免除兵役。大学时期对德勒兹最具影响的教授有费迪南德·阿尔奎、伊波利特、康吉莱姆、冈蒂亚克。德勒兹回忆曾参加巴黎高师入学考，哲学口试主试即为康吉莱姆。德

---

① 米歇尔·图尼埃在代表作《礼拜五或太平洋上的虚无飘渺境》（*Vendredi ou les Limbes du Pacifique*）一书当中，通过哲理故事的形式续写了鲁滨逊的故事。

勒兹在他手上得到了很好的分数，但仍不足以录取。康吉莱姆作为当时法国知识论的主要领导者，他主张以概念的哲学取代意识的哲学，并继承尼采的"永恒回归"，影响福柯和德勒兹等一代人。伊波利特则为黑格尔专家，继承科耶夫及让·瓦尔的传统，他也是阿尔都塞的论文指导。德勒兹与这些大学老师后来仍维持友谊。德勒兹在大学也认识了一群新朋友，如夏特雷，后来成为作家的布陀（Michel Butor），以及成为美学家的Olivier Revault d'Allonnes）等人。

——1946

德勒兹首次正式发表文章《数法、科学与哲学》（"Mathèse, science et la philosophie"）①。此文为马尔法蒂《数法研究或科学中的无序与等级，另附医学的特别应用》所作的序言（*Études sur la mathèse, ou Anarchie et hiérarchie de la science, avec une application spéciale de la médecine*, du Dr. Jean Malfatti de Montereggio）。同年，德勒兹还参加了阿兰·克莱门特（Alain Clément）主持的《太空》杂志，并撰写了文章《从基督到资产阶级》（"Du Christ à la bourgeoisie"）。

德勒兹参加了阿兰·克莱门特主持的《太空》杂志，该杂志只有一期，并撰写了文章《从基督到资产阶级》（"Du Christ à la bourgeoisie"）。

——1947

德勒兹完成高等研究论文（Diplôme d'Etudes Supérieures），主题为休谟，指导者为康吉莱姆和伊波利特。该论文于1953年出版，题名为《经验主义与主体性》。

---

① 德勒兹：《数法、科学与哲学》，姜宇辉译，《生产（第十一辑）：德勒兹与情动》，江苏人民出版社2016年版，第313—320页。

——1948

通过哲学高等教师资格考（agrégation），同年通过名单尚有阿尔都塞和夏特雷。德勒兹说他在大学时主要阅读的作者，便是考试所需准备的哲学家，包括柏拉图、马勒布朗仕（Malebranche）、莱布尼茨等。德勒兹这时发现了宛若一道清新空气的萨特。《存在与虚无》出版时，德勒兹和图尼埃一起去买此书，并且狂热地读完。这一段时间，德勒兹经常出入左翼天主教中世纪主义者玛丽-玛格德莱娜·戴维（Marie-Madeleine Davy）在福泰尔（La Fortelle）城堡主持的知识圈及文艺聚会。与会者尚有费萨尔神父（Le père Fessard）、科罗索夫斯基、拉康、兰萨·德尔·瓦斯托（Lanza del Vasto，甘地的门徒，法国南部方舟公社创立人）、让·波朗（Jean Paulhan，伽利玛出版社主编）。这个沙龙的参与者们将法国哲学的发展逻辑德国化，将讨论焦点转向黑格尔、马克思、尼采、弗洛伊德和海德格尔，并促进从柏格森和梅洛-庞蒂的现象学向列维-斯特劳斯、拉康、罗兰·巴特和阿尔都塞的结构主义过渡，德勒兹、福柯和德里达（都是伊波利特和冈蒂亚克的学生）的工作将继承并完成此思想方式的过渡。

（三）1948—1968年　由高中至大学教学

——1948—1952

找到第一份职业，在巴黎北方城市亚眠（Amiens）中学任职。

——1952

福柯在法比边境城市里尔（Lille）大学任心理学讲师。德勒兹有一次到里尔找朋友让-皮埃尔·邦贝热（Jean-Pierre Bamberger），对方邀他前去旁听福柯讲课。课后并在邦贝热家中进晚餐。这是德勒兹第一次和福柯见面，可是两人并未立即成为朋友。

——1953—1955

德勒兹任教于巴黎南方的奥尔良中学（Lycée d'Orléans）。

——1955—1957

德勒兹任教于巴黎市拉丁区的路易大帝中学（Lycée Louis-le-grand）。

德勒兹回忆说他在中学任教的经验十分愉快。他那时只做讲座，并不强调任何一位作者，不过也许稍微着重康德。

——1953

在法国大学出版社（PUF）出版第一本专著《经验主义与主体性》。

——1955

8月27日—9月4日，诺曼底瑟里西拉萨勒（Cerisy-la-Salle）举行著名的海德格尔十日会。海德格尔亲自与会并发表开幕文《什么是哲学？》（"Was ist das-die Philosophie?"）[①]。年轻的德勒兹名列与会的四十五人名单中。主办者为让-博弗雷（Jean Beaufret）及科斯塔斯·阿克洛斯（Kostas Axelos）。与会者还有让·斯塔罗宾斯基（Jean Starobinski）、加布里埃尔·马塞尔（Gabriel Marcel）、利科、冈蒂亚克、勒内·夏尔（René Char）。拉康则在会后邀请海德格尔夫妻及两位主办人至其巴黎郊区别墅

[①] 海德格尔：《什么是哲学？》，孙周兴译，《海德格尔选集》，孙周兴选编，上海三联书店1996年版，第588—606页。

（La Prévôté à Guitrancourt）小住。萨特、梅洛－庞蒂、科耶夫皆拒绝与会，布朗肖亦未参加。高德曼（Lucien Goldmann）则在会场上捣蛋，高声宣读海德格尔纳粹时期的文字。①

——1956

8月，德勒兹在巴黎十七区举行婚礼。新娘范妮为名服装设师巴尔曼（Balmain）的员工。他们之后有两个孩子：朱利安（Julien，1960）及埃米丽（Emilie，1964）。

——1957—1960

至索邦大学任哲学史助教。

——1960—1964

进入法国国家科学研究中心（CNRS: Centre national de la recherche scientifique）研究。

——1962

出版《尼采与哲学》。这本书使得德勒兹开始在学院内享有名气，因为他第一次使得尼采的思想在法国得以成为学院可以接受的合法哲学，同时又创造了一个前所未有的先锋学术立场。②

同年福柯至法国中部克莱蒙（Clermont-Ferrant）大学任教。系主任朱尔·维耶曼（Jules Vuillemin）即将升任法兰西学院（Collège de France），以接替猝逝的梅洛－庞蒂。福柯建议由德勒兹来替这个位置。此时德勒兹正好在附近地区养病，便受邀前来朱尔·维耶曼的家中会面，由此展开他和福柯的长期友谊。由

---

① Elisabeth Roudinesco, *Jacques Lacan*, translated by Barbara Bray, New York: Columbia University Press, 1997, p. 226.
② Louis Pinto, *Les Neveux de Zarathoustra: La réception de Nietzsche en France*, Paris: Éditions du Seuil, 1995, p. 158.

于教育部空降共产党理论家罗歇·加罗迪（Roger Garaudy），德勒兹没有得到这个职位。福柯则接掌系主任。

《尼采与哲学》的出版也打破了德勒兹长期的沉默：自从1953年起，德勒兹除了几篇文章，并无重要作品出版。德勒兹曾以"一个长达八年的空白"来形容这一段时期。[①]由此也展开了德勒兹的哲学史研究（"康德"1963、"柏格森"1966、"斯宾诺莎"1968）及文学解读（"普鲁斯特"1964、"萨德—马佐赫"1967）。德勒兹后来表示，哲学史研究压得他们这一代人喘不过气来[②]，仿佛"狭义的哲学的俄狄浦斯"[③]。

——1964

至里昂大学任教。

——1966

6月，发表《人，可疑的存在》（"L'Homme, une existence douteuse"）一文，评论福柯《词与物》（Les mots et les choses）书中有关"人之死"片段。

——1967

在午夜出版社出版《萨德—马佐赫介绍》（Présentation de Sacher-Masoch）一书。这是德勒兹第一次脱离以学院出版为标榜的法国大学出版社，成为以出版"新文学"闻名的午夜出版社作者。这本书也成为德勒兹第一本英译作品。

与福柯、冈蒂亚克共同编辑尼采哲学全集，并与福柯合写导

[①] 德勒兹：《在哲学与艺术之间：德勒兹访谈录》，刘汉全译，上海人民出版社2020年版，第187页。
[②] 德勒兹、帕尔奈：《对话》，董树宝译，河南大学出版社2019年版，第20页。
[③] 德勒兹：《在哲学与艺术之间：德勒兹访谈录》，刘汉全译，上海人民出版社2020年版，第6页。

论。该全集的第一部书为《快乐的科学》,译者为两人共同的朋友科罗索夫斯基。

——1968

出版国家博士论文:主论文为《差异与重复》,指导者为冈蒂亚克。副论文为《斯宾诺莎与表现问题》,指导者为费迪南德·阿尔奎。在论文中,德勒兹不仅综合了其过去的哲学史研究,并且提出具有原创性的差异哲学与多元哲学的研究框架。之后哲学史不再出现于其著作中(后来有关福柯与莱布尼茨两书所谈已超出哲学史的范围)。

五月风暴来临,德勒兹体会到理论和行动的区别,也"曾完成过一种向政治的过渡"①。

这一年,德勒兹因为和学生在里昂从事政治运动过劳,开始受到严重的肺部问题的影响,翌年进行肺部手术,这或许是他"巫婆"般的声音的来源,但他从未放任此疾影响自己的工作。

(四)1969—1987年　万森大学讲学时期

——1969

1968年底,实验性的巴黎八大-万森大学(Paris VIII-Vincennes)成立。哲学系由福柯执掌。德勒兹受邀前往教学,但因病无法就任。1969年福柯入法兰西学院,德勒兹前来继其遗缺。同事友人尚有夏特雷(系主任)、利奥塔等。

---

① 德勒兹:《在哲学与艺术之间:德勒兹访谈录》,刘汉全译,上海人民出版社2020年版,第230页。

德勒兹一直在万森大学工作至1987年退休，并经历了1978年的强迫迁校（原位于森林中的大学被政府铲平，迁移至巴黎北郊圣丹尼［Saint-Denis］，成为今日面貌）。德勒兹回忆说他十分喜欢在此教学："讲课是我整个生活的一部分，我是以极大的热情讲课的。讲课不同于讲座，因为讲课需要一个长的时期，一些相对经常听课的学生，有时课程延续几年。课堂像是一个进行研究的实验室，人们讲授所研究的东西，而非所知道的东西。"①

对德勒兹而言，万森大学哲学系的特色在于课程设计不分年级，对象包括一年级到高年级、哲学系与非哲学系、大学生与非大学生。②许多人后来回忆，德勒兹成为万森大学最具风采的教授之一。他的课堂有如天堂。同时有许多国族，各路激进团体、真假狂人川流不息；天花板上写着涂鸦："德勒兹，你的工厂在哪里？"但德勒兹在上课时，仍能巧妙地避免和听众进行针锋相对的论辩。他后来强调好的讲课比较像演奏会而不像布道，讲者"独奏"，其他人则进行"伴奏"。

这一年，亦是德勒兹与迦塔利相逢的一年，由此二人展开了密切而富有成效的合作，在当代哲学史上合奏出罕见的"双手连弹"。迦塔利的一生由一连串横切各平面的激进运动组成：共产主义、68学运到生态环保。在和德勒兹相逢前，他曾跟随拉康学习精神分析七年，并进而成为分析师。1953年，他参与让·乌里（Jean Oury）在拉博德（La Borde）疗养院进行的另类精神治疗

---

① 德勒兹:《在哲学与艺术之间：德勒兹访谈录》，刘汉全译，上海人民出版社2020年版，第188页。
② 德勒兹:《在哲学与艺术之间：德勒兹访谈录》，刘汉全译，上海人民出版社2020年版，第189页。

（psychiatrie alternative），继而参与反精神治疗（antipsychiatrie）运动。迦塔利曾回忆说，当时他因写作一篇有关潜意识的文章去见德勒兹，不过后来是德勒兹主动邀请他合作。如德勒兹本人回忆，正是迦塔利将其带出了精神分析和拉康主义的思想语境。

德勒兹并开始积极参与由福柯主导的监狱运动团体GIP。在这里，他和毛主义者相逢，并结识巴勒斯坦研究主要领导人埃利·桑巴（Elie Sambar）。他通过各种文章为巴勒斯坦事业表态（《世界报》，1977年，1978年；《亚西尔·阿拉法特的辉煌》["grandeur de Yasser Arafat"]，《世界报》，1984年）。他也和同性恋运动团体（FHAR）及意大利激进团体相结识。

这一年他由午夜出版社出版其另一名著《意义的逻辑》。

——1970

德勒兹在福柯任编委的《批评》(*Critique*)书评杂志上发表《一位新的档案员》("Un nouvel archiviste")一文，评福柯新书《知识考古学》(*L'Archéologie du savoir*)。

福柯亦在《批评》上发表《哲学剧场》("Theatrum Philosophicum")。他在此说出名言："或许有一天，这个世纪将会以德勒兹的〈世纪〉为人所知。"①

——1972

与迦塔利合著《反俄狄浦斯》出版。这本书被视为后68左派思潮的代表作。这本书经常被视为对拉康主义的批评，虽然两

---

① Michel Foucault, "Theatrum Philosophicum", *Language, Counter-Memory, Practice*, edited with an introduction by Donald F. Bouchard, translated by Donald F. Brouchard, and Sherry Simon, Ithaca: Cornell University Press, 1977, p. 165.

位作者宣称他们是在帮拉康的忙。① 德勒兹回忆说，书出版数月后，拉康有一天"召见"他，先是让他在候诊室等了大半天，接见他时把自己弟子的名单说了一遍，并说他们全都不行（唯独不提他的女婿米勒［Jacques-Alain Miller］）。德勒兹想起宾斯旺格（Ludwig Binswanger，弗洛伊德的学生）曾述及一样的场景：弗洛伊德也跟他说琼斯（Jones）、亚伯拉罕（Abraham）等人的坏话。而宾斯旺格想到，当他不在场的时候，弗洛伊德一定也和其他人说他的坏话。拉康一直说下去，但就是不提米勒。最后他对德勒兹说：我们要的就是一个像你这样的人。② 拉康传作者卢迪内斯科（Roudinesco）说德勒兹没看错，因为拉康后来和人说《反俄狄浦斯》是从他的讲课内容里抄去凑成的。③ 根据同一位作者，由于《反俄狄浦斯》来自德勒兹1969—1971年讲课和后来的双元写作，这反而给了米勒灵感去抄写拉康的讨论课（séminaires），促成了这一套著名的书。这一年《拱门》（l'Arc）期刊出了德勒兹专号，其中并有一篇德勒兹与福柯的对话，检讨当时理论与实践之状况。

德勒兹和利奥塔参加了这一年在瑟里西拉萨勒举行的尼采十日论文会。与会者尚有当时在高师院授课的德里达。后来的分析者认为这是法国前卫哲学的一次内部对垒（万森v.s.高师，德勒

---

① 德勒兹:《在哲学与艺术之间：德勒兹访谈录》，刘汉全译，上海人民出版社2020年版，第17—18页。
② Elisabeth Roudinesco, *Jacques Lacan*, translated by Barbara Bray, New York: Columbia University Press, 1997, pp. 347-348.
③ Elisabeth Roudinesco, *Jacques Lacan*, translated by Barbara Bray, New York: Columbia University Press, 1997, p. 348.

兹和利奥塔所代表的先锋派生机主义v.s.德里达和福柯所代表的激进诠释学。①

由这时起，德勒兹将时间用于写作其重要作品。他极少出门旅行（"唯一值得一提的一次，也许是去佛罗伦萨"）。但20世纪70年代起，他经常去电影院，成为少见的影迷哲学家。

——1973

罗兰·巴特出版《文之悦》（Le plaisir du texte），欲望哲学方兴未艾。巴特在20世纪70年代的访谈中即已经表示德勒兹亦名列其"债主"名单中："我之所以没有注明引文作者（拉康、茱莉亚·克里斯蒂娃、索莱尔斯、德里达、德勒兹，还有塞尔等）——而且我知道他们理解我这样做，是为了指出，在我看来，整个文本从头到尾都是援引性的。"②

——1975

出版与迦塔利合著的《卡夫卡：为弱势文学而作》。（1987年美国《文化批评》[Cultural Critique]出了两期《少数话语的本性与背景》["Nature and Context of Minority Discourse"]运用了这个"弱势文学"的概念。）

发表《一位新的地图绘制学者》（"Unécribain, non: un nouveau cartographe"）评福柯《规训与惩罚：监狱的诞生》（Surveiller et punir: Naissance de la prison）。

---

① Louis Pinto, Les Neveux de Zarathoustra: La réception de Nietzsche en France, Paris: Éditions du Seuil, 1995, pp. 188-195.
② 罗兰·巴尔特：《声音的种子：罗兰·巴尔特访谈录（1962—1980）》，怀宇译，中国人民大学出版社2019年版，第81页。原文中的人名顺序是"Lacan, Julia Kristeva, Sollers, Derrida, Deleuze, Serres"，大约是考虑到克里斯蒂娃和索莱尔斯是夫妇关系，这里恢复原文顺序。原文参见 Le Grain de la voix. Entretiens (1962–1980), Paris: Éditions du Seuil, 1981, p. 78.

——1977

福柯为《反俄狄浦斯》英文版写序。由此并展开了德勒兹在英语世界的系列翻译。

这一年起德勒兹渐渐与福柯渐行渐远,两人不再见面。据《米歇尔·福柯传》作者埃里蓬分析,转折点在于克劳斯·科罗桑(Klaus Croissant)(巴德尔和迈因霍夫团[Baader-Meinhof Group]的辩护律师)的引渡事件。德勒兹和福柯在两份不同主张的抗议书上签名。福柯的立场要把斗争局限在严格的司法问题上,"他非常愿意支持这位律师,但……他也不会支持被他视为'恐怖分子'的人"[①]。德勒兹与迦塔利签名的文字上则将西德称描述为正在向警察专权发展的国家:"有三件事让我们立即感到担忧:在一个有组织的告发系统中,许多德国左派人士可能会发现他们在德国的生活无法忍受而被迫离开自己的国家。相反,科罗桑先生有可能被移交,被送回德国,在那里他要冒最坏的风险,或者干脆被驱逐到一个他'选择'的国家,那里也不会接受他。最后,整个欧洲都即将处在德国所要求的这种控制之下的前景。"

其实在这一年6月,德勒兹以一小册子强烈攻击以批评马克思主义及专制政体起家的"新哲学家"(nouveaux philosophes)时,就直接表明了和福柯对立的立场,因为稍早福柯曾作文赞许新哲学家安德烈·格鲁克斯曼(André Glucksmann)的《大思想家》,而后者呼吁基于对极权主义的反思,对马克思主义进行批判。[②]

[①] 埃里蓬:《米歇尔·福柯传》,谢强、马月译,上海人民出版社2017年版,第304页。
[②] 埃里蓬:《米歇尔·福柯传》,谢强、马月译,上海人民出版社2017年版,第305—306页。

就理念方面，福柯前一年出版的《性经验史（第一卷）》已经隐含对德勒兹欲望理论的批评。

——1980

出版与迦塔利合著《千高原》，为德勒兹理论思想总结。

——1981

12月，福柯与布尔迪厄（Pierre Bourdieu）共同发动对华沙"团结工会"镇压事件法国政府态度之抗议活动，并拟定了号召书。很多左派学者都签了名，德勒兹虽然也被联络，但他愿意保持沉默，理由是"不想使刚刚建立的社会党政府陷入困境"[①]。

——1983

出版《电影1：运动影像》，《电影2：时间影像》于1985年出版。

——1984

6月29日，福柯去世。德勒兹在告别式中宣读其《快感的享用》（"L'Usage des plaisirs"）的部分前言："然而，哲学是什么呢？——我指的是哲学活动——如果它不是思想本身的批判研究的话。或者如果它不是要努力弄清如何以及在何种程度上可以进行他那样的思考，而是把已知道的东西合法化的话，那么它的意义究竟何在。"[②]

——1985—1986

德勒兹在巴黎八大展开以福柯为主题的授课。

---

① 埃里蓬：《米歇尔·福柯传》，谢强、马月译，上海人民出版社2017年版，第354页。
② 埃里蓬：《米歇尔·福柯传》，谢强、马月译，上海人民出版社2017年版，第394页。

——1986

出版《福柯》。

——1987

退休。"开始远离激进团体，这不来自失望或决定，而在于这些团体本身的逐渐离散。"

——1988

《文学杂志》（*Magazine Littéraire*）"德勒兹专号"。其中一条"特征"（signes particuliers）说他："很少旅行，从未加入共产党，从未成为现象学家及海德格主义者，从未放弃马克思，从未离弃1968年5月学运。"

与迦塔利在法国舞台喜剧演员和电影演员克卢切（Coluche，全名 Michel Gérard Joseph Colucci）的总统竞选宣言上签名。

——1991

出版《什么是哲学？》这是德勒兹与迦塔利的最后一次合作。

20世纪90年代起，法、美开始出现一系列的德勒兹研究专书。

——1992

8月29日，迦塔利因心脏病突发死于工作40年的拉博德疗养院。

——1993

出版最后一本著作《批评与临床》。

更加隐居。报道说他正在撰写一本《马克思之伟大》（*La grandeur de Marx*）。

——1995

1月，Arte 电视台开始播放《德勒兹ABC》（*l'Abécédaire de*

Gilles Deleuze），访谈原预定于其死后播出。

11月4日，德勒兹在巴黎十七区寓所跳窗自杀，享年70岁。一般认为他是病情严重，才会自行了断。丧礼在法国中部小村圣莱奥纳尔·德诺布拉（Saint-Léonard-de-Noblat）举行。

德勒兹自杀消息传出后，巴黎知识界咸感震惊。德里达撰文表示自己有如这一代忧郁的残存者，将须独自游荡。利奥塔则称许德勒兹为同代两大哲学天才之一。

——1996

1月19、20日，德勒兹生前好友，音乐家布列兹（Pierre Boulez）为德勒兹举行致敬音乐会。

参考文献

德勒兹著作和论文

（一）法文

Deleuze, G., *Empirisme et subjectivité*, Paris: PUF, 1953.

Deleuze, G., "De Sacher-Masoch au masochisme", *Arguments*, 21 (1961): 40-46.

Deleuze, G., *Nietzsche et la philosophie*, Paris: PUF, 1962.

Deleuze, G., *La philosophie critique de Kant*, Paris: PUF, 1963.

Deleuze, G., *Proust et les signes*, Paris: PUF, 1964.

Deleuze, G., *Le Bergsonisme*, Paris: PUF, 1966.

Deleuze, G., "Mystique et masochisme", with Madeleine Chapsal, *La Quinzaine littéraire*, 25 (1967): 12-13.

Deleuze, G., "Le Froid et le Cruel", *Présentation de Sacher-Masoch*, Paris: Minuit, 1927.

Deleuze, G., *Spinoza et le problème de l'expression*, Paris: Minuit, 1968.

Deleuze, G., *Logique du sens*, Paris: Minuit, 1969.

Deleuze, G., "Hume", *Histoire de la philosophie vol. IV Les Lumières*, edited by F. Châtelet, Paris: Hachette 1972.

Deleuze, G., "Ecrivain Non: Un Nouveau Cartographe", *Critique*, 343 (1975): 1207-1227.

Deleuze, G., *Spinoza: Philosophie pratique*, Paris: PUF, 1981.

Deleuze, G., *Francis Bacon: Logique de la sensation*, Paris: Éditions de la différence, 1981.

Deleuze, G., *Cinéma I: l'Image-Mouvement*, Paris: Minuit, 1983.

Deleuze, G., *Cinéma II: l'Image-temps*, Paris: Minuit, 1985.

Deleuze, G., "Les plages d'immanence", *L'Art des Confins. Mélanges offerts à Maurice de Gandillac*, edited by A. Cazenave and J.-F. Lyotard, Paris: PUF, 1985, 79−81.

Deleuze, G., *Foucault*, Paris: Minuit, 1986.

Deleuze, G., *Le Pli: Leibniz et le Baroque*, Paris: Minuit, 1988.

Deleuze, G., *Périclès et Verdi*, Paris: Minuit, 1988.

Deleuze, G., *Pourparlers*, Paris: Minuit, 1990.

Deleuze, G., *Différence et Répétition*, Paris: PUF, 1993.

Deleuze, G., *Critique et clinique*, Paris: Minuit, 1993.

Deleuze, G., "Désir et plaisir", *Magazine littéraire*, 325 (1994): 59-65.

Deleuze, G., "L'Immanence: Une Vie", *Philosophie*, 47 (1995): 3−7. Reprinted in *Deux Régimes de fous*, Paris: Minuit, 2003, 359−363.

Deleuze, G., *L'Île déserte et autres textes: textes et entretiens 1953–1974*, edited by David Lapoujade, Paris: Minuit, 2002.

Deleuze, G., *Deux régimes de fous: textes et entretiens 1975–1995*, edited by David Lapoujade, Paris: Minuit, 2003.

Deleuze, G., *Lettres et autres textes*, edited by David Lapoujade, Paris: Minuit, 2015.

（二）英文

Deleuze, G., *Nietzsche and philosophy*, translated by Hugh Tomlinson, London: The Athlone Press, 1983.

Deleuze, G., *Kant's critical philosophy: the doctrine of the faculties*, translated by Hugh Tomlinson and Barbara Habberjam, Minneapolis: University of Minnesota Press, 1984.

Deleuze, G., *Cimema 1: The Movement-Image*, translated by Hugh Tomlinson and Barbara Habberjam, Minneapolis: University of

Minnesota Press, 1986.

Deleuze, G., *Foucault*, translated and edited by Sean Hand, London: The Athlone Press, 1988.

Deleuze, G., *Cinema 2: The Time-Image*, translated by Hugh Tomlinson and Barbara Habberjam, Minneapolis: University of Minnesota Press, 1989.

Deleuze, G., *The Logic of Sense*, translated by Mark Lester, editedy by Constantin V. Boundas, New York: Columbia University Press, 1990.

Deleuze, G., *Empiricism and Subjectivity: An Essay on Hume's Theory of Human Nature*, translated by Constantin V. Boundas, New York: Columbia University Press, 1991.

Deleuze, G., *Masochism. Coldness and Cruelty*, translated by J. McNeil, New York: Zone, 1991.

Deleuze, G., *Expressionism in Philosophy*, translated by Martin Joughin, New York: Zone Books, 1992.

Deleuze, G., *The Fold: Leibniz and the Baroque*, translated by Tom Conley, London: The Athlone press, 1993.

Deleuze, G., "One Less Manifesto", translated by A. Orenstein, *The Deleuze Reader*, translated by C. V. Boundas, New York: Columbia University Press, 204-222.

Deleuze, G., *Difference and Repetition*, translated by Paul Patton, New York: Columbia University Press, 1994.

Deleuze, G., *Negotiations: 1972-1990*, translated by M. Joughin, New York: Columbia University Press, 1995.

Deleuze, G., *Essays Critical and Clinical*, translated by Daniel W. Smith and Michael A. Greco, Minneapolis: University of Minnesota Press, 1997.

Deleuze, G., "Desire and pleasure", published as "Desire and Pleasure", *Foucault and his interlocutors*, edited by A. Davidson, Chicago: University of Chicago Press, 1997, 183-192.

Deleuze, G., "The Grandeur of Yasser Arafat", translated by Timothy S.

Murphy, *Discourse*, 20 (1998): 30–33.

Deleuze, G., *Proust and Signs*, translated by Richard Howard, Minneapolis: University of Minnesota Press, 2000.

Deleuze, G., *Pure Immanence: Essays on A life*, translated by Anne Boyman, New York: Zone Books, 2001.

Deleuze, G., "Nietzsche", translated by A. Boyman, *Pure Immanence: Essays on A Life*, New York: Zone, 2001, 53–102.

Deleuze, G., *Francis Bacon: the Logic of Sensation*, translated by Daniel Smith, London: Continuum, 2002.

Deleuze, G., *Desert Islands and Other Texts: 1953–1974*, translated by M. Taormina, edited by D. Lapoujade, New York: Semiotext(e), 2004.

Deleuze, G., *Two Regimes of Madness*, translated by A. Hodges and M. Taormina, edited by D. Lapoujade, New York: Semiotext(e), 2006.

Deleuze, G., "Responses to a Series of Questions", interview by Arnaud Villani, *Collapse III: Unknown Deleuze*, edited by Robin Mackay, Falmouth: Urbanomic.

（三）中文

吉尔·德勒兹：《福柯—褶子》，于奇智、杨洁译，湖南文艺出版社2001年版。

吉尔·德勒兹：《康德与柏格森解读》，张宇凌、关群德译，社会科学文献出版社2002年版。

吉尔·德勒兹：《斯宾诺莎的实践哲学》，冯炳昆译，商务印书馆2004年版。

吉尔·德勒兹：《德勒兹论福柯》，杨凯麟译，江苏教育出版社2006年版。

吉尔·德勒兹：《普鲁斯特与符号》，姜宇辉译，上海译文出版社2007年版。

吉尔·德勒兹：《批评与临床》，刘云虹、曹丹红译，南京大学出版社2012年版。

吉尔·德勒兹：《斯宾诺莎与表现问题》，龚重林译，商务印书馆2013

年版。

吉尔·德勒兹:《尼采与哲学》,周颖、刘玉宇译,河南大学出版社2016年版。

吉尔·德勒兹:《弗兰西斯·培根:感觉的逻辑》,董强译,广西师范大学出版社2017年版。

吉尔·德勒兹:《〈荒岛〉及其他文本》,大卫·拉普雅德编,董树宝、胡新宇、曹伟嘉译,南京大学出版社2018年版。

吉尔·德勒兹:《康德的批判哲学》,夏莹、牛子牛译,西北大学出版社2018年版。

吉尔·德勒兹:《差异与重复》,安靖、张子岳译,华东师范大学出版社2019年版。

吉尔·德勒兹:《斯宾诺莎与表现问题》,龚重林译,商务印书馆2019年版。

吉尔·德勒兹:《在哲学与艺术之间:德勒兹访谈录》,刘汉全译,上海人民出版社2020年版。

吉尔·德勒兹:《欲望与快感》,于奇智译,《世界哲学》2005年第1期。

(四) 德勒兹和他人的合著

法文

Deleuze, G., et Carmelo Bene, *Superpositions*, Paris: Minuit, 1979.

Deleuze, G., et F. Guattari, *L'Anti-Oedipe: Capitalisme et schizophrénie I*, Paris: Minuit, 1972.

Deleuze, G., et F. Guattari, *Kafka: Pour une littérature mineure*, Paris: Minuit, 1975.

Deleuze, G., et F. Guattari, *Mille plateaux: Capitalisme et schizophrénie II*, Paris: Minuit, 1980.

Deleuze, G., et F. Guattari, *Qu'est-ce que la philosophie?*, Paris: Minuit, 1991.

Deleuze, G., et C. Parnet, *Dialogues*, Paris: Flammarion, 1977.

Deleuze, G., et C. Parnet, *L'Abécédaire de Gilles Deleuze,* edited by

Pierre-André Boutang, Video Éditions Montparnasse, 1996.

英文

Deleuze, G., and F. Guattari, "Rhizome: introduction", *On the Line*, translated by John Johnston, New York: Semiotext(e), 1983, 1-65.

Deleuze, G., and F. Guattari, *Kafka: Toward a Minor Literature*, translated by D. Polan, Minneapolis: University of Minnesota Press, 1986.

Deleuze, G., and F. Guattari, *Anti-Oedipus: Capitalism and Schizophrenia I*, R. Hurley, translated by M. Seem, and H. R. Lane, Minneapolis: University of Minnesota Press, 1983.

Deleuze, G., and F. Guattari, *A Thousand Plateaus: Capitalism and Schizophrenia II*, translated by B. Massumi, Minneapolis: University of Minnesota Press, 1987.

Deleuze, G., and F. Guattari, *What Is Philosophy?*, translated by H. Tomlinson and G. Burchill, New York: Columbia University Press, 1994.

Deleuze, G., and C. Parnet, *Dialogues*, translated by H. Tomlinson and B. Habberjam, New York: Columbia University Press, 1987.

中文

德勒兹、迦塔利:《什么是哲学?》,张祖建译,湖南文艺出版社2007年版。

德勒兹、加塔利:《资本主义与精神分裂(卷2):千高原》,姜宇辉译,上海书店出版社2010年版。

德勒兹、帕尔奈:《对话》,董树宝译,河南大学出版社2019年版。

康德著作

Kant, Immanuel, *Critique of Pure Reason*, translated and edited by Paul Guyer, Cambridge: Cambridge University Press, 1997.

Kant, Immanuel, *Critique of the power of Judgment*, translated and edited by Paul Guyer, Eric Matthews, Cambridge: Cambridge University Press, 2000.

伊曼努尔·康德:《论火》,韩东晖译,李秋零校,《康德著作全集(第1卷):前批判时期著作I(1747—1756)》,中国人民大学出版社2003年版。

伊曼努尔·康德:《纯粹理性批判(第2版)》,李秋零译,《康德著作全集(第3卷)》,中国人民大学出版社2004年版。

伊曼努尔·康德:《判断力批判》,李秋零译,《康德著作全集(第5卷)》,中国人民大学出版社2007年版。

伊曼努尔·康德:《论月球上的火山》,李秋零译,《康德著作全集(第8卷):1781年之后的论文》,中国人民大学出版社2010年版。

伊曼努尔·康德:《论书籍翻印的不合法性》,李秋零译,《康德著作全集(第8卷):1781年之后的论文》,中国人民大学出版社2010年版。

伊曼努尔·康德:《实践理性批判》,韩水法译,商务印书馆2021年版。

胡塞尔著作

Husserl, Edmund, *Analysen zur Passiven Synthesis aus Vorlesungs-und Forschungsmanukripten*, Den Hagg: Martinus Nijhoff, 1966.

Husserl, Edmund, *Phänomenologische Psychologie: Vorlesungen Sommersemester 1925*, Hrsg. von Rudolf Boehm, Nachdruck der 2. Verb. Auflage, Dordrecht:Kluwer Academic Phublishers 1969.

Husserl, Edmund, *Die Krisis der Europäischen Wissenschaften und die Transzendentale Phänomenologie*, Den Hagg: Martinus Nijhoff, 1976.

Husserl, Edmund, *Ideen zu einer Reinen Phänomenologie und Phänomenologischen Philosophie: Phänomenologische Untersuchungen zur Konstitution*, Dordrecht: Kluwer Academic Publishers, 1991.

Husserl, Edmund, *The Paris Lectures*, translated and introduced by Peter Koestenbaum, Dordrecht: Kluwer Academic Publishers, 1998.

Husserl, Edmund, *Grenzprobleme der Phänomenologie*, Hrsg. von Rochus Sowa and Thomas Vongehr, Dordrecht: Springer, 2014.

埃德蒙德·胡塞尔:《欧洲科学的危机与超越论的现象学》,王炳文译,商务印书馆2001年版。

埃德蒙德·胡塞尔:《形式逻辑和先验逻辑》,李幼蒸译,中国人民大学出版社2012年版。

埃德蒙德·胡塞尔:《现象学的构成研究》,李幼蒸译,中国人民大学出版社2013年版。

埃德蒙德·胡塞尔:《内时间意识现象学》,倪梁康译,商务印书馆2014年版。

埃德蒙德·胡塞尔:《被动综合分析》,李云飞译,商务印书馆2017年版。

埃德蒙德·胡塞尔:《现象学的心理学:1925年夏季学期讲稿》,游淙祺译,商务印书馆2017年版。

埃德蒙德·胡塞尔:《逻辑研究(第一卷):纯粹逻辑学导引》,倪梁康译,商务印书馆2018年版。

埃德蒙德·胡塞尔:《第一哲学》,王炳文译,商务印书馆2018年版。

埃德蒙德·胡塞尔:《经验与判断》,李幼蒸译,中国人民大学出版社2019年版。

海德格尔著作

Heidegger, Martin, "The Origin of the Work of Art", *Poetry, Language, Thought*, translated with an introduction by Albert Hofstadter, New York: Harper & Row publisher, 1975.

Heidegger, Martin, *The basic problems of phenomenology*, translation, introduction, and lexicon by Albert Hofstadter, Bloomington: Indiana University Press, 1982.

Heidegger, Martin, *Kant and the problem of metaphysics*, translated by Richard Taft, Bloomington: Indiana University Press, 1997.

马丁·海德格尔:《海德格尔选集》,孙周兴选编,上海三联书店1996年版。

马丁·海德格尔:《演讲与论文集》,孙周兴译,生活·读书·新知三联书店2005年版。

马丁·海德格尔:《存在与时间》,陈嘉映、王庆节合译,生活·读书·新知三联书店2006年版。

马丁·海德格尔:《尼采》,孙周兴译,商务印书馆2015年版。

马丁·海德格尔:《林中路》,孙周兴译,商务印书馆2015年版。

马丁·海德格尔:《同一与差异》,孙周兴、陈小文、余明锋译,商务印书馆2016年版。

其他参考文献

Ambrose, Darren, "Deleuze, Philosophy, and the Materiality of Painting", *Gilles Deleuze: The Intensive Reduction*, edited by Constantin V. Boundas, London and New York: Continuum, 2009.

Badiou, Alain, *Logics of Worlds: Being and Event, 2*, translated by Alberto Toscano, London and New York: Continuum, 2009.

Badiou, Alain, *Deleuze: the Clamor of Being*, translated by Louise Burchill, Minneapolis: University of Minnesota Press, 2000.

Badiou, Alain, *Deleuze: La clameur de l'Être*, Librairie Arthème Fayard/Pluriel, 2010.

Baross, Zsuzsa, "The 'future' of Deleuze: An Unfinished Project", *Gilles Deleuze: The Intensive Reduction*, edited by Constantin V. Boundas, London and New York: Continuum, 2009.

Barthes, Roland, "La mort de l'auteur", *Le bruissement de la langue*, Paris: Éditions du Seuil, 1984.

Barthes, Roland, *Le grain de la voix: Entretiens 1962-1980*, Paris: Éditions du Seuil, 1981.

Beddoes, Diane, "Deleuze, Kant and Indifference", *Deleuze and Philosophy: The Difference Engineer*, edited by Keith Ansell Pearson, London and New York: Routledge, 1997.

Berghofer, Philipp, "On the nature and systematic role of evidence: Husserl as a proponent of mentalist evidentialism?", *European Journal of Philosophy*, Vol. 27, Issue 1, March 2019.

Bergson, Henri, "letter to Léon Brunschvicg", February 22, 1927, *Journal des Débats*, February 28, 1927.

Bergson, Henri, *Matière et mémoire*, Paris: PUF, 1939.

Bogue, Ronald, *Deleuze on Music, Painting, and the Arts*, London and New York: Routledge, 2003.

Bogue, Ronald, *Deleuze's Wake: Tributes and Tributaries*, Albany: State University of New York, 2004.

Boundas, Constantin, "The Art of Begetting Monsters: The Unnatural Nuptials of Deleuze and Kant", *Current Continental Theory and Modern Philosophy*, edited by Stephen H. Daniel, Evanston: Northwestern University Press, 2005.

Boundas, Constatin, "Martin Heidegger", *Deleuze's Philosophical Lineage*, edited by Graham Jones and Jon Roffe, Edinburg: Edinburg University Press, 2009.

Brassier, R., *Nihil Unbound*, New York: Palgrave Macmillan, 2007.

Bryant, Levi R., *Difference and Givenness*, Evanston: Northwestern University Press, 2008.

Bryant, Levi R., "Deleuze's Transcendental Empiricism: Notes Towards a Transcendental Materialism", *Thinking Between Deleuze and Kant: A Strange Encounter*, edited by Edward Willat and Matt Lee, London and New York: Continuum, 2009.

Büchner, Georg, *Danton's Death; Leonce and Lena; Woyzeck*, translated and with an introduction by Victor Price, Oxford: Oxford University Press, 1998.

Canning, Peter, "The Crack of Time and the Ideal Game", *Gilles Deleuze and the theater of philosophy,* edited by Constantin V. Boundas & Dorothea Olkowski, London and New York: Routledge, 1994.

Carvalho, John M., "Repetitions: Appropriating Representation in Contemporary Art", *Philosophy Today*, 35: 4 (Winter, 1991).

Carvalho, John M., "The Visible and Invisible in Merleau-Ponty and Foucault", *International Studies in Philosophy*, 25.3 (1993), 35–46.

Casarino, C., "The Expression of Time (Spinoza, Deleuze, Cinema)", *Qui Parle: Critical Humanities and Social Sciences*, 27 (2018) 1–19.

Casey, Edward S., *The Fate of Place: A Philosophical History*, Berkeley: University of California Press, 1997.

Cheng, François, *vide et plein - Le langage pictural chinois*, Paris: Éditions du Seuil, 1979.

Colebrook, Claire, *Gilles Deleuze*, London and New York: Routledge, 2002.

Colebrook, Claire, *Understanding Deleuze*, Crows Nest, NSW: Allen & Unwin, 2002.

Colebrook, Claire, *Deleuze: a guide for the perplexed,* London and New York: Continuum, 2006.

Conway, Jay, "Deleuze's Hume and Creative History of Philosophy", *Current Continental Theory and Modern Philosophy*, edited by Stephen H. Daniel, Evanston: Nothwestern University Press, 2005.

Cristaudo, Wayne, *The Metaphysics of Science and Freedom*, Aldershot and Brookfield: Avebury Press, 1991.

Descartes, René, "La Dioptrics." *Œuvres de Descartes* VI, edited by Charles Adam and Paul Tannery, Paris: Léopold Cerf, Imprimeur-Éditeur, 1902.

Descombes, Vincent, *Modern French Philosophy*, translated by L. Scott-

Fox and J. M. Harding, Cambridge: Cambridge University Press, 1980.

Dowd, Garin, *Abstract Machines: Samuel Beckett and Philosophy after Deleuze and Guattari*, Amsterdam and New York: Rodopi, 2007.

Duffy, Simon, *The Logic of Expression*, Aldershot: Ashgate, 2006.

Faas, Ekbert, *Genealogy of Aesthetics*, Cambridge: Cambridge University Press, 2002.

Farrell, Patricia, "The Philosopher-Monkey: Learning and the Discordant Harmony of the Faculties", *Thinking Between Deleuze and Kant: A Strange Encounter*, edited by Edward Willat and Matt Lee, London and New York: Continuum, 2009.

Fernihough, Anne, *D. H. Lawrence: Aesthetics and Ideology*, New York: Oxford University Press 1993.

Foucault. Michel, *Ceci n'est pas une pipe*, Montpellier: Éditions fata morgana, 1973. Foucault, Michel, "Two lectures", *Powerlknowledge interviews and other writtings, 1973-1977*, translated by Coli Gordon et al., edited by Colin Gordon, New York: Pantheon, 1980.

Foucault, Michel, "Theatrum Philosophicum", *Language, Counter-Memory, Practice*, edited with an introduction by Donald F. Bouchard, translated by Donald F. Brouchard and Sherry Simon, Ithaca: Cornell University Press, 1977.

Guyer, Paul, "Kant's ambitions in the third critique", *The Cambridge companion to Kant and modern philosophy*, edited by Paul Guyer, Cambridge and New York: Cambridge University Press, 2006.

Hartmann, Eduard von, *Philosophie des Unbewrussten*, Belin: Carl Duncker's Verlag, 1878.

Heywood, Ian, "Deleuze and Francis Bacon", *A Companion to Art Theory*, edited by Paul Smith and Carolyn Wilde, Oxford; Malden, Mass.: Blackwell, 2002.

Hughes, J., *Deleuze's Difference and Repetition*, London: Continuum,

2009.

Hughes, J., *Deleuze and the Genesis of Representation*, London: Continuum, 2009.

Hughes, J., *Philosophy After Deleuze*, London: Continuum, 2012.

Hyppolite, Jean., *Logique et existence*, Paris: PUF, 1953.

Hyppolite, Jean, "phénoménologie de Hegel et la pensée française contemporaine", *Figures de la Pensée Philosophique*, I, Paris: PUF 1971.

Hyppolite, Jean, *Genèse et structure de la phénoménologie de l'esprit de Hegel*, translated by S. Cherniak and J. Heckman, Evanston: Northwestern University Press, 1974.

Hyppolite, Jean, *Logic and Existence*, translated by L. Lawlor and A. Sen, Albany: State University of New York Press, 1997.

Jullien, François, *Procès ou Création: Une introduction à la pensée des lettrés chinois*, Paris: Éditions du Seuil, 1989.

Kerslake, Christian, *Deleuze and the Unconscious*, London and New York: Continuum, 2009.

Kojève, Alexandre, *Introduction to the Reading of Hegel*, translated from the French by J. H. Nichols, Jr., Ithaca: Cornell University Press, 1980.

Lapoujade, David, *Aberrant Movements: The Philosophy of Gilles Deleuze*, translated by Joshua David Jordan, New York: Semiotext(e), 2017.

Lawrence, D. H., "Introduction to these Paintings", *Phoenix: The Posthumous Papers of D. H. Lawrence*, edited by Edward McDonald, London: Heinemann, 1936.

Levinas, Emmanuel, *Autrement qu'etre ou Au-dela de l'ssence*, Dordrecht: kluwer Academic Publishers, 1990.

Levinas, Emmanuel, "Reality and its Shadow", *Unforeseen history*, translated from the French by Nidra Poller, foreword by Don Ihde, introduction by Richard A. Cohen, Urbana: University of Illinois

Press, 2004.

Lyotard, Jean-François, *Discours, Figure*, Paris : Klincksieck, 1971.

Lyotard, Jean-François, "Réponso à la question: qu'est-ce que le postmoderne?", *Critique*, Vol. 37, No. 419, April 1982.

Lyotard, Jean-François, *Lessons on the Analytic of the sublime: Kant's Critique of judgment*, translated by Elizabeth Rottenberg, Stanford, Calif.: Stanford University Press, 1994.

Marks, John, *Gilles Deleuze: vitalism and multiplicity*, London: Pluto Press, 1998.

Malabou, Catherine, "L'éternal retour et la fantôme de la difference", *Nietzsche und Frankreich*, edited by Clemens Pornschlegel and Martin Stingelin, New York/Berlin: Walter de Gruyter, 2009.

May, Todd, "Deleuze's Spinoza: Thinker of Difference, or Deleuze against the Valley Girl", *Current Continental Theory and Modern Philosophy*, edited by Stephen H. Daniel, Evanston: Northwestern University Press, 2005.

Melamed, Yitzhak Y., "Acosmism or Weak Individuals?: Hegel, Spinoza, and the Reality of the Finite", *Journal of the History of Philosophy*, Vol. 48, No. 1, 2009.

Mengue, Philippe, "Chronologie de Gilles Deleuze", *Gilles Deleuze ou le système du multiple*, Paris: Éditions Kimé, 1994.

Merleau-Ponty, Maurice, "Eye and Mind", *The Merleau-Ponty Aesthetic Reader: Philosophy and Painting*, edited with an introduction by Galen A. Johnson and Michael B Smith, Evanston: Northwestern University Press, 1993.

McMahon, Melissa, "Immanuel Kant", *Deleuze's Philosophical Lineage*, edited by Graham Jones and Jon Roffe, Edinburg: Edinburg University Press, 2009.

O'Sullivan, Simon, *Art Encounters Deleuze and Guattari: thought beyond representation*, New York: Palgrave Macmillan, 2006.

Panagia, Davide, *The Political Life of Sensation*, Durham and London: Duke University Press, 2009.

Patton, Paul, "Deleuze's Practical Philosophy", *Gilles Deleuze: The Intensive Reduction*, edited by Constantin V. Boundas, London and New York: Continuum, 2009.

Pearson, Keith Ansell, *Philosophy and the Adventure of the Virtual: Bergson and the time of life*, London and New York: Routledge, 2002.

Pinto, Louis, *Les Neveux de Zarathoustra: La réception de Nietzsche en France*, Paris: Éditions du Seuil, 1995.

Plontinus, *The Enneads*, translated by George Boys-stones, John M. Dillon, Lloyd P. Gerson and Others, Combridge: Combridge University Pres, 2018.

Porter, Robert, *Deleuze and Guattari: Aesthetics and Politics*, Cardiff: University of Wales Press, 2009.

Proust, Marcel, *Remembrance of things past,* London: Chatto & Windus, 1957.

Puchner, Martin, *The Drama of Ideas, Platonic Provocations in Theatre and Philosophy*, Oxford: Oxford University Press, 2010.

Rajchman, John, *The Deleuze Connections,* Cambridge, Mass.; London: MIT Press, 2000.

Remsbury, John, "'Real Thinking': Lawrence and Cezanne", *the Cambridge Quarterly,* Vol. 2, No. 2, Spring, 1967, Oxford: Oxford University Press, 1967.

Riegl, Alois, *Historical Grammar of the Visual Arts*, translated by Jacqueline E. Jung, New York: Zone Books, 2004.

Roudinesco, Elisabeth, *Jacques Lacan*, translated by Barbara Bray, New York: Columbia University Press, 1997.

Schapiro, Meyer, "Further Notes on Heidegger and van Gogh", *Theory and Philosophy of Art*, New York: George Braziller, 1998.

Sellars, J. Aiôn and Chronos, "Deleuze and the Stoic Theory of Time",

Collapse:Philosophical Research and Development, edited by Robin J. Mackay, Falmouth: Urbanomic, 2007.

Smith, Daniel W., "Deleuze's Theory of Sensation: Overcoming the Kantian Duality", *Deleuze: a critical reader*, edited by Paul Patton, Oxford, UK: Blackwell, 1996.

Smith, Daniel W., "Deleuze on Leibniz: Difference, Continuity, and the Calculus", *Current Continental Theory and Modern Philosophy*, edited by Stephen H. Daniel, Evanston: Northwestern University Press, 2005.

Smith, Daniel W., "The Theory of Immanent Ideas", *Deleuze and philosophy*, edited by Constantin V. Boundas, Edinburgh: Edinburgh University Press, 2006.

Smith, Daniel W., *Essays on Deleuze*, Edinburgh: Edinburgh University Press, 2012.

Somers-Hall, Henry, "Deleuze and Merleau-Ponty: Aesthetics of Difference", *Gilles Deleuze: The Intensive Reduction*, edited by Constantin V. Boundas, London and New York: Continuum, 2009.

Spinoza, Benedictus de, *A Spinoza Reader*, edited and translated by Edwin Curly, Princeton: Princeton University Press, 1994.

Stern, Robert, "'Determination is negation': The adventures of a doctrine from Spinoza to Hegel to the British Idealists", *Hegel Bulletin*, Vol. 37, No. 1, 2016.

Sylvester, David, *Interviews with Francis Bacon*, London: Thames & Hudson, 2002.

Terada, Rei, *Feeling in Theory: Emotion after the "Death of the Subject"*, Cambridge, Mass.; London: Harvard University Press, 2001.

Toscano, Alberto, *The Theatre of Production: Philosophy and Individuation between Kant and Deleuze*, Basingstoke (England); New York: Palgrave Macmillan, 2006.

Vinciguerra, Lorenzo, "Spinoza in French philosophy today", *Philosophy*

Today, Vol. 53, No. 4, 2009.

Behler, Ernst, *Confrontations: Derrida, Heidegger, Nietzsche*, translated by S. Taukeneck, Stanford : Stanford University Press, 1991.

Voss, Daniel, "Immanence, transindividuality and the free multitude", *Philosophy and Social Criticism*, Vol. 44, No. 8, 2018.

Voss, Daniel, "Deleuze's Third Synthesis of Time", *Deleuze Studies*, Vol. 7, No. 2, 2013.

Williams, James, *Gilles Deleuze's Difference and Repetition*, Edinburgh: Edinburgh University Press, 2003.

Williams, James, *Gilles Deleuze's Philosophy of Time*, Edinburgh: Edinburgh University Press, 2011.

Žižek, Stephen, *Organs Without Bodies*, New York: Routledge, 2003.

Žižek, Stephen, *Art as Abstract Machine: Ontology and Aesthetics in Deleuze and Guattari*, London and New York: Routledge, 2005.

Zourabichvili, François, "Six Notes on the Percept", *Deleuze: a critical reader*, edited by Paul Patton, Oxford, UK: Blackwell, 1996.

Zourabichvili, François, *Deleuze: A Philosophy of the Event*, edited by Gregg Lambert and Daniel W. Smith, translated by Kieran Aarons, Edinburgh: Edinburgh University Press, 2012.

阿兰·巴迪欧:《小万神殿》,蓝江译,南京大学出版社2014年版。

阿兰·巴迪欧:《哲学宣言》,蓝江译,南京大学出版社2014年版。

阿兰·巴迪欧:《黑格尔在法国》,《巴迪乌论张世英》,谢晶译,上海三联书店2016年版。

阿兰·巴迪欧:《存在的喧嚣》,杨凯麟译,南京大学出版社2018年版。

阿兰·巴迪欧:《戏剧颂》,蓝江译,广西师范大学出版社2021年版。

安德烈·巴赞:《巴赞论卓别林》,吴蕙仪译,上海人民出版社2008年版。

安东尼奥·奈格里:《野蛮的反常》,赵文译,西北大学出版社2019年版。

安托南·阿尔托:《残酷戏剧》,商务印书馆2015年版。

巴鲁赫·德·斯宾诺莎:《伦理学》,贺麟译,商务印书馆1983年版。

巴鲁赫·德·斯宾诺莎:《斯宾诺莎书信集》,洪汉鼎译,商务印书馆1993年版。

保罗·克洛岱尔:《倾听之眼》,周皓译,华东师范大学出版社2018年版。

柏拉图:《理想国》,郭斌和、张竹明译,商务印书馆1986年版。

柏拉图:《泰阿泰德篇》《柏拉图全集(第二卷)》,王晓朝译,人民出版社2003年版。

柏拉图:《会饮篇》,《柏拉图全集(第二卷)》,王晓朝译,人民出版社2003年版。

查尔斯·J.斯蒂瓦尔编:《德勒兹:关键概念》,田延译,重庆大学出版社2018年版。

保罗·帕顿:《德勒兹概念》,尹晶译,河南大学出版社2018年版。

北岛:《北岛诗歌集》,南海出版公司2003年版。

大卫·赫伯特·劳伦斯:《直觉与绘画》,《世俗的肉身:劳伦斯的绘画世界》,黑马译,金城出版社2011年版。

大卫·休谟:《人性论》,关文运译,郑之骧校,商务印书馆1980年版。

迪迪埃·埃里蓬:《米歇尔·福柯传》,谢强、马月译,上海人民出版社2017年版。

费奇诺:《论柏拉图式的爱:柏拉图〈会饮篇〉义疏》,梁中和、李旸译,华东师范大学出版社2012年版。

芙丽达·贝克曼:《吉尔·德勒兹》,夏开伟译,南京大学出版社2019年版。

弗里德里希·尼采:《快乐的科学》,黄明嘉译,漓江出版社2000年版。

弗里德里希·尼采:《查拉图斯特拉如是说》,《尼采著作全集(第四卷)》,孙周兴译,商务印书馆2015年版。

弗里德里希·尼采:《瞧,这个人》,孙周兴译,《尼采著作全集(第六卷)》,商务印书馆2015年版。

弗里德里希·尼采:《善恶的彼岸》,赵千帆译,《尼采著作全集(第六卷)》,商务印书馆2015年版。

甘丹·梅亚苏:《有限性之后:论偶然性的必然性》,吴燕译,河南大学出版社2018年版。

格奥尔格·毕希纳:《毕希纳全集》,李世勋、傅惟慈译,人民文学出版社2008年版。

格奥尔格·威廉·弗里德里希·黑格尔:《逻辑学(下卷)》,杨一之译,商务印书馆1976年版。

格奥尔格·威廉·弗里德里希·黑格尔:《哲学史讲演录(第四卷)》,贺麟、王太庆译,商务印书馆1978年版。

格奥尔格·威廉·弗里德里希·黑格尔:《精神现象学》,贺麟、王玖兴译,商务印书馆1979年版。

格奥尔格·威廉·弗里德里希·黑格尔:《小逻辑》,贺麟译,商务印书馆1980年版。

戈特弗里德·莱布尼茨:《人类理智新论》,陈修斋译,商务印书馆1982年版。

戈特弗里德·莱布尼茨:《新系统及其说明》,陈修斋译,商务印书馆1999年版。

豪尔赫·路易斯·博尔赫斯:《死亡与指南针》,《博尔赫斯全集(小说卷)》,王永年、陈泉译,浙江文艺出版社1996年版。

豪尔赫·路易斯·博尔赫斯:《小径分叉的花园》,王永年译,上海译文出版社2015年版。

亨利希·海涅:《德国宗教及哲学史概观》,海安译,商务印书馆2016年版。

加斯东·巴什拉:《空间的诗学》,张逸婧译,上海译文出版社2013年版。

克莱夫·贝尔:《艺术》,薛华译,江苏教育出版社2005年版。

克洛德·列维-斯特劳斯:《野性的思维》,李幼蒸译,中国人民大学出版社2006年版。

理查德·沃林:《非理性的诱惑》,阎纪宇译,上海社会科学院出版社2017年版。

列夫·舍斯托夫:《纪念伟大的哲学家埃德蒙·胡塞尔》,谭湘凤译,《舍斯托夫集:悲剧哲学家的旷野呼告》,方珊编选,上海远东出版社2004年版。

罗兰·巴尔特:《声音的种子:罗兰·巴尔特访谈录(1962—1980)》,

怀宇译，中国人民大学出版社2019年版。

罗杰·弗莱：《塞尚及其画风的发展》，沈语冰译，广西师范大学出版社2009年版。

马塞尔·普鲁斯特：《追忆似水年华：在斯万家那边》，李恒基、徐继曾译，译林出版社1989年版。

马塞尔·普鲁斯特：《追寻逝去的时光（第二卷）：在少女花影下》，周克希译，人民文学出版社2010年版。

迈耶·夏皮罗：《现代艺术：19与20世纪》，沈语冰、何海译，江苏凤凰美术出版社2015年版。

曼弗雷德·库恩：《康德传》黄添盛译，上海人民出版社2008年版。

米歇尔·福柯：《福柯集》，杜小真选编，上海远东出版社1998年版。

米歇尔·福柯：《反俄狄浦斯的生活艺术》（《反俄狄浦斯序言》），李猛译，《天涯》2000年第1期。

米歇尔·福柯：《性经验史（增订版）》，佘碧平译，上海人民出版社2005年版。

米歇尔·福柯：《自我关注的伦理学是一种自由实践》，刘耀辉译，《自我技术》，北京大学出版社2016年版。

米歇尔·福柯：《自我技术》，吴瓒译，《自我技术》，北京大学出版社2016年版。

莫里斯·梅洛-庞蒂：《眼与心——梅洛-庞蒂现象学美学文集》，刘韵涵译，中国社会科学出版社1992年版。

莫里斯·梅洛-庞蒂：《眼与心》，杨大春译，商务印书馆2007年版。

莫里斯·梅洛-庞蒂：《行为的结构》，杨大春、张尧均译，商务印书馆2017年版。

潘于旭：《断裂的时间与"异质性"的存在》，浙江大学出版社2007年版。

普罗提诺：《九章集》，石敏敏译，中国社会科学出版社2009年版。

让-保罗·萨特：《自我的超越性》，杜小真译，商务印书馆2001年版。

让-保罗·萨特：《存在与虚无》，陈宣良等译，杜小真校，生活·读书·新知三联书店2014年版。

让·波德里亚：《艺术的共谋》，张新木、杨全强、戴阿宝译，南京大学出版社2015年版。

让-弗朗索瓦·利奥塔：《话语，图形》，谢晶译，上海人民出版社2012年版。

让·勒朗·达朗贝尔：《启蒙运动的纲领：〈百科全书〉序言》，徐前进译，上海人民出版社2020年版。

撒穆尔·斯通普夫、詹姆斯·菲泽：《西方哲学史》，丁三东、邓晓芒等译，中华书局2005年版。

斯拉沃热·齐泽克：《事件》，王师译，上海文艺出版社2016年版。

史蒂文·纳德勒：《斯宾诺莎传》，冯炳昆译，商务印书馆2011年版。

汪民安编：《生产（第五辑）：德勒兹机器》，广西师范大学出版社2008年版。

汪民安、陈永国编：《尼采的幽灵》，社会科学文献出版社2001年版。

汪民按、郭晓彦编：《生产（第十一辑）：德勒兹与情动》，江苏人民出版社2016年版。

汪民安、郭晓彦编：《生产（第十二辑）：事件哲学》，江苏人民出版社2017年版。

维尔纳·施特格迈尔：《海德格尔之后的尼采》，《海德格尔与尼采》，商务印书馆2015年版。

文森特·德贡布：《当代法国哲学》，王寅丽译，新星出版社2007年版。

谢立文导演：《麦兜：我和我妈妈》，香港，2004年。

雅克·德里达：《书写与差异》，张宁译，生活·读书·新知三联书店2001年版。

亚里士多德：《尼各马可伦理学》，廖申白译注，商务印书馆2003年版。

王嘉军：《存在、异在与他者：列维纳斯与法国当代文论》，上海社会科学院出版社2019年版。

西奥多·阿多诺：《美学理论（修订译本）》，王柯平译，上海人民出版社2020年版。

伊曼纽尔·列维纳斯：《总体与无限：论外在性》，朱刚译，北京大学出版社2016年版。

伊曼纽尔·列维纳斯：《另外于是，或在超过是其所是之处》，伍晓明译注,北京大学出版社2019年版。

伊曼努尔·列维纳斯:《时间与他者》,王嘉军译,长江文艺出版社2020年版。

尤尔根·哈贝马斯:《后形而上学思想》,曹卫东、付德根译,译林出版社2001年版。

尤尔根·哈贝马斯:《现代性的哲学话语》,曹卫东等译,译林出版社2002年版。

约阿基姆·加斯凯:《画室:塞尚与加斯凯的对话》,章晓明、许菂译,浙江文艺出版社2007年版。

朱刚:《多元与无端:列维纳斯对西方哲学中一元开端论的解构》,江苏人民出版社2016年版。

后　记

　　一直以来都很羡慕别人能够于序言或后记之中,洋洋洒洒地讲述自己写作的历程,等轮到我时,内心却一半海水一半火焰,被书写论证时的兴奋与收尾结束时的沮丧同时击中,不得不以后记平复一下内心,弥合身心之间的分裂。

　　初次和德勒兹"相遇",应该是在大学读书时从图书馆新书库里所打开的陈永国老师所编译的《游牧思想》。读完之后直接怀疑这本书是不是应该放在哲学的分类之下,但是又为其中奇妙的言谈形式、奇特的研究主题和少见的理论文本所折服,但这尚不足以让我接受思想的挑战。合上这本书,我仍然返回到纯粹的思辨世界,在各种概念的掩护下得以抽象地写作、超验地生活。等到后来负笈西行后又南下的求学途中,身处异国他乡的隔阂感让我体验到了抽象生活的极限。在研究和经验所裂开的空虚中,我再一次在图书馆的书架中拿起了德勒兹。其实一起被我从架上借走带回的,除了德勒兹的著作,还有福柯、德里达,也有罗兰·巴特和拉康、萨特,但是在法国哲学所敞开的广阔视野中,德勒兹之所以成为我的选择,一方面是因为领受到了他思想中的学院传统,尤其是哲学史的训练;另一方面则是在此学院遗风中所透露出的康德线索,为研究打开了论证的入口。一边读康德,一边读德勒兹,笨手笨脚地练起了左右互搏的功夫。博士论文就是这一段训练的成果体现。毕业后又立刻进了大学开始工作,人生的境遇大不相同,所思所虑也随之转换。但德勒兹的文字却变得越来越生动有力,我开始越来越多地理解和同情他在创造概念中所释放出的不满和希望,压迫和自由。表面上看起来好像是我沿着论证的逻辑走进了德勒兹的时代,但事实上更可能是德勒兹走进了我们的时代,他满怀乐观地为这个时代做出哲学诊断。也许做一位医生,比做一位哲学王,更适合我们这个自由开放的世界。

这些年的读书和探索最终形成了这本书,我想把它献给对于德勒兹和法国哲学有着同样兴趣的读者。对于当代法国哲学的研究者而言,这本书结合了文献和理论的探索,提供了德勒兹思想和现象学、精神分析学派、黑格尔主义之间的交汇和分叉,同时也勾勒出法国哲学在"二战"后的发展线索。对于激进左翼思想的研究者而言,本书则是通过德勒兹对于尼采的解读、和福柯的分歧,为微观政治经济学提供了主体结构的论证逻辑。而对于前卫艺术的哲学阐释者而言,本书从德勒兹的审美理想中探讨了当代艺术所应该完成的思想使命。我也由衷地希冀拙作可以抛砖引玉,引来各位同行专家的批评补正,和大家一起推进关于当代哲学的理解和使用。

作为一部经历数年才算是完成的作品欠下太多沉默的感谢。我受益于诸多的专家学者,有资深前辈,也有青年才俊,让我借着这个机会向他们表示深深的感谢。我要感谢北京大学的赵敦华老师和杜小真老师,杨立华老师和李猛老师,在这些年他们对我的耐心教导和及时指引。我要感谢人民大学的冯俊老师、李秋零老师和欧阳谦老师，浙江大学的倪梁康老师对我无条件的鼓励和支持。我要感谢韩水法老师、文兵老师和陈小文老师，无论是他们对我的实际帮助，还是他们对这些正在成形中的文本阅读和建议，我都亏欠太多。我还要感谢身边的吴琼、汪民安、张旭和张颖，感谢他们给予我的关怀和帮助。本书中的部分内容曾经发表在《哲学研究》《文艺理论研究》《世界哲学》《中国高校社会科学》等学术期刊中，衷心感谢编辑们认真细致的审校工作。感谢蓝江、吴冠军、姜宇辉、李洋、王嘉军这些最可爱的朋友，他们不仅仅慷慨地分享了学术研究资源，并且思想交流中让我受益良多。感谢程乐松、刘哲、夏莹、于奇智、董树宝，感谢你们的同行相伴。再次感谢商务印书馆的陈小文总编辑和上海分馆的鲍静静总编辑，感谢他们的热情和负责。感谢责任编辑张鹏先生，他让我深刻感受到了商务印书馆严谨的专业态度和强烈的学术热情。

我的家庭应该值得我用单独的一段来表达我对他们的谢意。我的父亲、母亲，我的丈夫和我的姐姐，他们不得不经常忍受我在家庭生活中的缺席，来进行这项无休止的工作。小儿虽然没有直接促进本书的写作，每每拉着我做游戏，听故事，看动漫，但也正因如此，他为我增添了许许多多幸福时光。

专家推荐意见一

20世纪的欧陆哲学强调从本体论上关注人的本性和行动。法国哲学在关于现代性的研究中所展现出的思想活力和魅力，使人们越来越强烈地想要了解法国已经发生和正在发生的事情，对于当代法国哲学的介绍和研究能为人们面对前所未有地复杂的技术发展、社会现实提供很多参考和思路。本书论及的德勒兹，他的哲学具有代表性，能够较为充分地体现出欧陆哲学思想转向的核心问题和边缘界限。《德勒兹的哲学剧场》一书，一方面诠释了德勒兹对于古典哲学的继承，特别是对于以康德为代表启蒙哲学的继承方式；另一方面完成了关于德勒兹对于哲学传统的突破之处的论证，以此显示出当代法国哲学在主体性、形而上学和感性理论中的新成就。德勒兹对于哲学不能满足于理论，而是要介入现实的信念，不仅符合我们的理论需求，还在广泛意义上为人文研究提供了充足的动力。

本书尽量向了解德勒兹的或者尚未了解他的读者较为全面地阐述他的理论，但没有因此就追求通俗化或者简单化，而是在努力做到清晰的同时，又能呈现出思想争执的复杂性，既对德勒兹本人的学说下了很大的功夫，又有效地使用了最新的主要文献，并且相当注重自身的方法和结构，使整本书看起来布局合理，逻辑严谨。作者对于写作的任务和目的相当明确，也清楚该项研究所面临的各种困难，但并没有回避困难，做到了在深度和广度上争取更恰当地贴近德勒兹以及他的时代。在此意义上，这本著作可以成为理论的工具箱，可以为读者理解并解释当下状况做出自己的贡献。

在这本书中，作者良好的学术基本功得到了充分的表现，对于所用的文本和译本进行比较性考察的前提下，展开推理和论证，以理性的思索为我们提供了可信的德勒兹思想肖像，为国内的德勒兹学术研究奠定了坚实的基础，可以成为理论研究进一步拓展的稳固基石。我积极推荐这份优秀的学术著作。

北京大学博雅讲席教授
2021年7月18日

专家推荐意见二

从"二战"之后直至今天，法国思想界创建出存在主义、结构主义、后结构主义、女性主义等多样而深刻的思潮和理论派别。在各种思想的流动中，德勒兹的身影处处可见。他以《尼采与哲学》（1962）在法国哲学界绽露光芒，福柯称赞这是一本关于尼采的卓越之作，是法国哲学界重新评价尼采的开端。随后的《差异与重复》（1968）和《意义的逻辑》（1969）更是让人们领略到其后结构主义的思想风格，以及他对于笛卡尔传统的继承和发展。随着他和迦塔利合著的《反俄狄浦斯》（1972）和《千高原》（1980）被介绍和翻译到英语学界，德勒兹很快就在学界内被辨识为"法国马克思主义者"以及"左翼思想家"。但是德勒兹又和自身所处的思想场域之间持存着某种距离性。或者说，作为思想世界的独行者，德勒兹始终保持了哲学的批判精神。他既批评存在主义对于主体的预设，又反驳结构主义对于稳定性的依赖，甚至直接表示不能赞同福柯的快感理论。在这一点上，对于德勒兹哲学思想的研究既能综合性地体现出战后法国哲学的思想要旨，同时又能通过打开不同观点之间的张力反思整个当代法国哲学思想视野的局限性。

德勒兹的作品也在多个领域中纵横跨越，从古典哲学到精神分析；从文学诗歌到绘画电影，涉猎广泛，但是这也带来了描述其思想、分析其概念的困难。关于德勒兹哲学思想的研究，随着其文本的翻译推进，在国内的重要成果也不断涌现，并且越来越引起人们的关注，但不少都是从感觉和艺术的理论出发，错过了其哲学思想的本质性内容。

《德勒兹的哲学剧场》这本著作以德勒兹的哲学理论为题目，以主体理论为核心，以"时间"和"创造"为辅助，在展开德勒兹哲学广阔篇幅的同时，又为我们提供了观察的支点，并揭示出此前隐而不显的角度。在论证方法上，作者挖掘出德勒兹观点中的戏剧性，将他置放在和不同的哲学家对话的场域之中，逐层显露出其思想的背景和核心，在力求专业性的同时又避免圈子化，将所讨论的概念对于尽可能广泛的德勒兹读者们变得可以理解并且具有吸引力。该书在为我们展现德勒兹哲学核心内容的同时，又有力地传达出隐藏在其理论中的思想意志：如果说笛卡尔的哲学的目的是让人成为自然的主人和拥有者，那么德勒兹的哲学的目的就是让人成为自我的主人和拥有者。

《德勒兹的哲学剧场》一书是我本人所看到的国内学者研究德勒兹哲学最具综合性、最有分量的著作，在当代法国哲学的汉语研究中，本书是一部高水平的研究专著，代表着国内目前研究德勒兹哲学的前沿水平。当然，如果作者能更进一步地将德勒兹的哲学纳入到当代社会文化语境中加以审视，与奥斯威辛、五月风暴和晚期资本主义社会联系起来，则使研究会显得更为全面和立体。

作者早年在北京大学哲学系打下了很好的哲学功底，在比利时鲁汶大学取得哲学硕士学位，后又在香港大学哲学系获得博士学位。近十年来，在教学和科研中专攻德勒兹，取得了可喜的成果，在青年学者中出类拔萃。

因此，我特别推荐《德勒兹的哲学剧场》这本专著，也希望每一位阅读者能在理解德勒兹哲学的同时，领受到其中思想的勇气和创造力。

全国现代外国哲学学会法国哲学专业委员会主任
中华全国外国哲学史学会笛卡尔哲学专业委员会主任
2021年7月17日